111 GRÜNDE, JUDO ZU LIEBEN

Roland Grohs

111 GRÜNDE, JUDO ZU LIEBEN

Eine Liebeserklärung an die schönste Sportart der Welt

SCHWARZKOPF & SCHWARZKOPF

INHALT

VORWORT: DER WEG IST DAS ZIEL **9**

1. KAPITEL: GRUNDLAGEN **11**
Weil man sanfter fällt • Weil der Kimono etwas Kleidsames hat • Weil man Köpfchen braucht • Weil jeder Arm seine Aufgabe hat • Weil Judo ein Tanz ist • Weil man den Erfolg mit sich trägt • Weil Judo ein Quickie ist • Weil Judo Form hat • Weil man schwer in Ordnung ist • Weil das Timing zählt • Weil Judo bescheiden ist • Weil Nähe wichtig ist • Weil Passivität nicht lohnt • Weil auch die Kleinsten bereit sind • Weil man manchmal einen Zug weiter denken muss • Weil alles sein Maß haben muss • Weil es erst zu Ende ist, wenn es zu Ende ist • Weil Kämpfen nicht alles ist • Weil man sofort loslegen kann • Weil drei kleine Schritte genügen • Weil man manchmal doch ins Straucheln gerät • Weil einzig die Besten die Besten hervorbringen • Weil die Regeln einfach sind • Weil man Japanisch lernt • Weil Judo vielseitig ist

2. KAPITEL: GESCHICHTE **65**
Weil Judo Geschichte hat • Weil Judo sich bewährt hat • Weil zwölf Matten genügen • Weil alles seinen Mythos braucht • Weil Kanō sein Bestes gab • Weil alles seine Grundlage braucht • Weil beide Geschlechter ihre Kämpfe austragen müssen • Weil allein das Können zählt • Weil man auf die Liste will • Weil man sich besser beugt, als zu brechen • Weil die Olympischen Spiele rufen

3. KAPITEL: HELDEN UND ANTIHELDEN 95
Weil ein kleiner Salzburger Peking rockte • Weil die Mächtigen Schwarz tragen • Weil gelang, was niemand für möglich hielt • Weil aller guten Dinge vier sind • Weil zu viel Kaffee gefährlich sein kann • Weil Judo für Toleranz steht • Weil auch ein kleines Land ganz groß sein kann • Weil das Zeitalter der Helden noch nicht zu Ende ist

4. KAPITEL: PHILOSOPHIE 113
Weil Disziplin fürs Leben schult • Weil Judo in jeder Lebenslage weiterhilft • Weil jeder Kampf Werte braucht • Weil Aggressionen in gesunde Bahnen gelangen • Weil Judo verbindet • Weil Judo Vertrauen schafft • Weil ein wenig Abhärtung nicht schadet • Weil es Ausgewogenheit schafft • Weil jeder manchmal Führung braucht • Weil es niemanden ausschließt • Weil es einen Respekt lehrt • Weil drei einer zu viel sind • Weil auch dem Gegner Achtung gebührt • Weil das Leben manchmal ein Kampf ist • Weil Judo sanft ist

5. KAPITEL: ANEKDOTEN 143
Weil Judo ein wenig wie »House of Cards« ist • Weil der Versuch zählt • Weil Judoka ein lustiges Volk sind • Weil Judo in die Breite geht • Weil manchmal die kleinsten Dinge entscheiden • Weil Ehrgeiz auch manchmal gebremst werden muss • Weil bis zur letzten Sekunde alles möglich ist • Weil man auch mal einstecken muss • Weil schlechte Manieren nicht geduldet werden • Weil man die Bodenhaftung nicht verliert • Weil viele Wege nach Rom führen • Weil man es nicht lassen kann • Weil Judo zur Diät motiviert • Weil Spaß sein muss

6. KAPITEL: PHYSIS 175
Weil es die Flexibilität erhält • Weil es die beste Gesundheitsvorsorge ist • Weil der Händedruck zählt • Weil Judo im Alter frisch hält • Weil jeder Mensch zwei Seiten hat • Weil es die Nagelhygiene fördert • Weil man Haltung bewahrt • Weil Judo-Ohren innerer Schönheit

nichts anhaben • Weil es zum Sonnenschutz anregt • Weil der Kopf heil bleibt • Weil es auch ohne Doping geht • Weil der Schwerpunkt zählt

7. KAPITEL: UNBESCHREIBLICHES 203
Weil Judo das Selbstvertrauen stärkt • Weil man in jedem Element besteht • Weil es den Kontakt zum anderen Geschlecht erleichtert • Weil brüderlicher Zwist besser endet • Weil es genügend Tape gibt • Weil es den Teamgeist stärkt • Weil Judo ein Spiel ist • Weil es manchmal eine haarige Sache ist • Weil das Dojo wandert • Weil das Heldentum ruft • Weil auch die Nase mitspielt • Weil manchmal ein Zucken genügt • Weil Judo um den Globus führt • Weil es ein hervorragender Ausgleich ist • Weil man sich festhalten kann • Weil man Judo im Schlaf kann • Weil noch alles offen ist • Weil Judo eine Sprache spricht • Weil man Freundschaften knüpft • Weil man davon leben kann • Weil es nicht nur Japan gibt • Weil Reden Silber ist, aber Schweigen Gold • Weil man sich verteidigen kann • Weil der Gürtel universell ist • Weil man etwas bewirken kann • Weil Judo dich braucht

Der Weg ist das Ziel

Vorwort

Judo ist jung, Judo ist actionreich, Judo ist die Antwort. Auf welche Frage? Nun ja, im Grunde auf alle. Die japanische Kampfkunst bietet ihren emsigen Schülern sowohl eine umfangreiche Körperschulung als auch die Möglichkeit, spirituell zu wachsen. Keine der beiden Dimensionen kommt dabei zu kurz, und die motivierten Judotrainer behalten den Fortschritt ihrer Schützlinge stets wachsam im Auge. Der Weg des Judoka ist mit vielen Herausforderungen gepflastert – so viel muss einem bewusst sein. Zum wahren Meister wird man schließlich nicht über Nacht, und vom Himmel fallen diese ja bekanntermaßen auch nicht. Das Ende des Weges wird selbst der enthusiastischste Kampfsportler nie erreichen. Man muss sich mit der Tatsache begnügen, dass ebendieser – wie so oft – bereits das Ziel ist. Viel, viel Übung und Hingabe sind jedenfalls erforderlich, wenn man diese Kunst eines Tages wirklich meisterhaft beherrschen möchte, und der schwarze Gurt steht dabei längst nicht für Makellosigkeit oder Perfektion.

Judoka entwickeln mit der Zeit ein bemerkenswertes Körpergefühl und wissen jeden Muskel gezielt einzusetzen. Sowohl Schnelligkeit als auch Kraft und Ausdauer sind erforderlich, um in diesem Sport zu bestehen – und natürlich auch das entsprechende Geschick. Darüber hinaus ist der Ausgang eines Zweikampfes immer eine Frage der Taktik, des Selbstvertrauens und der Entschlossenheit. So manches Duell wird am Ende nämlich bloß im Kopf entschieden.

In der Welt des Sports spricht man gerne von Werten wie Fairness, Freundschaft oder Toleranz. Im Judo werden diese Begriffe allerdings nicht nur ausgesprochen, sondern auch tatsächlich mit Leben gefüllt. Man lernt, dass Respekt immer an oberster Stelle zu stehen hat und dass es nicht nötig ist, einen Gegner zu verletzen, um ihn zu besiegen. Diese allem zugrunde liegende Philosophie hat etwas sehr Verbindendes. Judoka sind eine fest zusammengeschweißte Gemeinschaft. Zuallererst sind sie Partner, und im Wettkampf werden sie zu geachteten Gegnern. Sowohl am Stand als auch am Boden wird dann gegeneinander gerungen, und zwar ganz ohne Einsatz von Schlägen oder Tritten.

Es gibt bestimmt 1000 Gründe, Judo zu lieben, und mit jedem Jahr gesellen sich für den begeisterten Kämpfer noch weitere hinzu. Ständig gibt es etwas Neues zu entdecken. Selbst wenn man glaubt, diesen Sport bereits perfekt zu kennen, wird man immer wieder überrascht und lernt noch etwas dazu. Nachdem der Einband aber irgendwann doch an seine Grenzen gerät, darf man sich hier über eine handverlesene Auswahl freuen.

Was folgt, ist eine bunte Sammlung liebevoll zusammengetragener Episoden, die allesamt die strahlendsten Facetten des Judo-Sports beleuchten – und zwar mit all seinen Besonderheiten, Kuriositäten und Widersprüchlichkeiten.

Roland Grohs

1. KAPITEL

GRUNDLAGEN

1. GRUND

Weil man sanfter fällt

Im Gegensatz zur Scheibe Brot, die bekanntlich die lästige Angewohnheit besitzt, immer auf der Butterseite zu landen, trifft der geübte Judoka stets in der gewünschten Position auf der Matte auf. Freilich, eigentlich geht es in diesem Sport darum, möglichst nicht geworfen, gehebelt oder gar gewürgt zu werden, aber auf der anderen Seite steht diesem Wunsch eben meistens ein recht ambitionierter Kollege gegenüber, der sich genau das zum Ziel gesetzt hat. Wird das arme Ellbogengelenk also – allen Bemühungen zum Trotz – doch einmal bis an seine Grenzen gestreckt und man befindet sich nicht gerade in den letzten Sekunden eines Olympia-Finales, klopft man am besten ab und gibt sich geschlagen. Ähnliches gilt, wenn man sich plötzlich unerwartet im Würgegriff seines Gegners wiederfindet. In der Hitze des Gefechts kann dieser schon einmal etwas zudringlicher werden, und ehe man sich's versieht, wird die Luft eng. Die meisten Menschen beziehen erfahrungsgemäß wenig Vergnügen aus einer solchen Situation. Im Training darf also mit gutem Gewissen abgeklopft werden.

Aber was ist zu tun, wenn der Partner im Standkampf zu einer der unzähligen Wurftechniken ansetzt? In einem schwachen Moment gelingt es einem womöglich nicht auszuweichen und ebenso wenig, den Angriff zu blocken. Man wirbelt durch die Luft, und es ergibt sich kaum die Möglichkeit, sich jetzt noch zu ergeben. Die Schwerkraft ist unerbittlich, unnachgiebiger noch als unser Gegner. Aber gerade für diesen ungünstigen Fall wird der begeisterte Judokämpfer von Anfang an geschult. Unzählige Male hat er die richtige Falltechnik geübt, bis zum Erbrechen wiederholt und hoffentlich auch verinnerlicht. Ist die Angst, geworfen zu werden, erst einmal überwunden – eine Abneigung, die bei manchen durchaus tief sitzt – gleitet man von nun an so sicher und anmutig zu Boden wie ein Kätzchen. Die obligatorische Fallschule ist daher ohne jeden Zweifel eine äußerst praktische Fähigkeit, die einen auch im Alltag vor so manchem harten Sturz bewahrt.

2. GRUND

Weil der Kimono etwas Kleidsames hat

Manch schmächtiges Bürschlein schlüpft in die traditionelle Tracht der Judoka und wird daraufhin zu einem furchterregenden Riesen. Die Schultern dehnen sich um mindestens zwei Zoll, und auch die Brust gewinnt erheblich an Breite, damit sie das wackere Kämpferherz nicht beengt. Mit anderen Worten: Was sich hinter dem dicken Stoff verbirgt, ist für gewöhnlich halb so schlimm. Der erste Anblick dieser eigentümlich gewandeten Judoka lässt einen womöglich zunächst erschaudern, aber ist das Eis erst mal gebrochen und findet man daraufhin ganz unbeschwert ins Gespräch, wird schnell klar, dass man nur einen ganz normalen und freundlichen Sportenthusiasten vor sich hat. Als ungeahnt liebenswürdig wird man die neuen Kollegen bald schätzen lernen, jedenfalls verhält es sich so bei der überwiegenden Anzahl der Mitglieder von den vielen ausgesprochen bemühten Vereinen.

Der Kimono trägt auf, das ist ein Faktum – aber an den richtigen Stellen. Er blufft gewissermaßen, ist eine Mogelpackung, wenn man so will. Vor allem aber – und das macht dieses Stück Stoff so charmant – verzeiht er sowohl die eine oder andere unvorteilhafte Rundung als auch die schlaksigen Ärmchen oder die Hühnerbrust seines Trägers. Frau und Mann schmeichelt er dabei im gleichen Maße und gibt keinem Geschlecht den Vorzug. Er ist ein wahrer Avantgardist der Emanzipation.

Ein weiteres Merkmal – viele werden es bestimmt als Vorteil erkennen – besteht darin, dass der vorgeschriebene Judoanzug einen nicht in die Verlegenheit bringt, modische Trends zu bedienen. Wie man auf die Matte steigt, muss einem kein Kopfzerbrechen bereiten. Die zeitlose Uniform der japanischen Kampfsportler ist und bleibt der schlichte Kimono, üblicherweise in den traditionellen Farben Blau und Weiß. Damit ist man immer en vogue, und es bietet sich kaum die Qual der Wahl. Im äußersten Fall bleibt immer noch der Münzwurf.

Sollte jemand dennoch die eigene Individualität durch seine Kampfmontur zum Ausdruck bringen wollen, so steht einem natürlich auch das frei, zumindest in vernünftigen Grenzen. Schätzt man eine gewisse Extravaganz, darf der Baumwollanzug gerne auch in ungewohnteren Farbtönen erworben werden. Gelb, Rot, Violett oder Schwarz, vieles ist prinzipiell möglich. Bei einigen Händlern wird man auch mit solchen Wünschen fündig. Für Aufmerksamkeit ist damit jedenfalls gesorgt.

Darüber hinaus darf nicht vernachlässigt werden, dass man mit dem Kimono ein Stück japanischer Kulturgeschichte mit sich trägt. Freilich haben sich die heutigen Kampfanzüge, mit denen uns eine ganze Menge westlicher Hersteller versorgen, entscheidend von der Urform dieses bemerkenswerten Kleidungsstückes entfernt. Auch besteht eine nicht unerhebliche Differenz zwischen den prachtvollen Kimonos, die viele Japaner zu entsprechend würdigen Anlässen tragen, und den Exemplaren, die der moderne Judoka vor dem Training anlegt. Wer darin nämlich im fernen Japan durch Stadt und Land spaziert, wird sich vermutlich trotz aller Inklusionsbemühungen schnell als kulturfremder Tourist outen – ebenso wie in Lederhose und Dirndl durch Österreich ziehende asiatischstämmige Touristen meist doch irgendwie entlarvt werden, im Zweifelsfall durch ihre Kameras.

Zuletzt noch ein Punkt zum Regelwerk: Aus naheliegenden Gründen dürfen die Kampfanzüge nicht von den von der IJF (International Judo Federation) gesetzten Normen abweichen. Keiner soll sich schließlich einen unfairen Vorteil erschleichen können. Dass man sich aber alle paar Jahre einer neuen Anpassung unterwerfen muss, weil das Revers offenbar doch einen Zentimeter zu breit war, wirkt fast wie eine gefinkelte Marketingstrategie. In jedem Fall mangelt es den erfolgreichen Athleten nicht an Einfallsreichtum, wenn es darum geht, ihre Chancen dennoch zu maximieren. In früheren Zeiten, in denen die Kampfrichter noch unaufmerksamer waren, wurde der Stoff etwa mit Vaseline präpariert oder an den Ärmeln besonders eng zusammengenäht, was es erheblich erschwerte, den Gegner richtig zu fassen zu kriegen. Diese trickreichen Methoden sind allerdings eher ein Relikt der Vergangenheit. Nach wie vor gilt aber Folgendes: Weichspüler sind tabu – wenn man den Anzug für den Wettkampf hervorholt, muss er so steif sein wie ein Brett, um es den fremden Fingern nicht unnötig einfach zu machen.

3. GRUND

Weil man Köpfchen braucht

Strategie ist – wie so oft – auch im Judo der Schlüssel zum Erfolg. Es ist nicht unbedingt der Stärkste und auch nicht der Schnellste, der am Ende als Sieger von der Matte geht, ebenso wenig der Ausdauerndste. Eine passable körperliche Form mit dem entsprechenden Muskeltonus ist allerdings – ich weiß, eine herbe Enttäuschung – dennoch notwendige Grundvoraussetzung für den künftigen Turniererfolg. Abgesehen davon geht es aber zu einem erheblichen Teil darum, den Gegner richtig einzuschätzen und angemessen auf sein Gegenüber zu reagieren. Was ist beispielsweise seine »gute« Seite? Gemeint ist dabei nicht die Schokoladenseite, die vielleicht besonders seine Vorzüge betont, sondern die Ausrichtung seiner Beine und seines Griffs. Ist er also ein Links- oder Rechts-Kämpfer? Welchen Stil bevorzugt er, und welchen präferiert man selbst? Kann man diesen Mann oder diese Frau, die zwischen einem selbst und dem Sieg steht, mit einer Finte überraschen, oder sollte man sich besser davor hüten, nicht selbst in eine Falle zu tappen? Fragen über Fragen, doch die Antworten müssen blitzschnell folgen, wenn das Duell erst in vollem Gange ist. Im Judo kann es von einem Moment auf den anderen vorbei sein. Ein falscher Schritt, und man liegt auf dem Rücken, ehe man auch nur zwinkern kann. Schreit der Kampfrichter daraufhin »Ippon!«, dann ist der Kampf zu Ende, und man muss sich wohl oder übel geschlagen geben, denn der Gegner hat die höchstmögliche Wertung erzielt.

Angriffsaktionen, ebenso wie die Verteidigungshandlungen, wollen also angemessen gesetzt sein, und das immer der gegenwärtigen Situation entsprechend. Die Strategie macht den Unterschied. Ist man bereits in Führung, lässt man sich besser zu keinen Heldentaten mehr hinreißen, sondern bleibt defensiv – wenn auch nicht zu sehr. Umgekehrtes gilt, wenn die Kampfzeit allmählich verrinnt und man nach Punkten hinten liegt. Dann gilt es eilig den nächsten Angriff vorzubereiten. Aber wie? Auf die linke Seite, die rechte, nach vorne oder vielleicht nach hinten? Wo verbirgt sich eine kleine Schwäche, die nur darauf wartet, ausgenutzt zu werden? So viele Möglichkeiten, die es abzuwägen gilt, da wird nicht nur der Körper an sein Limit getrieben, sondern auch die glühenden Gehirnwindungen. Man ist beinahe geneigt, mit den Worten zu schließen, die Jan Böhmermann dem wortgewaltigen Lukas Podolski einst unterstellte: Judo ist wie Schach – nur ohne Würfel!

4. GRUND

Weil jeder Arm seine Aufgabe hat

Die richtige Grifftechnik wird im Judo als »Kumi-kata« – wörtlich: »die Form des Griffes« – bezeichnet und ist absolut maßgeblich für den Erfolg in diesem Kampfsport. Judo erzielt seine Wirkung nicht durch Schläge oder Tritte, sondern vor allem durch permanenten Kontakt und die damit verbundene Kontrolle des Gegenübers. Das richtige Zufassen ist dabei viel weniger trivial, als der Laie zunächst vermuten würde. Hinter dem Begriff der Kumi-kata verbirgt sich eine wohlüberlegte Systematik.

Zunächst gilt es dabei, die unterschiedlichen Funktionen der beiden Arme zu unterscheiden: Es gibt immer einen sogenannten »Zug-Arm« und einen »Hub-Arm«. Bei rechter Auslage fungiert der linke Arm als Zug-Arm und der rechte als Hub-Arm. Für den benötigten Zug, um das Gleichgewicht des Gegners zu brechen, entwickelt der Zug-Arm – nomen est omen – den Großteil der dafür erforderlichen Kraft. Dieser klammert sich an den rechten Arm des Gegners. Er wird zumindest noch unter dessen Schulter angesetzt. Je näher er am Handgelenkt sitzt, desto mehr Bewegungsfreiheit erhält man sich selbst. Auch der eigene Beschleunigungsweg ist dann länger, was durchaus seine Vorteile bietet. Andererseits lässt man damit aber auch seinem Gegenüber mehr Freiheiten, und ein längerer Beschleunigungsweg bedeutet zwar eine höhere Geschwindigkeit, erfordert aber auch mehr Zeit. Wo man den Griff genau ansetzt, muss daher jeder Kämpfer, entsprechend seinen persönlichen Vorlieben, selbst entscheiden.

Während der Zug-Arm beim Angriff eine besondere Rolle einnimmt, ist der Hub-Arm eher für die Abwehr zuständig. Durch ihn wird vor allem eine hohe Schubkraft gewährleistet. Diese »Arbeitsteilung« ist aber nicht absolut, sondern bloß eine Schwerpunktsetzung. Meistens sitzt der Hub-Arm am Revers oder in der Nackenfalte des Gegners. Prinzipiell kann der Griff aber auch woanders gesetzt werden, etwa am Gürtel, am Rücken oder am linken Arm des Gegners. Auch hier gilt: Ein hoch angesetzter Griff, etwa im Nacken, bewirkt eine stärkere Kontrolle. Allerdings verliert man damit dann auch selbst etwas Bewegungsfreiheit, sowohl was die Arme als auch die Beine betrifft. Sind diese nämlich grundsätzlich eher durchgestreckt, fallen schnelle Bewegungen deutlich schwerer.

Durch den richtigen Griff lernt der Judoka mit der Zeit auch die Körperposition seines Partners zu spüren. Außerdem erfühlt er die Bewegungstendenzen seines Gegenspielers und weiß irgendwann jedes Zucken richtig einzuschätzen. Es bietet sich sogar an, hin und wieder mit verbundenen Augen zu trainieren, um seine Sinne zu schärfen und seine Intuition zu verbessern. Die Hände sind für den Judoka nämlich zwei weitere Augen. Nach langjähriger Erfahrung erahnt man einen Angriff bereits einige Hundertstelsekunden, bevor dieser erfolgt – Zeit genug, um darauf zu reagieren, zumindest in den meisten Fällen. Natürlich darf man in so einer Situation nicht mehr nachdenken. Die richtige Gegenbewegung muss ganz instinktiv erfolgen.

Erst nach dem Zufassen ist es einem Judoka möglich, seine Kunst angemessen auszuüben. Er ist auf diesen unmittelbaren Kontakt angewiesen. Seine Hände sind sein Schwert, sein Schild und zugleich seine Augen. Wenn der Griff nicht sitzt, kann der restliche Körper nicht richtig eingesetzt werden. Manchmal wird während des Trainings deshalb nur der sogenannte »Griffkampf« trainiert, ohne dabei zu werfen. Wer den Kampf um den Griff nämlich für sich entscheidet, also besser zufasst und dabei – wenn möglich – einen gegnerischen Griff verhindert oder zumindest erschwert, der lässt seinen Kontrahenten hilflos zurück. In der Regel entscheidet der bessere Griff über Sieg und Niederlage, und der ganze Judokampf ist ein ständiges Ringen um einen solchen Vorteil.

5. GRUND

Weil Judo ein Tanz ist

Soviel Grazie ein Judokampf auch ausstrahlen mag, etwas Tänzerisches würde das unerfahrene Auge wohl kaum darin erkennen. Trotzdem lässt sich bei ganz wesentlichen Aspekten dieses Sports eine Gemeinsamkeit zur so fern scheinenden Tanzkultur nicht völlig wegdiskutieren. Der erste Eindruck kann hier durchaus täuschen.

Judo besteht nicht nur aus hektischem Gerangel. Die sogenannten »Katas« spielen ebenfalls eine nicht zu vernachlässigende Rolle. Sie können sogar als das Herzstück dieses Kampfsystems angesehen werden. Der Begriff der Kata lässt sich ganz gut mit »grundlegende Form« übersetzen. Diese Form veranschaulicht die Prinzipien der Kampfkunst und ist wesentlicher Bestandteil des Prüfungsprogrammes bei den Meistergraden.

Ähnlich wie eine Choreografie besteht auch die Kata aus fest definierten Abfolgen von unterschiedlichen Techniken. In der Zweikampfkunst Judo werden diese natürlich immer von einem Paar vorgeführt. Diese Katas gibt es übrigens nicht nur im Judo, sondern in allen japanischen Kampfkünsten.

Wenn man den Gürtel also irgendwann in sattem Schwarz um die Hüfte tragen möchte, ist man wohl oder übel gezwungen, sich auf diesen eher unrhythmischen Tanz einzulassen. Überraschungen gibt es bei dem vorzutragenden Programm jedenfalls keine. Nein – das wäre falsch ausgedrückt. Es sollte heißen: Überraschungen sollte es dabei besser keine geben.

Da der Rahmen prinzipiell bis zur letzten Verbeugung genau festgelegt ist, weiß man schließlich genau, was man zu tun hat – ganz anders als in einem Kampf, der nie wirklich geplant werden kann. Diese Demonstrationen der Judo-Prinzipien sind aber dennoch sehr anspruchsvoll, und wirklich perfekt vorgeführt werden sie praktisch so gut wie nie. Aber was ist schon perfekt? Auch bei klassischeren Tänzen steigt man dem Partner gelegentlich auf die Zehen. Im Programm stand das sicherlich nicht – und doch schleichen sich bekanntlich auch hier hin und wieder einige dieser unliebsamen Überraschungen ein. Im Judo ist es leider nicht anders.

Jedenfalls bietet der Bereich der Katas einen scharfen Kontrast zu den dominanten, auf den kämpferischen Wettstreit fokussierten

Übungseinheiten. Ziel ist es, bei der Ausführung dieser Technikfolgen nämlich nicht, den Gegner zu besiegen, sondern gemeinsam mit seinem Pendant etwas nach strengen Richtlinien und dazu noch einigermaßen ästhetisch vorzuführen. Dafür müssen beide, nämlich sowohl der die Technik ausführende Judoka, der »Tori genannt wird, wie auch sein »Uke« oder Partner, möglichst gut zusammenspielen und sich gegenseitig ideal aufeinander einstellen.

Im Gegensatz zum Kampf hat die Kata etwas Friedliches und Meditatives. Nicht das Gegeneinander, sondern das Gemeinsame steht im Vordergrund. Man arbeitet zusammen und versucht, die Prinzipien der unterschiedlichen Techniken anhand von Aktion und Reaktion darzustellen. Für beide Personen ist es daher unerlässlich, zuverlässig ihre Rolle zu spielen. Der eine muss jeden Angriff richtig setzen, der andere zielsicherer darauf reagieren. Dabei gilt es, sich gegenseitig bestmögliche Hilfestellungen zu geben, was natürlich zunächst etwas Paradoxes zu haben scheint.

Die Kata ist eben kein wirklicher Kampf, darauf muss man sich einstellen. Ist man also gerade im Begriff, von Tori geworfen zu werden, sollte man in dieser Situation ein wenig Körperspannung aufbringen und nicht wie ein Sack zu Boden fallen. So etwas gibt ein schlechtes Bild und strahlt wenig Erhabenes aus.

Wem der Judo-Sport an sich gefällt, aber das Kämpfen keine rechte Freude bereiten will, der kann sich ganz den nicht minder anspruchsvollen Katas widmen. Auch hier gibt es diverse Meisterschaften. Auf das Wettkampf-Feeling muss man also keineswegs verzichten.

Im Judo gibt es nun eine Vielzahl von Katas mit jeweils unterschiedlichen Schwerpunkten. In der »Kōdōkan Goshin-jutsu« werden beispielsweise Selbstverteidigungstechniken präsentiert – auch gegen Messer, Stock und sogar Pistole. Schnelligkeit ist dabei geboten, was allerdings nicht zu der Annahme verleiten soll, der Judoka könnte Kugeln ausweichen. Es geht schlichtweg darum, den Übeltäter vorzeitig zu entwaffnen. Alles andere ist wenig erfolgversprechend.

Die erwähnte Kata wurde erst 18 Jahre nach dem Tod von Jigorō Kanō von seinen Nachfolgern entwickelt. In Form der Kōdōkan Goshin-jutsu wird wieder einmal deutlich, wie umfassend das ganze Judo-System ist, von dem die meisten Sportler leider nur einen kleinen Ausschnitt zu sehen bekommen. Es lohnt sich jedenfalls, tiefer in die Materie einzudringen und nicht nur das reine Wettkampf-Judo zu studieren. Eine weitere Kata wäre etwa die »Katame-no-kata«. Sie wurde in den 80er-Jahren des 19. Jahrhunderts von Kanō selbst konzipiert und beschäftigt sich mit diversen Techniken des Bodenkampfs, wie Haltegriffen, Würgetechniken sowie Arm- und Beinhebel. Das Wesen der Katame-no-kata ist damit die Kontrolle des Partners in der Bodenlage.

Besonders interessant für die meisten fortgeschrittenen Judoka ist die sogenannte »Nage-no-kata«. Ihr Vortrag entspricht einer der Teilprüfungen, die zur Verleihung des 1. Dan – sprich des ersten Meistergrades – absolviert werden müssen. Sind diese Hürden allesamt überwunden, darf man sich danach endlich mit dem schwarzen Gürtel auf der Matte zeigen.

Die Nage-no-kata demonstriert die unterschiedlichsten Wurftechniken. Sie war die erste Kata, die Kanō entwickelte, und besteht aus insgesamt 30 Wurfaktionen. 15 Techniken werden dabei sowohl in linker als auch in rechter Ausrichtung vorgeführt.

Es kann durchaus Spaß machen, den Partner auf den Boden zu knallen, wenn er sich einmal nicht wehrt, sondern einfach brav mitspielt. Die Würfe sehen dann natürlich besonders beeindruckend aus, und alles geht unerwartet leicht von der Hand. Allerdings ist es ein recht einseitiges Vergnügen, wie man sich vorstellen kann. Man muss dem Partner dabei wirklich dankbar sein. Er hat eine undankbare Aufgabe, und doch ist er zugleich von enormer Wichtigkeit. Man sollte ihn daher besser nicht vergrämen. Jeder Schritt muss sitzen, und wenn der Partner nicht richtig mit einem zusammenarbeitet, ist der schöne Auftritt in jedem Fall versaut. Ein guter Uke ist also Gold wert, manchmal sogar Schwarz.

Nun, eine Kata vorzuführen ist zwar nicht ganz dasselbe, wie das Tanzbein zu schwingen – so viel muss man wohl eingestehen –, aber schwungvoll geht es definitiv ebenfalls zu. Judo ist allerdings wenig Ballett, sondern vielmehr Rock 'n' Roll!

6. GRUND

Weil man den Erfolg mit sich trägt

Als begeisterter Kampfsportler will man sein technisches Vorankommen natürlich auch mit der Welt teilen. Über etliche Jahre hinweg übt man beharrlich am letzten Feinschliff und wird doch nie Perfektion erreichen. Das mag einerseits unbefriedigend erscheinen, bietet aber auch einen besonderen Ansporn. Stagnation ist keine Option, es geht immer weiter, und mit jedem kleinen Training wird man ein wenig besser. Der Weg ist das Ziel. Man strebt einem Ideal entgegen, dem Geist des Judo. Somit bekommt die ganze Sache auch noch eine spirituelle Note. Die Farbe des Gürtels ist dabei der äußere Gradmesser des eigenen Fortschrittes. Man kämpft sich mit den vielen Prüfungen, die vor einem liegen, farblich durch den halben Regenbogen. Zuerst wird der Kimono, die Jacke des traditionellen Kampfanzugs, mit unschuldigem Weiß an der Hüfte zusammengebunden, aber schon bald wird es erfreulich bunt. Gelbe Enden, Gelb, orange Enden, Orange, grüne Enden, Grün, blaue Enden, Blau, braune Enden und endlich – Braun. Am Ende dieser zehn Schüler- oder Kyū-Grade wartet zwar kein Topf voll Gold, dafür aber der ersehnte Meistergrad, der erste Dan. Ist die dafür vorgesehene Prüfung schließlich erfolgreich absolviert, was der Würde des ersehnten Preises entsprechend mit erheblichen Mühen verbunden ist, sind die verspielten Farben überwunden und es darf mit stolzgeschwellter Brust der schwarze Gurt angelegt werden.

Aber kommen wir an dieser Stelle noch kurz auf den Topf voll Gold zurück: Auf den muss man in diesem Sport leider auch als sehr erfolgreicher Wettkämpfer verzichten, so viel vorweg. Endloser Reichtum und Ruhm werden sich kaum einstellen. Judo übt man um der Kunst willen aus und wegen der bloßen Freude am eigenen Erfolg und Fortschritt. Für die ganz Ehrgeizigen endet der Weg übrigens nicht mit dem ersten Meistergrad. Auch davon gibt es nämlich ganze zehn. Langeweile sollte also keine aufkommen. Die Herausforderungen, die sich einem in Judo bieten, reichen mühelos für ein ganzes Leben.

Selbst erfahrene Judoka werden bei solchen Prüfungen ab und an in größere Verlegenheit gebracht, als ihnen lieb ist. Man steht plötzlich wieder nur am Anfang einer neuen Leiter, die es zu erklimmen gilt, und grimmige Krieger werden zu schüchternen Kindern, wenn sie erst vor der strengen Prüfungskommission stehen und versuchen, ihr Können zu demonstrieren. Hat man sich aber gewissenhaft vorbereitet, durchläuft man über die Jahre – und es sind viele, sogar sehr viele Jahre – im Idealfall fünf schwarze Dan-Grade, danach drei rot-weiß gestreifte und schließlich noch zwei rote. Nach dem sechsten Meistergrad werden die übrigen jedoch nur noch verliehen, wenn man sich um den Judo-Sport besonders verdient gemacht hat.

Allerdings sehen die honorigen Persönlichkeiten am Ende des Regenbogens meist schon ihrem Lebensabend entgegen. Träger derart hoher Ränge haben erfahrungsgemäß ihre Schwierigkeiten, noch halbwegs aufrecht zu stehen. Zumindest in ihrer Vorstellung bleiben sie unbesiegbar.

7. GRUND

Weil Judo ein Quickie ist

Um möglichen Missinterpretationen gleich vorweg Einhalt zu gebieten: Die Rede ist natürlich von der Kampfzeit. Nach mehreren Neuregelungen ist die Dauer eines Judo-Duells für Frauen wie für Männer ab der U18 mit vier Minuten begrenzt. Sollte bis dahin keiner der beiden Kämpfer mit einer Wertung in Führung gegangen sein und wurde der Kampf nicht vorzeitig mit der Höchstwertung »Ippon« entschieden, dann geht es in den »Golden Score«. Bei diesem Modus wird bis zur ersten Wertung weitergekämpft, ohne jegliche zeitliche Begrenzung. Um mehr als zwei Minuten wird die reguläre Zeit allerdings nur selten überschritten. In den meisten Fällen steht der Sieger eines Judo-Zweikampfes nach spätestens vier Minuten fest.

Man mag nun ungläubig lächeln und sich fragen: wirklich ... vier Minuten? Diese bescheidene Zeitspanne kann schließlich in kaum einem Kontext wirklich überzeugen. Zugegeben, wenn jemand zum Beispiel vier Minuten lang die Luft anhalten kann, flößt einem das schon Respekt ein, vier Minuten auf einem Bein stehen, auch das wird vermutlich nicht jedem gelingen, oder vielleicht vier Minuten lang Seilspringen – das klingt ja alles ganz passabel, aber vier Minuten lang bzw. kurz kämpfen?

Es ist an dieser Stelle nötig, für die Ehrenrettung der Judoka einzuspringen. Zunächst dauert ein Kampf in der Praxis fast immer erheblich länger als die läppisch wirkenden vier Minuten, vorausgesetzt, man kann den Gegner nicht lange vor Ablauf der Zeit mit der Höchstwertung besiegen. Die vier Minuten entsprechen nämlich der Nettozeit. Tatsächlich gibt es während eines Kampfes aber immer wieder Unterbrechungen – etwa, um die Kleidung zu richten, oder um die beiden Kontrahenten aus einer verfahrenen Situation zu befreien, in der keine größeren Aktionen mehr zu erwarten sind, beispielsweise, wenn einer der beiden versucht, den anderen festzuhalten, dieser aber mit seinen Beinen ein Bein oder den Oberkörper des anderen umschlingt. Unter diesen Bedingungen ist ein Festhalter nämlich nicht gültig. Rührt sich also nichts mehr, weil keiner der beiden riskieren möchte, sich noch viel weiter zu bewegen, unterbricht der Kampfrichter und lässt die beiden in der gewohnten Ausgangsposition – stehend, vis-à-vis – neu beginnen. Während dieser Unterbrechungen, die auch genutzt werden, um Strafen wegen Passivität oder Inaktivität zu vergeben, läuft die Uhr nicht weiter. Der Schweiß läuft jedenfalls trotzdem – auch ohne Pause – weiter.

Darüber hinaus mögen sich vier Minuten womöglich nach nicht viel anhören, aber sie sind es. Man erinnere sich nur an die kleinen Rangeleien mit der frechen Schwester oder dem aufmüpfigen Brüderlein und rufe sich dabei in Erinnerung, wie viele Minuten diese in Anspruch genommen haben. Tja, hoffentlich nicht allzu viele. Anstrengend waren sie bestimmt trotzdem. Aber Spaß beiseite. Judo ist nun mal keine Ausdauersportart. Die geforderte Leistung muss in kürzester Zeit erbracht werden. Die Intensität ist dadurch unglaublich hoch. Bei einem halbwegs ausgeglichenen Kampf ist es nötig, körperlich wirklich alles zu geben. Ach ja – und laufen muss ein guter Judoka natürlich trotzdem. Ohne entsprechende Grundlagenausdauer ist es nämlich kaum möglich, die Trainingseinheiten durchzustehen. Das gilt freilich in erster Linie für den Leistungssportbereich.

So ein Turnier fordert einem einiges ab. Wenn man also bei einem Wettkampf etwa vier bis sechs Begegnungen mit anderen Athleten hat, ist man am Ende körperlich schon ziemlich gezeichnet. Judo ist eben kein Marathon, es ist ein Sprint, der ständige Aufmerksamkeit und muskulär sehr anspruchsvolle Aktionen und Reaktionen erfordert. Daher das beherzte Plädoyer für all jene Ignoranten und Ignorantinnen, denen ein jähes Ende nach vier Minuten zu früh erscheint.

Rom wurde vielleicht nicht an einem Tag und schon gar nicht in vier Minuten erbaut, aber für rasante Skiläufe reichen diese 240 Sekunden doch auch locker aus.

8. GRUND

Weil Judo Form hat

Japan hat einen tief verankerten Sinn für Respekt und Demut. Seine Sitten und Bräuche sind überaus reichhaltig, ebenso wie die gesamte Kultur dieses Raums. Die angemessene Etikette war und ist für das Herkunftsland des Judo-Sports dabei von zentraler Bedeutung. In Japan wird Höflichkeit großgeschrieben, und sie wird durch eine entsprechende Form des Umganges getragen. Diese bewundernswerte Volksgruppe mit dem charmanten Unvermögen, ein »R« zu artikulieren, scheint nun eine besondere Neigung zu besitzen, sich bei jeder Gelegenheit vor Menschen oder Dingen zu verneigen. Manchmal etwas tiefer, in anderen Fällen wieder etwas weniger tief – je nachdem, wie viel Würde das menschliche oder nichtmenschliche Gegenüber ausstrahlt. Kurz gesagt: Es ist kompliziert, und Fettnäpfchen sind praktisch vorprogrammiert. Wenn man als unbedarfter Europäer versucht, keine Schande auf sich oder Dritte zu laden, ist eine angemessene Vorbereitung für etwaige Ausflüge in diesen fremden Kulturkreis essenziell.

Der Judoka darf sich diesbezüglich noch glücklich schätzen. Das Zeremoniell, das es auf der Matte zu beachten gilt, ist absolut überschaubar. Manch einer würde sogar sagen, es hat etwas Beruhigendes. Es ist die Ruhe vor dem Sturm und stimmt einen jedes Mal aufs Neue darauf ein, was danach bevorsteht. Diesen gewohnten Rahmen wird man irgendwann vielleicht sogar lieb gewinnen.

Vorstellen darf man sich das folgendermaßen: Zunächst verbeugt sich ein jeder Kämpfer vor der Matte, eher er diese betritt. Offenbar bezeugt man durch dieses Ritual seinen Respekt der Judo-Kunst gegenüber sowie seine Bereitschaft, die Regeln derselben anzuerkennen und ihnen entsprechend zu handeln. Es ist also einfach eine aufmerksame Geste, auch wenn wohl die wenigsten begreifen, was tatsächlich damit gemeint ist. Einige praktizieren diesen demütigen Gruß schlicht aus Gewohnheit, ohne damit bestimmte weltanschauliche Bekenntnisse zu verbinden. Letzten Endes muss man das ja auch nicht. Die Handlung ist nur eine Frage der Höflichkeit, und es ist nicht unbedingt vonnöten, den Sinn dahinter näher zu analysieren. So wie man für gewöhnlich auch davon Abstand nimmt, an eine Kirchenmauer zu urinieren, obwohl man nicht annimmt, dass einen ansonsten gleich der Blitz trifft.

Vor dem Beginn des Trainings knien der oder die Trainer auf der Matte nieder. Die Schüler befinden sich auf der ihnen gegenüberliegenden Seite und folgen dem Beispiel. Nachdem der Meister zu verstehen gibt, dass der kurzen Besinnlichkeit Genüge getan wurde, beendet der höchstgraduierte Schüler die Meditation mit den Worten: »Sensei ni rei«, was so viel bedeutet wie: Wir grüßen den Lehrer bzw. den Meister. Daraufhin folgt eine beiderseitige Verbeugung als Ausdruck des gegenseitigen Respekts. Wohlgemerkt huldigt man hier keinem persischen Gottkönig. Eine Art Proskynese ist fehl am Platz. Man unterwirft sich nicht, sondern drückt lediglich seine Wertschätzung für seine Mitstreiter, die Trainer und die Kunst selbst aus. Dazu genügt eine knappe Verneigung vollkommen, wobei mit dem Kopf nicht der Boden berührt wird. Der Rücken sollte währenddessen halbwegs gerade bleiben. Ab dann wird es aber endlich ernst. Allerhöchstens gibt es zuvor noch eine kurze Besprechung, doch danach wird aufgewärmt.

Am Ende des Trainings erfolgt die gleiche Prozedur. Was allerdings dazwischen geschieht, ist weitestgehend den eigenen Vorlieben überlassen. Die verschiedenen Vereine sind hierbei unterschiedlich traditionsbewusst, ebenso wie die einzelnen Athleten. In manchen Kreisen wird eben mehr Wert darauf gelegt, in anderen dagegen weniger. Gewisse Judoka verbeugen sich zum Beispiel bei jeder Übung vor ihrem Partner, was einigen womöglich etwas gezwungen und lästig erscheinen mag. Aber was solls? Es gibt definitiv Schlimmeres. Eine dezente Verneigung vor einem Kampf ist in jedem Fall nie übertrieben. Außerdem schlägt man in der Regel mit dem Partner ein, bevor es ans Eingemachte geht. Es sind nur kleine Gesten, aber solche Gesten sind an gewisser Stelle nicht verkehrt.

Beim Turnier sind die festgelegten Verhaltensformen natürlich obligatorisch. Man verbeugt sich vor der Kampffläche und dann noch einmal vor dem Gegner. Am Ende verbeugt man sich erneut voreinander und gibt sich die Hand. Danach verlässt man die Kampffläche und verneigt sich abschließend erneut vor dieser, sozusagen als Verabschiedung. Im Grunde also halb so schlimm und für jeden leicht zu merken. Zu Beginn der Judokarriere wird man diesen streng wirkenden Rahmen vielleicht belächeln, aber eigentlich hat eine gewisse Form auch etwas Schönes. Sie ist noch an die alten Praktiken des Jiu Jitsu angelehnt, und es ist sicherlich nicht verkehrt, sich dieser hehren Tradition bewusst zu sein und sie im vernünftigen Maße zu ehren.

9. GRUND

Weil man schwer in Ordnung ist

Besonders zarte als auch eher stämmige Kämpfer sind im Judo zu finden. Die Bandbreite ist hoch, und schlussendlich ist es kaum entscheidbar, welches Körpergewicht nun das ideale ist. Die Frage danach ist nur sehr subjektiv zu beantworten. Sie hängt natürlich stark mit dem persönlichen Kampfstil zusammen, und dieser ergibt sich nicht zuletzt aus der jeweiligen Statur eines Kämpfers. Ist man vom Typus her flink und schnell und will den Gegner überraschen, oder liegt es einem mehr, gemütlich und bedacht vorzugehen und das Gegenüber zu zermürben?

Im Grunde kann man es sich aussuchen, sollte sich dabei aber an den eigenen Stärken orientieren. Beide Strategien können am Ende aufgehen, sie müssen nur einigermaßen den körperlichen Gegebenheiten und dem Wesen der einzelnen Judokämpfer entsprechen.

In der Regel neigen die leichteren Gewichtsklassen eher dazu, auf ein hohes Tempo zu setzen und ihre besondere Agilität dabei voll auszuspielen. Mit den höheren Klassen wachsen hingegen das Körpervolumen und die Muskelkraft, auch das Bäuchlein bekommt hier gelegentlich eine leichte Rundung. Hinter jeder Technik steckt dann sehr viel Power. Dafür spielt sich alles meist etwas gemächlicher ab. Geschwindigkeit steht nicht mehr an erster Stelle. Bei diesen Hünen gibt es aber durchaus erhebliche Unterschiede. Vom eher schwabbeligen Riesenbaby bis zum gemeißelten Koloss ist im Judo-Sport alles dabei.

Einen ganz erheblichen Vorteil haben die oftmals beneideten Schwergewichtler in jedem Fall. Gemeint sind damit die Kämpfer in den sogenannten »Plus-Klassen«, sprich den Damen der Kategorie +78 kg bzw. den Herren +100 kg. Ab diesem stolzen Gewicht spielt es nämlich keine wesentliche Rolle mehr, wie viel man genau wiegt. Eine höhere Wettkampf-Klasse ist nicht vorgesehen, ein Zuviel gibt es daher theoretisch nicht.

Diese glücklichen Kämpfer dürfen also schlemmen und müssen nicht darauf achten, womöglich in eine schwerere Gewichtsklasse zu fallen, wenn sie nicht aufpassen. Ganz im Gegenteil, ein paar zusätzliche Kilos auf den Rippen schaden in ihrer Lage gar nicht. Man kann sich ganz der Völlerei hingeben und ohne schlechtes Gewissen essen, wonach einem der Sinn steht.

Na ja, irgendwann sollte man schon damit aufhören, jedenfalls bevor es medizinisch gesehen bedenklich wird. Bewegen muss man sich schließlich schon noch können. Das ist ja gewissermaßen doch das Herzstück eines jeden Kampfes. Den nicht ganz unwichtigen

Sportcharakter darf Judo keinesfalls verlieren. Nur auf sein Gewicht allein sollte man daher besser nicht bauen.

Obwohl manche der kräftigeren Burschen schon fast auf die 200 kg zusteuern, sind es nicht unbedingt diese stolzen Kaliber, die bei den Turnieren den Sieg davontragen. Oft werden sie von etwas athletischeren und bewegungsfreudigeren Kämpfern geschlagen, so furchterregend diese Fleischberge zunächst auch aussehen mögen.

Das Problem ist, dass nach oben hin meist die Muskeln irgendwann aufhören weiterzuwachsen und stattdessen eher die Fettpölsterchen zunehmen. Das bringt zwar zusätzliches Gewicht, das man ebenfalls gezielt einsetzen kann, aber ab einem bestimmten Punkt macht es einen eben auch träge. Ein gewisses Maß sollte also auch bei den Gewichtsklassen am oberen Ende nicht überschritten werden.

Brave Esser haben beim Judo aber definitiv keinen Nachteil. Jeder findet eine passende Gewichtsklasse, in der er sich wohlfühlt, sofern es ihn auch einmal zu einem der zahlreichen Wettkämpfe ziehen sollte. Vom Hungerhaken bis zum Muskelprotz ist bei den Turnieren alles zu finden – und viel dazwischen. Auch jenseits der körperlichen Idealmaße ist man im Judo-Sport gut aufgehoben. Diversität wird geschätzt, und das ist auch gut so!

10. GRUND

Weil das Timing zählt

Jeder, der seinen Arbeitgeber schon einmal zu ungelegener Stunde oder vor dem ersten Morgenkaffee um einen Gefallen gebeten hat, weiß, wie entscheidend das entsprechende Timing sein kann. Doch nicht nur in diesem Kontext entscheidet der angemessene Zeitpunkt über Erfolg und Niederlage. Auch die Judokunst lebt von der wohlüberlegten Abstimmung der verschiedenen Aktionen.

Die Beine sollten in diesem Sport genau wissen, was sie zu tun haben. Immerhin steht und fällt die Judokarriere im wahrsten Sinne mit dem richtigen Stand. Dieser ist üblicherweise in den Knien leicht gebeugt und ungefähr schulterbreit. Fortbewegen tut sich der erfahrene Judoka nur mit niedrigen Schleifschritten, denn von dem sicheren Boden möchte er sich ungern zu weit entfernen. Jeder hohe oder zu langsame Schritt birgt eine Gefahr und zugleich eine Chance für den Kontrahenten. Während eines Kampfes sollte man außerdem keinesfalls ungeschickt die Beine überkreuzen, wie es anfänglich oft passiert. Sonst wirft man sich nämlich schnell selbst.

Die Unterscheidung von Standbein und Spielbein ist im Judo von großer Bedeutung. Beide haben ihre jeweils spezifischen Aufgaben und sind dabei unverzichtbar. Auf dem Standbein ruht das meiste Gewicht. Es bildet die Stütze des Judokämpfers und erhält dabei sein Gleichgewicht. Das Spielbein hat hingegen die Funktion, seine Bewegungsfähigkeit zu gewährleisten. Es ist flexibel und daher auch für den Angriff zuständig. Wenn man sich während des Kampfes fortbewegt, wechseln Stand- und Spielbein zwangsläufig hin und her. Das Gleichgewicht muss schließlich bei jedem Schritt neu verlagert werden. Gerade diese Momente bleiben immer gefährliche Schwachstellen und machen einen Kämpfer anfällig für einen gegnerischen Wurf.

Bei einem solchen Angriff steht häufig das Standbein des Gegners im Fokus, denn ohne dieses verliert das Gegenüber seine entscheidende Stütze. Auch das Spielbein kann unter Umständen aber zu einem Angelpunkt werden, um den Gegner aus dem Gleichgewicht zu bringen. Gerade anhand zweier unterschiedlicher Wurfprinzipien werden die beiden Ansätze etwas fassbarer. Außerdem wird dabei schnell klar, welche überragende Bedeutung dem richtigen Timing zukommt.

Techniken der Gruppe »Barai« (Fegen) zielen etwa genau auf den kurzen Moment, bevor das Spielbein des Gegners zum Standbein wird. Wenn dieser nach einem Schritt versucht, wieder festen Tritt zu fassen, wird sein Bein schnell mit einem Feger verlängert, ehe es den Boden berührt. Das Bein, auf das sich der Gegner stützen will, findet also keinen Halt, und er gleitet hilflos zu Boden. Für den Erfolg solcher Judotechniken ist es aber ganz wesentlich, wirklich genau dann zuzuschlagen, wenn der Gegner sein Gleichgewicht verlagert, also eben dann, wenn sein Spielbein im Begriff ist, zum Standbein zu werden.

Bei Techniken der Gruppe »Gari« (Sicheln) erfolgt der Angriff erst, nachdem der Kontrahent schon einen festen Stand hat. Hier ist dann natürlich auch etwas mehr Kraft erforderlich. Dafür ist das Zeitfenster, in dem die Wurfaktion gesetzt werden muss, allerdings nicht so kurz. Bei beiden Varianten ist es jedenfalls unerlässlich, die Gleichgewichtsverlagerung des Gegners aufmerksam im Auge zu behalten. Bei einer Barai-Technik bringt es nichts, das Standbein anzugreifen, nachdem es bereits fest am Boden liegt. Bei einer Gari-Technik ist der Versuch zwecklos, das unbelastete Spielbein zu fegen. Der Angriff muss bei den unterschiedlichen Technikgruppen jeweils zum richtigen Zeitpunkt erfolgen, damit der Wurf ein Erfolg werden kann. Der Judoka lauert daher stets auf den richtigen Augenblick. Das Timing spielt die entscheidende Rolle.

11. GRUND

Weil Judo bescheiden ist

Wer sich entscheidet, dem Judo-Sport eine Chance zu geben, wird schnell feststellen, dass der eigene Geldbeutel dadurch nicht über Gebühr belastet wird. Alles, was man benötigt, ist eine entsprechende Kampfmontur. Diese setzt sich aus der Hose (Zubon), der Jacke (Kimono) und dem Gürtel (Obi) zusammen. Damen dürfen bzw. müssen darunter noch ein weißes T-Shirt mit Rundhalsausschnitt tragen, Männern ist dieses – zumindest beim Wettkampf –

verwehrt. Dafür wird Mann allerdings noch dankbar sein, denn während eines Turniers kann es mitunter schon einmal passieren, dass man ordentlich ins Schwitzen gerät. Je luftiger die Bekleidung, desto wohler wird man sich fühlen.

Über die Wahl der Unterhose darf man sich gerne selbst Gedanken machen. Der Fantasie sind hier praktisch keine Grenzen gesetzt. Japaner ziehen es übrigens vor, ganz auf diese zu verzichten. In Europa hat sich diese Option erfahrungsgemäß noch nicht durchgesetzt – dennoch ein nennenswertes Faktum, das den unbedarften Anfänger womöglich vor einer Überraschung bewahrt. Aber hey ... feel free!

Die Kosten für die richtige Ausrüstung beginnen bei etwa 30 Euro und sind damit wirklich erschwinglich. Erwägt man allerdings den Kauf eines hochwertigeren Kampfanzuges, der auch für einen Auftritt auf internationaler Bühne taugt, kratzt man pro Stück schon an der 200er-Marke. Benötigt werden dann zwei Exemplare, eines in Weiß, eines in Blau. So wird nämlich die Unterscheidbarkeit der Kämpfer gewährleistet. Wenn man eng umschlungen miteinander ringt oder in seltsamen Verrenkungen am Boden kauert, ist das sonst gar nicht so einfach, wie man annehmen würde. Durch den kleinen Kontrast weiß man hingegen immer, welcher Fuß und welcher Arm dem jeweiligen Judoka zuzuordnen ist, und es gibt keine ärgerlichen Verwechslungen.

Nach der Anschaffung eines den eigenen Bedürfnissen entsprechenden Kampfanzuges ist man bereits vollständig ausgerüstet, und dem Trainingsbeginn steht nichts mehr im Wege. Jetzt braucht man nur noch eine passende Trainingsstätte. »Dojo« wird diese vom Kenner genannt. Es handelt sich dabei meist um einen ganz gewöhnlichen Turnsaal, der mit den speziellen Matten (Tatami) ausgelegt wurde. Im Judo ist es wichtig, viele Serien mit sogenannten Wurfansätzen (Uchi-komi) auszuführen, um die verschiedenen Techniken zu automatisieren. Auch das Werfen (Nage-komi) muss aber angemessen geübt werden. Würde man seinen Partner, der im

Judo von ungeheurer Bedeutung ist, einfach auf den harten Boden schleudern, würde man diesen jedoch sehr schnell verschleißen. Wie gesagt, die Matten haben sich bewährt.

Ist man später schon etwas weiter fortgeschritten und hat die richtigen Bewegungsabläufe verinnerlicht, kann zu Hause sogar ohne Tatami und Partner weitergeübt werden. Schattenjudo oder »Tandoku-renshu« werden diese Wurfansätze genannt, bei denen man sich den Gegner einfach dazudenkt. Sieht für das unkundige Auge zugegebenermaßen etwas merkwürdig aus, und man kommt sich zu Beginn womöglich ein wenig dumm vor, aber es funktioniert – Ehrenwort. Diese Übungsmethode zeigt definitiv Wirkung. Sie sorgt für die nötige Routine und kann absolut überall und ohne jedes Hilfsmittel zur Anwendung gebracht werden. Der Verstand wird dabei zum eigenen Dojo, die Fantasie zum Gegner – und in öffentlichen Gefilden das unerschütterliche Selbstvertrauen zum Kimono.

12. GRUND

Weil Nähe wichtig ist

Es wird viel zu wenig gekuschelt auf der Welt – ein Satz, der sicherlich zu unterstreichen ist. Der Judoka hat diese Wahrheit recht früh für sich entdeckt – im weitesten Sinn. Er schätzt keine Distanz. Den Wert der Nähe hat er durch seinen Sport schnell verinnerlicht.

Der Judokämpfer nimmt sich den Gegner zur Brust und lässt ihn nach Möglichkeit nicht mehr los. Eng umschlungen mit seinem Gegenüber ist er unbezwingbar und den vielen anderen Kampfkünstlern überlegen. Was er braucht, ist der direkte Kontakt, genau für diese spezielle Ausgangslage hat er schließlich trainiert.

Bei einem Straßenkampf, der bitte tunlichst zu vermeiden ist, sieht es allerdings eher schlecht für ihn aus. Steht der Judoka hier etwa einem Boxer oder einem Karateka gegenüber, der es wirklich ernst meint, hat er ein Problem. Im Judo wird nämlich weder getreten noch geschlagen. Man muss immer nahe heran und weiß nicht wirklich mit diesen Hieben umzugehen, die jetzt womöglich auf einen niedergehen. Leider reicht ein gut gezielter Schlag aus, und der Judoka sieht Sterne.

Gelingt es ihm aber, sein Gegenüber irgendwie zu fassen zu kriegen, hat er leichtes Spiel. Durch seinen Griff blockiert er die Attacken des Boxers oder des Karateka, und für Tritte fehlt diesen nun ebenfalls der nötige Spielraum. Ganz besonders, wenn es dann zu Boden geht, ist der Judoka in einem gewaltigen Vorteil. Im Bodenkampf kann sich niemand mit ihm messen.

Das eben skizzierte Beispiel soll keinesfalls zu irgendwelchen Schlägereien ermutigen. Es dient nur der Veranschaulichung eines simplen Prinzips, mit dem sich mitunter auch Kampfsportler auseinandersetzen müssen, nämlich der Frage nach der Situationsangemessenheit ihrer Kunst. Nicht in jeder Lage führen die bevorzugten Methoden zu einem glücklichen Ausgang.

Fans von Indianer Jones erinnern sich vielleicht noch an die grandiose Szene aus *Jäger des verlorenen Schatzes*, in der sich der abenteuerlustige Professor plötzlich einem säbelschwingenden Unhold gegenübersieht. Nun, Letzterer hatte dabei einen beispielhaften Fehler begangen: Er war mit einer Nahkampfwaffe zu einer Schießerei gekommen. »Gleiches mit Gleichem« ist zumindest in diesem Kontext ein Prinzip, das man keinesfalls vernachlässigen sollte.

Obwohl es unpassend wäre, Judo mit einer Art Waffe gleichzusetzen, gilt auch hier derselbe Grundsatz. Nicht bei jeder Gelegenheit ist Judo die passende Antwort. In besonders prekären Situationen, wenn einem zum Beispiel plötzlich eine mit Maschinenpistolen ausgerüstete Gang gegenübersteht, kann selbst der wackere Judokämpfer nur schwer mithalten. In diesem Fall empfiehlt sich für die meisten Kampfkünstler bloß noch die Flucht.

Nebenbei noch ein kleiner amüsanter Exkurs zu Dr. Jones und seinem braun gebrannten Gegenspieler. Angeblich hatte Harrison Ford sich beim Dreh des Abenteuerklassikers eine kleine Magenverstimmung eingefangen, die ihn nicht unbedingt dazu ermutigte, hektische Bewegungen zu machen. Die ursprünglich geplante Kampfszene zwischen ihm und seinem Kontrahenten wurde auf seinen eigenen Vorschlag also elegant umgangen. Er zückte einfach seinen Revolver, und die kurze Kür des Schwertmeisters fand ein jähes Ende.

Doch zurück zum Thema. Judo braucht Nähe, und Judo schafft Nähe – im Dojo kommt man zumeist trotzdem ohne die so wichtigen Kuscheleinheiten aus. Damit diese nicht zu kurz kommen, findet am 06. Januar aber immerhin der alljährliche Tag des Kuschelns statt – kurios, aber wahr.

13. GRUND

Weil Passivität nicht lohnt

Im Wettkampf-Judo ist man zu Recht bemüht, dem Zuseher ein spannendes und actiongeladenes Schauspiel zu bieten. Langeweile sollte währenddessen keine aufkommen, sondern Tausende fasziniert Blicke gebannt dem Geschehen folgen. Diesem Anspruch trägt auch das Regelwerk Rechnung, das für Inaktivität und Passivität empfindliche Strafen vorsieht, die sich oft als kampfentscheidend erweisen. Nach drei solcher kleinen Vergehen ist es für einen Kämpfer nämlich zu Ende, und er hat einen möglichen Sieg billig verschenkt.

Eine Strafe wegen Inaktivität vergibt der Kampfrichter genau dann, wenn von einem der beiden Sportler keine aktiven Handlungen mehr gesetzt werden und er den Angriffen seines Gegners nur durch ständiges Ausweichen entkommt. Sobald ein derartiges

Verhalten zumindest für etwa 30 Sekunden aufrechterhalten wird, ist es als leichter Regelverstoß, mit einem sogenannten »Shido«, zu werten. Es ist übrigens nicht unüblich, dass der Kampfrichter nach einer eher uninspirierten Phase beiden Kämpfern eine solche Ermahnung zukommen lässt.

Der Ausdruck »Passivität« bezeichnet dagegen eine Handlungsweise, die darauf zielt, jede Attacke des Gegners praktisch zu verunmöglichen. Dafür kommt etwa andauerndes Blocken oder das vehemente Vermeiden des Zufassens in Betracht, eben alles, was einen schönen und aktiven Kampf zwangsläufig verhindert. Immerhin will das Publikum ja auch spektakuläre Techniken zu sehen bekommen. Diese machen schließlich erst den Reiz dieses Sports aus.

Gerade in der letzten Minute eines Kampfes, in dem man schon in Führung gegangen ist und jetzt nur noch sehnsüchtig auf das Ablaufen der Zeit wartet, ist ein eher zurückhaltendes Verhalten allerdings nicht verkehrt. Eine oder sogar zwei Strafen können hier aus taktischen Gründen durchaus in Kauf genommen werden. Es ist nämlich nichts schmerzlicher, als wenn man in den letzten Sekunden vor Ende des Kampfes geworfen wird und dann doch noch als Verlierer von dannen ziehen muss. Wer aber glaubt, er kann nach einer Wertung einfach davonlaufen und abwarten, der irrt.

Insgesamt sollte man Verfehlungen und die dafür drohenden Strafen jedenfalls vermeiden. Eine entsprechende Zurechtweisung wegen Passivität kann nämlich schon nach nur fünf Sekunden erfolgen. In den vier Minuten Kampfzeit geht es dann oft schneller als erhofft zum dritten Strike. Zu lange Motivationslücken sollte man sich daher lieber nicht leisten.

Eine gewisse Aktivität ist im Judo nicht nur ein freundlicher Vorschlag, sondern Pflicht. Angriff ist dabei die beste Verteidigung. Es ist im Grunde genau wie im richtigen Leben: Trägheit führt zu nichts Gutem. Nur wer aktiv bleibt, wird bestehen, denn wer rastet, der rostet.

14. GRUND

Weil auch die Kleinsten bereit sind

Der erste richtige Gürtelgrad – sprich weiß mit gelben Enden – wird im Judo frühestens mit dem siebenten Lebensjahr vergeben. Damit wird auch deutlich, ab wann man den jungen Sportlern zutraut, sich mit der dafür erforderlichen Materie zu befassen. Je früher man anfängt, desto eher können die Bewegungsabläufe verinnerlicht werden. Diese sollen schließlich irgendwann in Fleisch und Blut übergehen, damit die angeeigneten Techniken in der passenden Situation zu einem ganz natürlichen Reflex werden.

Man darf sich das nicht so vorstellen, dass ein Judoka praktisch automatisch jeden durch die Luft schleudert, der einem von hinten auf die Schulter klopft. Die Differenzierung von Alltag und Kampf bereitet der überwältigenden Mehrheit zum Glück wenig Schwierigkeiten.

Im sportlichen Duell ist es aber von großer Bedeutung, jeder kleinen Regung des Gegenübers unmittelbar mit der entsprechenden Antwort zu begegnen. Eine Reaktion muss blitzschnell folgen, sonst ist es vielleicht schon zu spät. Insbesondere für Wettkämpfer, die sich auf Medaillenjagd begeben wollen, ist ein möglichst früher Start natürlich von großem Vorteil. Eines darf dabei aber nie vergessen werden. Das Kindeswohl hat immer an erster Stelle zu stehen. Es bringt nichts, begeisterte Mädchen und Burschen in diesem zarten Alter mit Dingen zu überfordern, für die sie einfach noch nicht bereit sind. Immerhin ist damit auch ein gewisses Verletzungsrisiko verbunden, das es auf jeden Fall zu minimieren gilt. Darüber hinaus kann durch eine zu aufdringliche Trainingspraxis letzten Endes eine tiefe Abneigung gegen diesen schönen Sport geschaffen werden, was natürlich über alle Maßen schade wär.

Das sogenannte »Prä-Judo« kommt diesen beiden Problemlagen mit hohen Ambitionen entgegen. Das Programm wurde eigens für

Kinder von vier bis sechs Jahren konzipiert, um auch dieser Altersgruppe den Judo-Sport in einer spielerischen und ihrer Entwicklung entsprechenden Weise näher zu bringen. Kraft, Ausdauer und Koordination werden dabei geschult, was später einen leichten und Erfolg versprechenden Einstieg in das konventionelle, erwachsene Judo ermöglicht. Ganz besonders die koordinative Grundlage wird sich später bestimmt lohnen.

Doch auch die kleinen Kämpfer wollen verständlicherweise etwas von ihrem Fortschritt sehen, ebenso wie ihre größeren Trainingsgenossen. Deshalb werden im Prä-Judo schon erste kleine Prüfungen abgehalten, bei denen man sein Können und seine Fortschritte unter Beweis stellen kann. Es gibt den Weißgurt mit einer Sonne, den Weißgurt mit zwei Sonnen und schließlich sogar den Weißgurt mit ganzen drei Sonnen. Großer Wert wird bei diesen Kontrollen etwa auf die Fallschule gelegt.

Tja, früh übt sich! Prä-Judo fördert die kindliche Entwicklung und setzt die entsprechenden Reize für nachhaltige positive Effekte. Kinder werden begeisterungsfähiger, konzentrierter, selbstbewusster, kreativer und so weiter – zukünftige Spitzenathletinnen und Nobelpreisträger eben. Ohne Gewähr.

15. GRUND

Weil man manchmal einen Zug weiter denken muss

Judo ist hochkomplex. Der Weg zum Sieg ist häufig nicht direkt oder geradlinig, sondern eben etwas anspruchsvoller. Der eine oder andere Umweg wird einem dabei kaum erspart bleiben. Wenn man eine Wurftechnik irgendwann ausgezeichnet beherrscht, ist das schon einmal ein guter Anfang, aber für einen starken Herausforderer wahrscheinlich noch längst nicht ausreichend. Eine angemessene Aktion und Reaktion sind das Herzstück des Judo. Um zu einem wirklich glänzenden Kämpfer zu werden, muss man in der Lage sein, seine Techniken auch richtig zu kombinieren.

Als »Renraku« werden dabei sogenannte »Finten« bezeichnet. Ein Wurf wird hier zunächst nur angetäuscht, um den Gegner damit zu einer bestimmten Reaktion zu zwingen. Aus der entstehenden Position heraus wird dann unmittelbar die tatsächliche Zieltechnik ausgeführt. Der erste Technikansatz dient also nur der Vorbereitung einer weiteren Technik, mit der man dann tatsächlich werfen möchte.

Eine alternative Strategie verbirgt sich hinter dem Begriff »Rensoku«. Dabei möchte man den Gegner eigentlich mit seinem ersten Wurf bereits zu Fall bringen, doch dieser hat leider andere Pläne und sträubt sich. Er weicht zur Seite aus oder blockiert den Angriff. Unter diesen Umständen nützt man jetzt die neue Ausgangslage und führt schnell eine weitere Wurftechnik aus, um seinen Gegenspieler damit doch noch auf die Matte zu schleudern. Der Unterschied zu Renraku ist bei dieser Kombination, dass die erste Technik im Vorhinein eigentlich die Zieltechnik war. Erst nachdem diese Attacke nicht fruchtet, macht man sich die Abwehrreaktion des Gegenübers zunutze und setzt einen entsprechenden weiteren Angriff.

Neben diesen Kombinationstechniken gibt es aber auch die Kategorie der sogenannten Kontertechniken. Die Methoden der Gruppe »Gaeshi« reagieren erst auf einen Angriff des Gegners. Dieser wird dann geblockt und im Weiteren sofort ein passender Gegenangriff gesetzt.

Eine weitere Variante der Kontertechniken wird mit dem Ausdruck »Gonosen« bezeichnet. Dabei wird ein gegnerischer Angriff jedoch nicht erst geblockt. Die Bewegung des Kontrahenten soll nämlich nicht abgebremst werden. Man muss diesem zuvorkommen, um den ganzen Schwung aus der Angriffsbewegung für eine eigene Technik auszunützen. Ob ein Gegenwurf nun als Gonosen oder Gaeshi ausgeführt wird, hängt im Grunde von der eigenen Reaktionsschnelligkeit ab. Eleganter und kraftsparender sind natürlich die Gonosen-waza. »waza« steht dabei für »Technik«. Gaeshi-waza kommen im Kampf aber deutlich öfter vor, da man einem fähigen Judoka seine Angriffe kaum von den Lippen ablesen kann. Aus diesem Grund muss meist schnell mit einem Block oder einem Ausweichmanöver reagiert werden, bevor man überrumpelt wird. Die nötige Zeit, um sich in Position zu bringen und den Schwung der Angriffsaktion für eine eigene Wurftechnik umzulenken, bleibt in der Praxis nur selten.

Natürlich ist es erforderlich, all diese verschiedenen Reaktionsmuster zunächst einmal zu festigen, um sie später auch erfolgreich anwenden zu können. Die verschiedenen Abfolgen der konkreten Techniken müssen intensiv einstudiert werden. Es sollte dann alles mehr oder weniger automatisch ablaufen, denn während des Kampfs fehlt einem für längere Überlegungen die Zeit. Das zu erreichen kostet viel Mühe und erfordert unzählige Wiederholungen, aber es lohnt sich.

Ganz ausgefuchste Judoka entwerfen sogar Handlungsketten mit drei Techniken hintereinander und mehr. Es ist ein Spiel von Aktion und Reaktion. Man muss die Handlungen des Gegners vorausahnen und versuchen, sich für jede Eventualität zu rüsten. Wenn das Gegenüber reagiert, reagiert man ebenso, und dieses Vorgehen kann man zumindest in der Theorie unbegrenzt ausdehnen und im Voraus planen. Im Training kann man es immer wieder durchexerzieren, um dann irgendwann hoffentlich bei jedem Angriff das letzte Wort zu haben.

Bedauerlicherweise reagiert der Gegner aber nicht immer auf die naheliegendste Weise oder auf diejenige, die man sich gerade wünscht. Das gestaltet die ganze Angelegenheit natürlich etwas komplizierter. So etwas wie eine Erfolgsgarantie gibt es in diesem Sport nun mal nicht, völlig egal, wie hart man auch trainieren mag. Ohne Zweifel sind Renraku, Rensoku, Gaeshi und Gonosen aber unerlässliche Prinzipien der Judokunst. Ab einer gewissen Leistungsebene lässt sich kein Sieg mehr erringen, wenn man nicht auch einmal einen Schritt weiter denkt – und im Idealfall sind es sogar deutlich mehr.

16. GRUND

Weil alles sein Maß haben muss

Judo ist ein präziser Sport. Wenige Zentimeter können den entscheidenden Ausschlag geben. Diese Exaktheit ist allerdings nicht nur bei den verschiedenen Techniken gefragt. Auch bei der Wettkampffläche ist diese nämlich von offizieller Seite festgeschrieben. Die International Judo Federation macht zu diesen Dingen genaue Vorgaben, und den jeweiligen Verbänden obliegt es dann, sie auch umzusetzen. Ausnahmen gibt es allerdings bei den unwichtigeren Wettkämpfen auf lokaler Ebene. Aber auch hier darf ein gewisses Maß weder über- noch unterschritten werden.

Die Wettkampffläche, also der Bereich, in dessen Zentrum ein Judoka-Paar gegeneinander antritt, setzt sich aus zwei Zonen zusammen: der Kampffläche und der Sicherheitsfläche. Die einzelnen aufgelegten Matten müssen dabei entweder einmal zwei Meter oder einmal einen Meter aufweisen. Letztere Variante ist mittlerweile die üblichere. Natürlich darf bei den Wettkämpfen nicht einfach jede Art von Matte zum Einsatz kommen, sondern nur eine aus gepresstem Schaumstoff, die von der IJF auch abgesegnet wurde. Zwischenräume darf die Mattenfläche keinesfalls aufweisen. Sie muss so fixiert sein, dass die einzelnen Elemente danach nicht mehr verschoben werden können. In den sonst entstehenden Zwischenräumen kann man nämlich leicht mit den Zehen hängen bleiben und so was endet meist böse. Außerdem sollte der Boden den Kämpfern natürlich festen Halt bieten und nicht einfach davonrutschen.

Der Kampf findet naheliegenderweise innerhalb der Kampffläche statt. Trotzdem kann eine Aktion, die zumindest noch in diesem Bereich begonnen wird, unter Umständen auch auf der Sicherheitsfläche beendet werden. In erster Linie ist diese bezeichnende Umrandung jedoch dafür da, Sicherheit zu garantieren. Schließlich hat keiner besondere Lust, am Ende auf dem harten Boden zu landen oder gegen irgendeinen Tisch zu prallen. Ein angemessener Sicherheitsabstand ist im Judo nicht unwichtig. Der Sport ist sehr dynamisch, und oft neigen die Kämpfer dazu, sämtliche Grenzen auszublenden.

Für die Kampffläche gilt die Richtlinie, dass diese acht Mal acht bis maximal zehn Mal zehn Meter aufweisen sollte. Die umliegende Sicherheitsfläche muss zumindest drei Meter breit sein, eventuell auch vier, insbesondere wenn dadurch zwei Kampfflächen voneinander getrennt werden. Abseits der großen IJF-Turniere können die Abmessungen aber auch deutlich geringer ausfallen. Beide Bereiche sind jedenfalls durch unterschiedlich gefärbte Matten zu kennzeichnen. Um die gesamte Wettkampffläche herum müssen außerdem noch mindestens 50 cm Platz übrig bleiben, damit man sich in der Halle angemessen bewegen kann.

Der Umstieg von der Landesliga zur Bundesliga wird für die Vereine oft deshalb ziemlich teuer, weil die heimische Trainingsstätte plötzlich nicht mehr genügend Raum für die wachsenden Platzanforderungen bietet. Dann muss für die diversen Begegnungen extra eine eigene Austragungsstätte angemietete werden, und das verschlingt häufig größere Summen, als sie der Judo-Sport hergibt. Einen möglichen Aufstieg muss man sich daher gut überlegen.

Aber damit zur weiteren Ausstattung: Jede Wettkampffläche benötigt nämlich noch zwei Anzeigetafeln. Darauf werden sowohl die Zeit als auch die Wertungen und die Strafen der jeweiligen Kämpfer angezeigt, damit sie für jeden sichtbar sind. Vier Stoppuhren müssen der Tischbesetzung, die neben dem Hauptkampfrichter über das Kampfgeschehen wacht, darüber hinaus vorliegen: eine für die Kampfzeit, zwei für die Festhalter-Zeit und noch eine in Reserve.

Auch dem Judogi bleibt bei seinen Abmessungen recht wenig Freiheit. Die Kampfmontur des Judoka muss ebenfalls konkreten Vorgaben entsprechen. Vom Revers über den Gürtel bis hinunter zum Hosenbein gelten strenge Richtlinien, und diese müssen von den Herstellern auch entsprechend umgesetzt werden. Nur so verdienen sich die Kampfanzüge nämlich das aktuelle IJF-Logo, das regelmäßig die Farbe wechselt. Wo genau am Judogi Werbeflächen angebracht werden dürfen und in welcher Größe, wird natürlich auch keineswegs dem Zufall überlassen.

Im Judo herrscht weder Anarchie noch Chaos. Alles spielt sich bei den Turnieren in einem wohl überlegten Rahmen ab, der vor allem den Zweck verfolgt, einen fairen Wettkampf zu ermöglichen und die Verletzungsgefahr gering zu halten. Maß und Ziel darf schließlich nie aus den Augen verloren werden.

17. GRUND

Weil es erst zu Ende ist, wenn es zu Ende ist

Früher, da wurde ein Judokampf nach der Verlängerung im »Golden Score« nach einigen Minuten einfach durch den Hauptkampfrichter und die zwei Außenkampfrichter entschieden, falls bis dahin keiner der beiden Kontrahenten eine Wertung erzielen konnte. »Hantei« nannte sich dieses Entscheidungsmodell für besonders harte Kämpfe – zu übersetzen mit »Entscheidung« oder »Bewertung«. Die drei Kampfrichter zeigten am Ende durch das zeitgleiche Hochheben von blauen oder weißen Fahnen an, welchem Kämpfer sie den Vorzug gaben. Die Mehrheit entschied dann, wer zum Sieger gekürt wurde.

Knapper konnte ein Sieg oder eine Niederlage nicht ausfallen als durch diese abschließende Kampfrichterbewertung. Auch wenn die meisten nur selten so lange durchhielten, schmerzte es dann umso mehr, wenn man auf diese Weise einen Kampf verloren geben musste. Aber irgendwann muss es doch vorbei sein ... oder?

Theoretisch nein. Mittlerweile wurden die Regeln nämlich geändert. »Hantei« wurde aus dem Regelwerk verbannt, und man hat nun alles uneingeschränkt selbst in der Hand. Nach der regulären Kampfzeit ist der Golden-Score-Modus, in dem die erste Wertung entscheidet, nicht mehr zeitlich begrenzt. Der Kampf endet also erst dann, wenn die Entscheidung bis zum Schluss erkämpft wurde, und keine Sekunde früher.

Geht man in der Judogeschichte noch weiter zurück, wird man übrigens feststellen, dass ein vorzeitiges Ende ursprünglich ebenfalls nicht vorgesehen war. Im Grunde besinnt man sich nun also endlich wieder auf die Wurzeln.

18. GRUND

Weil Kämpfen nicht alles ist

Der eine oder andere wird der ewigen Rangeleien mit der Zeit überdrüssig. Für viele Athleten, die noch voll im Saft stehen, ist das vermutlich kaum nachzuvollziehen, doch manchmal gemahnen einen die Jahre dann doch zur Ruhe. Natürlich kann es auch viele andere Gründe geben, weshalb einem das aktive Kämpfen plötzlich nicht mehr als übermäßig reizvoll erscheint. In solchen Fällen bieten sich dem Judoka aber dennoch spannende Möglichkeiten für eine Zukunft im unmittelbaren Bereich dieses Sports. Er kann sich nun ganz der »Kata« widmen und die vorgegebenen Bewegungsabläufe, welche die Prinzipien des Judo veranschaulichen, zur Vollendung bringen, sich womöglich als Trainer betätigen, oder er beginnt eine aufregende Karriere als Kampfrichter.

Dann wird nicht mehr selbst gekämpft, sondern man leitet den Kampf und bewertet dabei das Geschehen. Die Warte ändert sich, doch entspannt zurücklehnen kann man sich deshalb noch lange nicht. Die neue Aufgabe ist definitiv anspruchsvoll und ausgesprochen fordernd. Dazu bietet sie noch den Vorteil, dass man von nun an nie mehr als Verlierer von der Matte geht. Aber damit hier kein falscher Eindruck entsteht: Etliche der Judo-Kampfrichter waren früher herausragende Kämpfer. Wenn man sich anmaßt, ein Duell zu leiten, muss man schließlich wissen, was Sache ist. Man muss verstehen, was es bedeutet, dort auf der Matte zu stehen und sich mit einem Gegner zu messen. Je nach Wettbewerb kommen dann natürlich unterschiedlich versierte Kampfrichter zum Einsatz. Auch in diesem Bereich gibt es nämlich – wie bei den Trainern – mehrere Ausbildungsstufen. Um bei den wirklich großen Turnieren Kämpfe leiten zu dürfen, muss man – genau wie die Athleten – eine entsprechende Leistung erbringen.

Die Sache mit den verschiedenen nationalen Lizenzen wird je nach Nation ein wenig unterschiedlich gehandhabt, und auch die jeweiligen Landesverbände vergeben die Lizenzen auf ihrer Ebene in der Regel durch eine eigene Prüfungskommission. Meist ist für den ersten Einstieg in die Zunft der Kampfrichter ein Mindestalter zwischen 16 und 18 Jahren vorgesehen und zumindest eine Blaugurt-Graduierung (2.Kyu). Für die diversen Ausbildungen werden regelmäßig Kurse angeboten. Am Ende sind dann sowohl eine theoretische Prüfung als auch ein praktischer Teil zu absolvieren, in dessen Rahmen schon ein Einsatz bei einer kleineren Meisterschaft vorgesehen ist. Die Lizenz muss dann nach einigen Jahren wieder erneuert werden. Kampfrichter auf Landesebene kommen naheliegenderweise bei Landesmeisterschaften und ebenso bei Bezirksmeisterschaften zum Einsatz. Für gewöhnlich gibt es auf dieser untersten Ebene zwei verschiedene Stufen von Junior-Kampfrichtern.

Die nationalen Verbände übernehmen die Prüfung und Lizenzvergabe ihrer Bundeskampfrichter. Voraussetzung für diese Beförderung ist für gewöhnlich ein Mindestalter zwischen 21 und 23 Jahren. Kampfrichter auf Bundesebene müssen den ersten oder sogar den zweiten Dan – also einen Schwarzgurt – tragen. Auch ein Höchstalter ist für die Prüfungszulassung festgesetzt. Dieses liegt normalerweise zwischen 45 und 50 Jahren. Vorausgesetzt wird selbstverständlich, dass man zuvor bereits einige Zeit als Landeskampfrichter im Einsatz war. Erfahrung ist nämlich absolut essenziell. In Österreich gibt es übrigens keine weiteren Abstufungen bei diesen Bundeskampfrichtern, während etwa in Deutschland auch hier zwei Niveaus unterschieden werden.

Besonders spannend wird es dann aber bei den IJF-Lizenzen. Hier obliegt die Aufsicht der International Judo Federation. Die Prüfung wird dabei von mindestens drei Kampfrichtern, die selbst eine IJF-Lizenz besitzen, abgenommen. Für den Kampfrichter auf kontinentaler Ebene, den sogenannten IJF-B-Kampfrichter, ist ein Alter zwischen 25 und 50 Jahren erforderlich. Sieben Jahre Judo muss man dafür mindestens vorweisen können. Zudem benötigt man etliche Jahre Erfahrung als Kampfrichter auf nationaler Ebene. Vorausgesetzt wird der 2. Dan, und nach spätestens sechs Jahren muss die Lizenz auch schon wieder erneuert werden. Man muss schließlich immer am Ball bleiben, und außerdem gibt es beständig neue Regeländerungen zu studieren.

Für den Erwerb der internationalen Lizenz, also die Ausbildung zum IJF-A-Kampfrichter, ist ein Alter zwischen 29 und 55 Jahren vorgesehen. 15 Jahre Judoerfahrung sind dafür erforderlich, und mindesten vier Jahre muss man bereits im Besitz seiner IJF-B-Lizenz sein, um dafür in Betracht zu kommen. Darüber hinaus ist eine Graduierung zum 3. Dan vorzuweisen. Diese Lizenz muss nach mindestens vier Jahren erneuert werden.

Als Kampfrichter kann man tatsächlich viele aufregende Erfahrungen machen und lernt dadurch eine gänzlich neue Facette des

Judo-Sports kennen. Auch wenn man nicht selbst anpackt, ist Passivität dabei keine Option. Es ist wichtig, sich ständig weiterzubilden. Und vielleicht geht dann ja eines Tages sogar der große Traum in Erfüllung, den man als aktiver Kämpfer nie verwirklichen konnte: die erfolgreiche Teilnahme bei der Weltmeisterschaft oder sogar den Olympischen Spielen. Dabei sein ist schließlich alles!

19. GRUND

Weil man sofort loslegen kann

Judo bietet gegenüber anderen Kampfsportarten einen erheblichen Vorteil. Für gewöhnlich sind bei diesen nämlich längere Vorbereitungszeiten vonnöten, um sich danach ernsthaft ins Kampfgetümmel stürzen zu können. Eine solche Auseinandersetzung im Bereich der Mixed Martial Arts geht beispielsweise für den blutigen Anfänger – Wortspiel beabsichtigt – meist schlecht aus. Auch Karate und Taekwondo sind Künste, die man bereits gut beherrschen sollte, ehe man im Übungskampf selbst zuschlägt und auch geschlagen wird. Es ist kein Zufall, dass etwa im Boxen klar zwischen Amateuren und Profiboxern unterschieden wird. Stellt man diese nämlich gemeinsam in den Ring, geht das mit hoher Wahrscheinlichkeit schief.

Im Judo ist diese scharfe Trennung von Anfängern und Fortgeschrittenen nicht nötig. Selbst ohne die besondere Achtsamkeit, die einem Neuling normalerweise zuteilwird, ist das Verletzungsrisiko minimal. Und wenn doch einmal etwas passiert, sind es in der Regel eher die Fortgeschrittenen, die von den noch etwas unkoordiniert agierenden Anfängern verletzt werden. Gerade wenn ein kräftiger Mann gegen eine erfahrene Kämpferin antritt, die ihn aufgrund ihres technischen Fortschritts zur Schnecke macht, bricht hin und wieder die Emotion durch, und es geschieht ein Unglück. Mit der entsprechenden Körperbeherrschung ebbt dieses Unfallrisiko allerdings deutlich ab. Es geht im Judo prinzipiell um einiges weniger martialisch zu als in vielen anderen Kampfsportarten, vor allem deswegen, weil Treten und Schlagen in dieser sanften Kunst tabu sind.

Mit ein wenig Talent und der entsprechenden Motivation kann man als angehender Judoka bereits nach wenigen Wochen seinen ersten Übungskampf wagen. Sobald man den Mut und das nötige Vertrauen gefasst hat, steht einer kleinen Feuerprobe nichts mehr im Weg. Der Trainer lässt einen Kampf ohnehin nicht zu, bevor er seine Schützlinge dafür nicht bereit sieht. Die Fallschule, die Regeln und die ersten Würfe müssen natürlich in ausreichendem Maße beherrscht werden – dann kann man allerdings beruhigt starten. Anfangs sind die Kämpfe gegen erfahrene Athleten womöglich ernüchternd, doch den eigenen Fortschritt wird man schnell feststellen. Niederlagen bringen einen hier viel eher weiter als Siege, die man gegen einen viel zu schwachen Gegner erringt. Man braucht definitiv keine Angst vor einer kleinen Unterweisung zu haben. Was soll denn schon passieren? Dann landet man eben hin und wieder auf dem Rücken. Na und? Das ist tausendmal besser, als einen Karatekick oder einen kräftigen Kinnhaken zu kassieren.

Ein großes Plus bekommt das Judo auch deshalb, weil bereits kleine Kinder diesen Sport ohne Bedenken ausüben können. Ab vier Jahren ist es möglich, schon mit dem sogenannten Prä-Judo zu starten. Dieses einführende Programm bereitet einen spielerisch auf die Anforderungen der japanischen Kampfkunst vor. Mit etwa sechs Jahren sollte man dann in der Lage sein, sich ernsthafter mit den verschiedenen Techniken auseinanderzusetzen. Ab diesem Alter kann man auch ohne Weiteres mit dem Kämpfen beginnen – immer einen aufmerksamen Trainer vorausgesetzt.

Sogar auf die ersten Wettkämpfe muss man im Judo-Sport nicht lange warten. Nach etwa zwei Jahren kann man durchaus sein Glück bei einem kleineren Turnier versuchen, wenn es einen nach etwas mehr Nervenkitzel gelüstet. Schülerwettbewerbe werden im

Judo schon ab der U10 mit jungen Kämpfern im Alter von acht bis neun Jahren ausgetragen. Sobald man die wichtigen Grundlagen beherrscht, verhält es sich im Judo folgendermaßen: Sowohl beim Training als auch bei Wettkämpfen kann man sich seine Herausforderungen bis zu einem gewissen Grad nach Belieben aussuchen – und Ambition ist prinzipiell auch gefragt. Man sollte bei zu großem Übermut nur darauf achten, die eigene Frustrationsschwelle nicht zu überschreiten.

20. GRUND

Weil drei kleine Schritte genügen

So ein richtig gut ausgeführter Judowurf sieht schon ziemlich eindrucksvoll aus. Unscheinbare kleine Kerle werfen dabei oft große und stämmige Kämpfer durch die Luft. Man fragt sich zunächst, wie so etwas überhaupt möglich sein kann. Die spektakulären Techniken sehen aus, als müssten sie mit enormem Kraftaufwand verbunden sein, doch die übenden Judoka blicken dabei eigentlich ausgesprochen entspannt drein. Die Methoden, die sich hinter solchen Meisterleistungen verbergen, bekommen dann beinahe etwas Mystisches.

Nun, im Grunde es ist wie bei allem, was man lange und fleißig trainiert: Irgendwann wird man mit hoher Wahrscheinlichkeit gut darin. Jeder kann es lernen, man darf sich anfangs nur nicht abschrecken lassen. Für die Aneignung einer Judo-Wurftechnik bietet sich einem erfreulicherweise ein sehr einfaches Grundkonzept. Jeder einzelne Wurf lässt sich nämlich in genau drei Bewegungsphasen unterteilen.

Am Anfang steht immer der Gleichgewichtsbruch. Bezeichnet wird dieser als »Kuzushi«. Das Gewicht des Partners wird dabei richtig verlagert, um seinen festen Stand zu brechen. Selbst darf man hier allerdings nicht den Halt verlieren, worin letztlich auch die Kunst liegt. Alternativ ist es natürlich auch möglich – ja es wäre sogar der Idealfall –, eine gegnerische Aktion selbst durch Ausweichen oder Nachgeben auszunutzen, um denselben Effekt völlig ohne Kraftaufwand zu erzielen. Im Wettkampf tut einem der Gegner diesen Gefallen aber selten. Seine Bewegungen sind in der Regel kaum so unbeholfen, dass er einen damit praktisch zu einem Wurf einlädt. Es muss also mit dem entsprechenden Zug nachgeholfen werden. Der Griff zur Kontrolle des gegnerischen Oberkörpers spielt dabei eine entscheidende Rolle.

Als nächster Schritt folgt dann die Eindrehbewegung bzw. der Wurfansatz, auf Japanisch »Tsukuri« genannt. Sie bildet die Vorbereitung für eine ganz konkrete Technik und sieht dementsprechend je nach Wurf auch anders aus, da sie diesem stets angepasst sein muss. In Verbindung mit Kuzushi wird dieser Wurfansatz während des Trainings immer wieder in rascher Abfolge hintereinander ausgeführt, damit die Bewegung schließlich in Fleisch und Blut übergeht. Üblicherweise geschieht das natürlich mit einem Partner. Diese Übung wird »Uchi-komi-geiko« genannt. Auch ohne Partner kann der Wurfeinstieg allerdings geübt werden. Diese seltener praktizierte Trainingsform wird als »Tandoku-renshu« bezeichnet. Man kann dabei unter anderem ein Gummiseil, das man irgendwo befestigt, zu Hilfe nehmen, um für die Hände einen Widerstand zu simulieren, oder es kann sogar ganz ohne Hilfsmittel eine Technik einstudiert oder gefestigt werden. Auf das realitätsnahe Training mit einem Partner kann man deshalb natürlich keinesfalls verzichten, Tandoku-renshu ist aber eine sinnvolle Ergänzung, insbesondere für einsame Tage.

Die abschließende Wurf-Phase nennt sich »Kake« – aus deutscher Sicht vielleicht keine besonders gelungene Wortschöpfung, doch im Mutterland des Judo bedeutet der Begriff so viel wie »Wurfausführung«, nichts Anstößiges also. An dieser Stelle wird es besonders spannend, denn endlich kommt es zum tatsächlichen Niederwurf des Partners. Es wird nach Tsukuri nicht mehr gestoppt, sondern die Bewegung bis zum Ende fortgeführt. Der Partner kracht zu Boden, und damit ist die Wurf-Technik abgeschlossen. Im Rahmen des Trainings ist es wichtig, auch Wurfserien zu absolvieren, die in der Regel etwas kürzer ausfallen als die bloßen Ansätze. Die Technik muss schließlich in ihrer Vollständigkeit beherrscht werden, um sie im Kampf auch richtig anbringen zu können. »Nage-komi« wird diese actiongeladene Wurfübung genannt.

Jede der drei Phasen kann separat betrachtet und analysiert werden, aber nur in der Kombination aus allen dreien kommt schlussendlich ein richtiger Wurf zustande. Das richtige Kuzushi kann auch problemlos isoliert geübt werden, jeder weitere Schritt erfordert hingegen bereits den vorherigen. Ohne Gleichgewichtsbruch gibt es keine sinnvolle Eindrehbewegung, und ganz bestimmt gibt es ohne Eindrehbewegung keinen Wurf.

Das wäre also die absolut fundamentale Trinität des Judowurfs, die für das ungeübte Auge schon fast sakral anmutet. Unter der Anleitung eines fähigen Trainers wird die ganze Angelegenheit aber recht schnell entzaubert. Schon bald kann man seinen Partner mit einigen einfacheren Würfen zu Fall bringen, obwohl es bis zur Vollendung der Bewegungsabläufe freilich eine ganze Weile dauert. Am Anfang startet man gemächlich, doch irgendwann beherrscht man seine Techniken dann blitzschnell. Es ist wie in jedem Bereich: Übung macht den Meister!

21. GRUND

Weil man manchmal doch ins Straucheln gerät

Der Judoka hat einen sicheren Gang. Er stürzt nur selten, denn das Fallen ist etwas, was er zu vermeiden gelernt hat. Fügt es sich aber doch einmal so, dass der Untergrund zu glatt, das Hindernis zu heimtückisch oder man selbst einfach zu ungeschickt oder gar übermütig ist, dann geht der unvermeidbare Sturz für den erfahrenen Athleten in der Regel glimpflich aus.

Als versierter Kampfsportler hat man die Fallschule gut gelernt und kennt auch die sehr hilfreiche Judorolle. Wenn es aber einmal so weit ist und man das Gleichgewicht hoffnungslos verloren hat, ist es auch nötig, blitzschnell zu reagieren. Ein Sturz kündigt sich für gewöhnlich kaum an, und man sollte daher stets darauf vorbereitet sein. Die richtige Bewegung muss dann ganz automatisch erfolgen, ohne vorher lange darüber nachzudenken. Aber was tun im Fall der Fälle? Fallen oder Rollen – das ist hier die Frage.

Die Falltechniken können sowohl nach vorne wie auch nach hinten ausgeführt werden, außerdem noch nach rechts und nach links. Man schlägt dabei mit der Hand am Boden ab, um so die Aufprallfläche zu vergrößern. Dadurch wird der Sturz etwas gedämpft, und die Landung vollzieht sich außerdem kontrollierter. Beim seitlichen Fallen gibt es dann noch ein sogenanntes »Bremsbein«, das angewinkelt wird und die Wurfenergie mit der Fußsohle abfängt, und ein ausgestrecktes »Schwungbein«. Würden nämlich einfach beide Beine ausgestreckt zu Boden gehen, könnten sie aufeinanderprallen, wodurch es leicht zu Verletzungen kommen könnte. Zusätzlich wird der Kopf zur Brust gezogen – das ist besonders wichtig – denn der sollte ja besser nicht auf dem harten Boden aufknallen. Eine Kopflandung wäre definitiv ein klassischer Anfängerfehler beim Hinfallen – und auch das will gelernt sein, um sich im Sport wie im Alltag bestmöglich vor Verletzungen zu schützen.

Einen Sonderfall bietet das eher selten praktizierte Vorwärtsfallen. Die Arme werden dabei im Dreieck vor der Brust abgewinkelt, und man stützt sich auf Hände und Unterarme. Der Blick geht nach rechts oder links – nur nicht nach vorne, sonst wird womöglich die arme Nase in Mitleidenschaft gezogen.

Beim Auftreffen auf der Matte, am Boden, am Asphalt oder wo immer einem das Schicksal eben gerade ein Bein stellt, sollte man tief ausatmen. Eine leere Lunge reagiert weniger sensibel auf einen Aufprall. Darüber hinaus wird durch die kleine Atemübung automatisch auch die erforderliche Muskelanspannung unterstützt.

Bei der sogenannten Judorolle endet der Sturz jedoch nicht am Boden, sondern die ganze Sache gewinnt noch etwas an Dynamik. Man streckt dabei den abgewinkelten Arm nach vorne und rollt sich zunächst über den Handrücken, dann über die Schulter und schließlich über den gebeugten Rücken ab. Die ganze Bewegung sollte dabei möglichst rund sein. Im Gegensatz zur klassischen Hechtrolle, wie sie üblicherweise nach einem Wurf erfolgt, wird hier die Fallenergie im Fluss gehalten, und man nützt den Schwung, um im Folgenden direkt wieder aufzustehen. Das fällt – wie gesagt – schwer, wenn man gerade von einem Partner geworfen wird, der einen einfach nur zu Boden schleudern und dort halten will. Die Judorolle bietet sich aber sehr wohl dann an, wenn man ganz von allein hinfällt – für einen Judoka sicherlich peinlich, aber eben nicht ausgeschlossen.

Wenn unerwartet eine Eisplatte oder dergleichen den eigenen Weg kreuzt, wenn man plötzlich ins Schwanken gerät und sich nicht mehr halten kann, dann heißt es Fallen – und zwar richtig! Einen häufigen Fehler gilt es dann unbedingt zu vermeiden. Keinesfalls darf man sich mit gestreckten Armen abstützen. So eine Strategie mag zunächst zwar sinnvoll erscheinen und ist bei manchen Anfängern auch ein ganz natürlicher Reflex – dieser kann allerdings furchtbar schiefgehen. Der ganze Schwung mündet dann nämlich in einem kleinen und noch dazu recht fragilen Bereich des Körpers. Im schlimmsten Fall verabschiedet sich dann das Ellbogengelenk, und so etwas ist wirklich äußerst unerfreulich. Bänder, Knochen und besonders Gelenke – sowohl im Arm als auch in der Schulter – können durch diesen Fehlgriff ziemlich in Mitleidenschaft gezogen werden. Solche Verletzungen bleiben einem dann leider noch länger in Erinnerung, deshalb sollte man sich dieses fatale Abstützen schnell abgewöhnen.

Wenn man nun also zur Seite oder nach hinten fällt, schlägt man mit dem Arm am Boden ab und verteilt den Schwung auf dem ganzen angespannten Körper. Geht der Sturz aber nach vorne, ist die eleganteste Variante ganz klar die Judorolle. Dadurch nimmt man dem Aufprall den Schwung und setzt diesen gezielt dazu ein, gleich wieder aufzustehen, als wäre nichts gewesen. Eine wenig ästhetische Landung, die ansonsten droht, verwandelt man stattdessen in eine spektakuläre Rolle. Diese ist damit sicherlich der Königsweg bei jedem Gleichgewichtsverlust.

Der Judoka führt also ein schwungvolles Leben. Elan und auch eine gewisse Grazie gehören da einfach dazu. Selbst der talentierteste Kampfkünstler mag hin und wieder stolpern, doch er landet stets mit Anmut. Am Boden hält es ihn dabei niemals lange – sein Ziel verliert er niemals aus den Augen. Hin und wieder zu straucheln ist keine Schande. Man muss bloß bereit sein, sich am Ende wieder aufzurichten.

22. GRUND

Weil einzig die Besten die Besten hervorbringen

Nur ein hervorragender Trainer kann über lange Jahre voller harter Arbeit und Entbehrung schließlich einen wahren Champion heranziehen. Eine zielgerichtete und umsichtige Trainingsplanung ist erforderlich, um am Ende Athleten zu formen, die in der Lage sind, gegen die harte internationale Konkurrenz zu bestehen. Aus diesem Grund gibt es auch eine ganze Reihe verschiedener Ausbildungsstufen für den angehenden Judo-Coach. Diese tragen dabei immer auch den jeweils unterschiedlichen Ansprüchen Rechnung.

Eines ist natürlich klar: Der perfekte Trainer ist ein wahrer Meister seines Faches und hat langjährige Erfahrung in seinem Sport. Allerdings sind darüber hinaus auch fundierte Kenntnisse im Bereich der Pädagogik und Sportmedizin vonnöten. Diese sollte man in der verantwortungsvollen Funktion eines Judotrainers also ebenfalls vorzuweisen haben. Wie tief man dabei in die Materie eindringt, hängt natürlich immer von den eigenen Zielen ab.

Möchte man bloß als Co-Trainer den Trainingsleiter in seiner Tätigkeit unterstützen, oder sehnt man sich viel eher danach, im ausgesprochen fordernden Leistungssportbetrieb zu arbeiten? Die Wahl steht einem frei – und je nach den persönlichen Ansprüchen wird man sich für einen längeren oder kürzeren Ausbildungsweg entscheiden.

Wer die Judokunst weitergeben will und den Weg eines solchen Vermittlers beschreitet, der muss sein Handwerk jedenfalls verstehen, und zwar von den technischen Prinzipien bis hin zu den physischen Voraussetzungen. Die verschiedenen Kurse und Lehrgänge bieten dafür ein solides Fundament, das am Ende allerdings immer durch wertvolle praktische Erfahrungen ergänzt werden muss.

Natürlich variiert die Trainer-Ausbildung von Land zu Land und ist dort immer ein wenig unterschiedlich geregelt. Dennoch bestehen für gewöhnlich viele Parallelen. In Deutschland gibt es etwa die Trainer der Klasse C, B und A. In Österreich bilden Übungsleiter, staatlich geprüfter Instruktor und staatlich geprüfter Trainer das Äquivalent. Am Ende dieser drei Stufen steht dann jeweils noch der sogenannte Diplomtrainer. Auch danach sollte man sich aber nicht zurücklehnen und dem schmeichelnden Glauben ergeben, man hätte damit nun das Ende aller Weisheit erreicht. Genau wie der aktive Sportler lernt nämlich auch der Trainer niemals aus.

23. GRUND

Weil die Regeln einfach sind

Früher war alles noch viel komplizierter, doch mittlerweile ist deutlich die Bestrebung zu erkennen, den großartigen Kampfsport auch für unkundigere Personenkreise verständlich zu machen. Judo soll attraktiver werden, man will neue Mitglieder und vor allem auch viele begeisterte Zuseher gewinnen.

Es besteht allerdings eine gewisse Asymmetrie zwischen Judo und beispielsweise dem Radsport. Wer Letzteren vor dem Fernseher verfolgt, wird wohl eher nicht in die Lage geraten, sich fragen zu müssen, wer gerade vorne liegt und worin die Intention der Bewerber liegt. Wer zuerst durchs Ziel schießt, hat gewonnen – simpel und verständlich. Da gibt es keine großen Geheimnisse, die man erst mit der Zeit entschlüsseln müsste. Das Publikum kann ohne größere Hürden mitfiebern und braucht keine langwierigen Einschulungen.

Niederschwellig und komfortabel sitzt es sich auch im Fansektor eines Basketballspiels: Ball in Korb ist gut, Ball neben den Korb eher schlecht. Ein ähnliches Prinzip gilt zudem beim Golf. Ball in Loch: Daumen hoch! Ball neben das Loch: verbesserungswürdig. Genau in dieser – nicht zu leugnenden – Divergenz liegt nun eine gewisse Herausforderung.

Tja, der langen Rede kurzer Sinn: Um populärer zu werden, ist es nach Ansicht der hohen Judogremien erforderlich, das Regelsystem des Sports zu vereinfachen. Den international beispiellosen Stellenwert des Fußballs wird man vermutlich nie erreichen können – traurig, aber wahr –, dennoch ist auch bei dem japanischen Kampfsport ein Trend in die Breite sichtbar, und dieses Potenzial will natürlich ausgeschöpft werden. Der Zuseher soll ein packendes Duell geliefert bekommen, wobei es schnell zu begreifen sein muss, welcher Streiter gerade vorne liegt – und auch wieso.

Ursprünglich gab es vier verschiedene Wertungen, die für erfolgreiche Wurftechniken vergeben wurden, je nachdem, wie elegant der Gegner dadurch zu Fall gebracht werden konnte und wie er auf der Matte auftraf. Auch bei Festhalten bekam man früher ein »Koka«, wenn es gelang, den Gegner für mindestens zehn Sekunden mit einer Schulter am Boden zu fixieren. Ein »Yuko« gab es nach mindestens 15 Sekunden, ein »Waza-ari« nach 20 Sekunden, und den »Ippon« – der gleichbedeutend mit einem Sieg ist – erhielt man nach 25 Sekunden.

Aktuell gelten folgende Kriterien: Um bei einem Wurf eine Ippon-Wertung zu erzielen, muss die jeweilige Technik mit Kontrolle und Schwung erfolgen. Außerdem muss der Gegner dabei auf dem Rücken landen. Für die Waza-ari-Wertung genügt es, wenn eines der drei Kriterien nur teilweise erfüllt wird, wenn der Gegner also zum Beispiel trotz Kontrolle und Schwung nur auf der Körperseite landet. Der Festhalter bringt derzeit nach 15 Sekunden einen Waza-ari, nach 20 Sekunden Ippon.

Nach einer ganzen Reihe verwirrender Regeländerungen, die – wie zu befürchten ist – noch längst nicht abgeschlossen sind, sieht es aktuell so aus: »Koka« und »Yuko« sind tot. Man mag um sie trauern, aber so ist es nun mal. Das System war zu kompliziert und unverständlich, und zudem war es auch nicht immer einfach für die Kampfrichter, die verschiedenen Wertungen auseinanderzuhalten. Der Unterschied war klein und aus einer schlechten Perspektive kaum exakt festzustellen. Der »Ippon« hat sich jedoch gehalten, und ihm ist mit hoher Wahrscheinlichkeit noch ein langes Leben vergönnt. Der »Waza-ari« ist vorerst auch außer Gefahr, wurde allerdings entsprechend adaptiert. Die Wertung wurde breiter und umfasst nun auch den verblichenen »Yuko«. Statt des schwungvollen Quartetts gibt es jetzt also nur noch das dynamische Duo aus »Ippon« – einem ganzen Punkt – und »Waza-ari« – einem halben Punkt.

Die direkt betroffenen Athleten kommen jedoch manchmal nicht umhin zu bemerken, dass es durchaus lästig sein kann, sich ständig an ein neues Reglement anpassen zu müssen. Immerhin sind es nicht nur die Wertungen, die scheinbar ständig auf der Abschussliste stehen oder umdefiniert werden, auch die Kampfzeiten bleiben davon nicht unberührt oder die nicht unwichtige Frage nach der Vergabe von Strafen.

Tja, es ist ein Kommen und Gehen, alles verändert sich – und früher war natürlich alles besser. Aber was bringt es zu jammern? Eigentlich ist es ja halb so wild. Im Grunde lassen sich nämlich abseits von hintergründigen Spitzfindigkeiten ein paar wenige immer gültige Maximen formulieren, die von sämtlichen kleinen oder größeren Anpassungen gänzlich unberührt bleiben: Wirf und werde nicht geworfen! Halte fest und lass dich nicht festhalten! Heble, würge – aber halte den eigenen Hals stets frei und gibt Acht auf deine Ellbogen!

24. GRUND

Weil man Japanisch lernt

Judo ist eine japanische Erfindung, und deshalb werden auch die Anweisungen der Kampfrichter bei sämtlichen Turnieren in japanischer Sprache gegeben. Beim Training bedienen sich die Judomeister ebenso dieser fremdartigen Begriffe, um ihre verschiedenen Anweisungen zu formulieren. Das kulturell und geografisch weit entfernte Ursprungsland dieser liebenswerten Kampfkunst ist daher sprachlich immer präsent.

Man muss trotzdem einräumen, dass die wenigsten Leute nach ein paar Jahren Judo plötzlich fließend japanisch sprechen. Womöglich wurden diesbezüglich etwas zu hohe Erwartungen provoziert. Die japanische Sprache zählt wahrscheinlich zu den anspruchsvollsten der Welt und wird nicht einfach ganz locker nebenbei erlernt. Dafür bedarf es zumindest eines ganz außergewöhnlichen

Talents. Tja ... man kann eben nicht alles haben. Immerhin versteht der aufmerksame Schüler aber bald den Befehl »Hajime«, der so viel bedeutet wie »Anfang« oder im entsprechenden Kontext eben »Beginnen«. Hört man diesen Ausdruck, ist es an der Zeit loszulegen. »Mate« bedeutet dagegen »Ruhe« oder »Unterbrechung«. Der Kampf ist nach diesem Kommando kurz zu unterbrechen, beispielsweise um den Gürtel neu zu binden, der sich in der Hitze des Gefechts gelöst hat.

»Waza« ist mit »Technik« zu übersetzen. Es gibt hier noch den Bereich der »Ne-waza« oder »Bodentechniken«, wie »Osaekomi-waza« (Haltegriffe), »Kansetsu-waza« (Hebeltechniken) und »Shime-waza« (Würgetechniken). »Tachi-waza« nennt der Judoka die diversen »Standtechniken«, wie »Ashi-waza« (Beintechniken), »Koshi-waza« (Hüftwürfe), »Te-waza« (Armwürfe) und »Sutemi-waza« (Selbstfalltechniken). Ganz wichtig zu nennen sind an der Stelle auch die »Ukemi-waza« oder zu Deutsch »Falltechniken«. Wurfansätze, die in schneller Folge hintereinander mit dem Trainingspartner geübt werden, ohne diesen dabei richtig zu werfen, werden »Uchi-komi« genannt. »Tori« heißt dabei der aktive, die Technik ausführende Judoka, während der Übungspartner als »Uke« bezeichnet wird. »Nage« – zu guter Letzt – bedeutet »werfen«.

Die Liste ließe sich noch eine ganze Weile fortführen. Trotzdem wird der kleinen Lektion hier besser ein Ende gesetzt, um keine Langeweile aufkommen zu lassen. Es wäre schließlich fatal, die schlummernde Leidenschaft für Japanisch noch im Keim zu ersticken – sie soll viel eher entflammt werden. Das bescheidene Judowörterbuch scheint als erste Kostprobe jedenfalls bestens geeignet.

Je länger man schon dabei ist, desto mehr Begriffe bleiben hängen. Man hört sie ständig, immer neue kommen hinzu und nach einer Weile beginnt man allmählich zu begreifen, was der Trainer von einem will. Eines Tages entwickelt sich dadurch vielleicht sogar eine gewisse Sympathie für den Klang dieser Sprache. Bei der

Japanreise sollte man vorerst trotzdem eher auf die vermutlich umfänglicheren Englischkenntnisse bauen. Selbst damit ist es dort zu Lande allerdings nicht immer leicht, sich verständlich zu machen.

Judo-Japanisch ist leider doch eine recht abgespeckte Variante dieser sehr komplexen asiatischen Sprache. Zumindest das Zählen geht einem aber bald leicht von der Hand: ichi, ni, san, shi, go, roku, shichi, hachi, kyū, jū – immerhin bis zehn. Ein zartes Fundament für das bevorstehendes Japanisch-Studium bietet Judo damit allemal, falls man den Anspruch hat, irgendwann zum wahren Sprachkünstler zu avancieren. Diejenigen, die sich mit weniger begnügen, haben zumindest einen kleinen Vorteil bei der nächsten Sushi-Bestellung.

25. GRUND

Weil Judo vielseitig ist

Kaum eine andere Freizeitbeschäftigung reicht in ihrem Variantenreichtum an den so liebenswerten Judo-Sport heran. Ob beim Curling, Speerwurf oder auch beim Stabhochsprung, die dahinterstehenden Bewegungsmuster sind, wie in vielen anderen Disziplinen, im Grunde immer wieder dieselben. Mit zermürbender Kontinuität werden diese monotonen Abläufe einstudiert und über die Jahre gefestigt. Abwechslung ist dabei nur selten gegeben, und für manche kann das mit der Zeit schon ziemlich öde werden.

Im Judo sind die vielen verschiedenen Techniken, die zur Anwendung kommen, beinahe zahllos. Niemand kennt sie alle. Sie sind gar nicht vollständig niedergeschrieben – und etliche noch nicht einmal erfunden. Aus den althergebrachten Praktiken von Jigorō Kanōs ausgefeiltem Zweikampfsystem können – mit der entsprechenden Erfahrung – selbst neue Ansätze abgewandelt werden. Das Prinzip der Kampfkunst bietet hier vielfältige Möglichkeiten.

Judo ist kein geschlossenes System, schon gar nicht für den findigen Wettkämpfer.

Wie genau man den Gegner letzten Endes auf den Rücken wirft, ihn festhält, hebelt oder würgt, ist einem weitestgehend selbst überlassen. Nur dem Regelwerk müssen die entsprechenden Griffe, derer man sich dabei bedient, selbstverständlich entsprechen. Eine übermäßige Gefährdung des Gegners ist nämlich inakzeptabel und wird auf keinen Fall geduldet. Wird eine Hebeltechnik beispielsweise irgendwo anders als am Ellbogengelenk angesetzt, erteilt der Kampfrichter dem Übeltäter an der Stelle ein »Hansoku-make«, also einen schweren Regelverstoß. Dieser hat die unmittelbare Disqualifikation des Athleten zur Folge, der die Verfehlung begangen hat.

Wenn der auf der Matte liegende Gegner hochgehoben und wieder auf den Boden zurückgestoßen wird, ist dieses Vorgehen ebenfalls mit Hansoku-make zu ahnden. Auch das von innen nach außen vollzogene Wegfegen des Standbeines eines Kämpfers, der gerade im Begriff ist, eine Wurftechnik auszuführen, endet für gewöhnlich mit einer Disqualifikation. So verhält es sich prinzipiell bei allen Praktiken, die in der Lage erscheinen, den Gegner leichtfertig zu verletzen. Ein Hebel am Ellbogen ist natürlich auch keine angenehme Sache, aber Knie und Schulter bleiben immerhin heil – und diese sind durchaus sensibel. Beim Hochheben und Zurückstoßen des Gegners wurden schon etliche Rippen gebrochen, was definitiv nicht sehr angenehm ist, und das laterale Wegfegen des Standbeines eines schon im Wurfansatz befindlichen Gegners kann dafür sorgen, dass dieser böse auf der Nase landet. Langjährige Erfahrungen und Beobachtungen haben schon einige kritische Aktionen zu Tage gefördert, die künftig aus den Wettkämpfen verbannt wurden.

Nicht nur die Gefährdung des Gegners, sondern auch die eigene Gefährdung wird im Judo aber nicht einfach hingenommen. Wer sich etwa mit dem Kopf abstützt, um gerade noch einer Wertung zu entgehen, wird zu seinem Selbstschutz ebenfalls mit einem Hansoku-make bestraft. Mit Nacken und Wirbelsäule ist nicht zu spaßen. Die Liste der möglichen Verstöße ist natürlich noch wesentlich länger. Vorsicht ist schließlich besser als Nachsicht.

Judo bietet eigentlich nur so etwas wie einen theoretischen und moralischen Rahmen. Die Möglichkeiten innerhalb dieses Bereiches sind vielleicht nicht grenzenlos, aber zumindest überaus mannigfaltig. Je nachdem, wie der Griff genau gesetzt wird und auf welche Weise die einzelnen Gliedmaßen ausgerichtet werden, entstehen aus den vielen »Mustertechniken« völlig neue, individuelle Varianten. Die entsprechende Kreativität vorausgesetzt, wandelt sich der erfahrene Judoka aus den Standardwürfen des Judoprogrammes seine ganz eigenen Spezialtechniken ab.

In dem japanischen Kampfsport bietet sich daher immer die Qual der Wahl. Werfen, würgen, hebeln oder festhalten, alles kann zum Ziel führen, und hinter jeder dieser Methoden verbirgt sich ein für viele ungeahntes Technikreservoir. Judo ist niemals geradlinig oder eindimensional. Auf das, was einem im Kampf bevorsteht, kann man sich über Jahre hinweg vorbereiten und dabei versuchen, jede Eventualität abzudecken. Am Ende wird man dennoch überrascht. Jeder Judokampf ist so einzigartig wie eine Schachpartie, und kein Duell verläuft wie das andere.

2. KAPITEL

GESCHICHTE

26. GRUND

Weil Judo Geschichte hat

Die Wurzeln des Judo reichen weit zurück – wie weit, das ist gar nicht so einfach zu sagen. Aus dem Ju-Jitsu heraus ist diese moderne Kunst des Zweikampfes schließlich erwachsen, doch über den Ursprung des Ju-Jitsu selbst herrscht bis heute keine Klarheit. Auch jetzt noch haben diese alten Praktiken daher etwas Geheimnisvolles an sich.

Auskunft über deren Entstehung gibt etwa die alte Chronik Japans, das sogenannte Nihonshoki. Bis zu dessen Vollendung im Jahre 720 n.Chr., wurden für das historisch bedeutsame Werk verschiedene Berichte niedergeschrieben und zusammengefasst. Manche davon reichen weit zurück. In einer dieser vielen Darstellungen ist davon zu lesen, dass im siebenten Jahr der Regentschaft des Kaisers Suinin (ca. 23 v.Chr.) ein großes Turnier mit dem klangvollen Namen »Chikara-kurabe« stattgefunden haben soll. Übersetzt bedeutet der Ausdruck so viel wie »Wettkampf der Kräfte«. Eine der entsprechenden Theorien geht nun davon aus, dass ebendieses erwähnte Turnier, bei dem die Streiter ohne Waffen gegeneinander antraten, den Ausgangspunkt für die Entwicklung des Ju-Jitsu gegeben hat – möglicherweise aber auch für das japanische Sumō. Hier ist man sich nicht sicher.

Zweifellos stammt die Urform des heutigen Judo aus der Antike, eine nähere Einordnung fällt jedoch schwer. Es ist nicht einmal als sicher anzusehen, dass sie ihren Ursprung wirklich in Japan genommen hat. China oder Indien kommen dafür ebenso infrage, auch wenn Japan über diesen fixen Teil seiner kulturellen Identität bestimmt keine Zweifel aufkommen lässt.

Die Entwicklung einer Kampfkunst erfordert jedenfalls immer umfangreiche Kenntnisse des menschlichen Körpers. Die in China bereits früh angewandte Heilpraktik der Akupunktur deutet schon auf ein solches methodisches Wissen hin. Sollten die Japaner das Ju-Jitsu aber tatsächlich von einer anderen Kultur übernommen haben, wäre es nicht verwunderlich, wenn sie eine Übernahme nicht gerade überbetont hätten, um die raffinierten Fertigkeiten später als eigene Schöpfung präsentieren zu können.

Für die Entstehung von diversen Kampfpraktiken war in Japan mit Sicherheit von erheblicher Bedeutung, dass man die Waffen der Samurai – ein Kurzschwert (Wakizashi) und ein Langschwert (Katana) – bald als zu gefährlich betrachtete, um diese öffentlich zu tragen, insbesondere vor hohen Persönlichkeiten. Den gemeinen Bürgern war es prinzipiell verboten, Waffen zu tragen. Durch diese Beschränkungen lag es bestimmt nahe, sich auch mit den Möglichkeiten des waffenlosen Kampfes vertraut zu machen.

In Europa setzten sich zunächst vor allem Seemänner, Kaufleute und auch missionierende Mönche mit diesen Selbstverteidigungstechniken auseinander. Diese Personengruppen reisten häufig in fremde Länder und verbreiteten die Künste, die sie dort bereitwillig erlernten, um sich beispielsweise vor Wegelagerern zu schützen, auch in ihren jeweiligen Heimatregionen.

Die Geschichte des Judo beginnt also nicht erst mit der Begründung des Kampfsports durch Jigorō Kanō gegen Ende des 19. Jahrhunderts. Das entsprechende Fundament dafür wurde viel früher gelegt. Doch diese ersten Anfänge verlieren sich bedauerlicherweise in den Wirren der Vergangenheit. Die exakten Hintergründe und die Wahrheit, die sich irgendwo hinter den einander widersprechenden Entstehungstheorien verbirgt, sollten heutzutage aber nicht mehr auf die Waagschale gelegt werden. Dort werden sie angesichts der dürftigen Quellenlage nämlich kaum bestehen.

Abgeschlossen ist die Geschichte des Judo jedenfalls noch lange nicht. Mit zunehmender Geschwindigkeit verbreitet sich der traditionsreiche Sport quer über den Erdball und erreicht dabei immer größere Beliebtheit. So etwas wie Stillstand gibt es nicht, denn Judo wächst und entwickelt sich beständig weiter. Die Dynamik der Kämpfe ändert sich, und neue Varianten werden aus den vielen verschiedenen Techniken abgewandelt. Es ist doch irgendwie ein erbaulicher Gedanke, dass jede Generation der Kunst ihren eigenen Stempel aufdrücken kann, auch wenn die gut durchdachten Grundlagen des Judo über die Epochen hinweg immer dieselben bleiben.

27. GRUND

Weil Judo sich bewährt hat

Die junge Kunst aus Japan musste sich im Zuge ihrer Entstehung von dem altehrwürdigen Jiu-Jitsu abkapseln, aus dem sie selbst hervorgegangen war. Um das Jahr 1886 war das Judo des Jigorō Kanō bereits ziemlich ausgereift, trotzdem standen die stolzen Vertreter des Jiu-Jitsu dieser neuen Variante ihrer Selbstverteidigungskunst eher skeptisch gegenüber. Die Stimmung war konkurrenzbetont. Man war der Auffassung, dass Judo in einem echten Kampf kaum seine Wirksamkeit beweisen würde können. Dem gerade erst Fuß fassenden Dojo des Jigorō Kanō stand also eine Feuerprobe bevor, in der es sich gegen die althergebrachten Jiu-Jitsu-Systeme beweisen musste.

Dieser bevorstehende Machtkampf war bereits früh absehbar. Kanō zögerte ihn jedoch so lange hinaus, bis er sich und seine Schüler bereit sah, sich der direkten Auseinandersetzung zu stellen. Immerhin hatte das Jiu-Jitsu einen erheblichen Vorsprung, während das Judo noch im Begriff war zu reifen.

Als es schließlich zum großen Showdown kam, traten Kanōs beste Schüler in einem alles entscheidenden Wettkampf gegen die konkurrierende Jiu-Jitsu-Mannschaft des Meisters Kosuko Totsuka an. Dieser fand unter der Leitung der Stadtpolizei statt und wurde mit erheblichem Interesse verfolgt. Die Zukunft des Judo stand dabei auf dem Spiel, und dementsprechend hart wurde auf diesen Tag hintrainiert.

Aber würde sich das auf dem Prüfstand stehende Judo tatsächlich beweisen können? Wäre es in der Lage, seinen festen Platz zu beanspruchen und womöglich sogar die eigene Vormachtstellung zu zementieren? Spoiler-Alarm: ... Ja.

15 erbitterte Kämpfe wurden zwischen den zwei Seiten ausgetragen, und ganze 13 davon konnten Kanōs Judoka am Ende für sich entscheiden. Lediglich zwei »Unentschieden« konnte das gegnerische Team erstreiten. Durch diesen Triumph war dem Judo der Weg geebnet, und die Rivalen mussten sich beschämt geschlagen geben.

Man muss dazu allerdings erwähnen, dass Kanō seine Kunst durchaus auch mit wirkungsvollen Tritten und Schlägen ausgestattet hatte, Methoden, die aus dem heutigen Wettkampf-Judo längst getilgt wurden. Die von ihm gelehrten Techniken waren also noch sehr breit aufgestellt und ermöglichten bei jeder Gelegenheit eine angemessene Reaktion.

Ein wenig gezähmt wurde das Judo allerdings durch seinen Aufstieg als Wettkampf-Sport. Die als problematisch erachteten Techniken wurden dafür nämlich aussortiert. Heute werden also vorwiegend jene regelkonformen Methoden gelehrt, die dazu geeignet erscheinen, in der Hitze des Gefechts mit voller Kraft angewendet zu werden und dennoch keine bleibenden Schäden zu verursachen.

Nach dem überragenden Sieg gegen das hoffnungslos unterlegene Jiu-Jitsu-Aufgebot begann zunächst der Aufstieg des Judo in Japan. Die Polizei und die Armee übernahmen bald das neue Nahkampfsystem, und 1911 wurde Judo sogar auf Anordnung des Kaisers Pflichtfach an allen japanischen Mittelschulen.

In der ersten Hälfte des 20. Jahrhunderts konnte Judo auch allmählich in Europa Fuß fassen. Jigorō Kanō selbst war es zeitlebens ein besonderes Anliegen, die Kunst, der er sein Leben verschrieben hatte, in weiten Teilen der Welt zu verbreiten.

28. GRUND

Weil zwölf Matten genügen

Es war im Mai des Jahres 1882, als Jigorō Kanō den Entschluss fasste, seinem Lebenstraum nach der Verwirklichung seiner eigenen Sportanstalt endlich die entsprechenden Taten folgen zu lassen. In Tokyo, im Stadtteil Shitaya, gründete er schließlich seine erste Trainingsstätte, um die eigens entwickelten Methoden dort anzuwenden und weiterzugeben. Die erforderlichen Räumlichkeiten bot dabei der Tempel Eishōji. Kanō legte den größten der vier Räume des recht überschaubaren Gebäudes mit genau zwölf Matten aus – wenig Platz also, aber immerhin genug für einen Anfang.

»Kōdōkan« schrieb Kanō am Ende an die Eingangstür seines ersten Dojos. »Kō« stand dabei für »Studium«, »Dō« für »Weg«, »Grundsatz« oder auch »philosophisches Prinzip«, und »Kan« bedeutet auf Japanisch so viel wie »Halle« oder »Schule«. Übersetzen kann man den geschichtsträchtigen Begriff daher mit »Ort für das Studium des Weges«. Der »Weg«, den der Schöpfer des Judo dabei im Sinn hatte, wies offensichtlich auch eine spirituelle Note auf. Insgesamt bestand er in der Realisierung von drei Dimensionen: Leibesertüchtigung, Kampf und Moral.

Freilich war die Örtlichkeit des Tempels für Kanōs Bestrebungen kaum ideal. Angeblich gab es immer wieder Unstimmigkeiten mit dem buddhistischen Hohepriester der Einrichtung, welcher befürchtete, das Gebäude könnte durch das ständige Fallen der angehenden Judoka zu Schaden kommen. Es gingen dabei wohl mehrere Bodenplatten zu Bruch, die Kanō reparieren musste. Darüber hinaus missfiel es dem Priester, dass bei jedem Wurf die Ahnentafel am Altar in die Luft sprang. Die anderen Tempelgänger störten sich auch an dem nicht zu verhindernden Lärm der Übenden – Kanō und seine strebsamen Schüler waren also nicht gerade Bilderbuchmieter.

Während dieser Zeit trainierten Kanō und seine Vertrauten stundenlang am Tag und reflektierten danach gemeinsam über das Gelernte. Sie lebten und schliefen in ihrem winzigen Dojo und führten ein spartanisches Leben voller Abhärtung, Entbehrung und streng eingehaltener Routine. In manchen Punkten orientierte sich der Judo-Gründer an den Verhaltensweisen der buddhistischen Mönche, die offenbar ebenso wenig Verständnis für sinnliche Ausschweifungen hatten.

Schon im Februar 1883 verlegte Kanō sein Dojo in ein nahe gelegenes Lagerhaus, um die Friedfertigkeit seiner Gastgeber nicht länger auf die Probe zu stellen. An der Größe seiner Trainingsstätte änderte sich dabei nicht viel, und zudem bestand hier nun das Problem, dass sich mehrere Säulen in dem Übungsraum befanden, was nicht unbedingt dazu beitrug, das Verletzungsrisiko zu minimieren. Auch mit dem Lagerhaus landete der ambitionierte Judomeister also nicht gerade einen Volltreffer.

In den ersten zwei Jahren musste Jigorō Kanōs »Kōdōkan« um seine Schüler ringen. Zu Beginn waren es nur etwa 20 an der Zahl. Das dem Jiu-Jitsu entschlüpfte Judo war noch recht unbekannt, und genauso verhielt es sich auch mit Kanō als Meister dieser unbekannten Kunst. Für die Aufnahme in seine Kampfkunstschule musste übrigens ein Eid abgelegt und sogar auf einer Schriftrolle unterzeichnet werden. Teil dieses Eides war etwa das Versprechen, die Geheimnisse der Schule keinen Außenstehenden zugänglich zu machen.

Der erste Schüler des Kōdōkan-Judo war Tsunejirō Tomita. Er trat bereits am 5. Juni 1882 in die Schule ein und war der erste Judoka, der jemals den schwarzen Gürtel anlegen durfte. Weitere bedeutende Mitglieder waren Sakujiro Yokoyama, Shiro Saigo und Yoshitsugu Yamashita. Letzterem wurde als erstem Mann überhaupt der 10. Dan verliehen. Natürlich gab es noch etliche mehr von solchen für den Judo-Sport bedeutsamen Persönlichkeiten. Diese vier wurden später aber als die »Shitennō« oder übersetzt

»vier Himmelskönige« des Kōdōkan bezeichnet – in Anlehnung an die buddhistischen Schutzgötter.

Jigorō Kanō selbst trug übrigens den schlichten weißen Gürtel, als Symbol dafür, dass auch er vor dem Geist des Judo nur ein Schüler war. Außerdem besaß niemand die Autorität, ihm irgendeine Graduierung zu verleihen, da in diesem Bereich keiner über ihm stand. Manche behaupten dennoch, ihm wurde nach seinem Tod der 11. Dan zuerkannt – der 12. Dan sei dagegen allein dem Geist des Judo vorbehalten.

Streng genommen, gibt es bei den Graduierungsstufen tatsächlich gar kein offizielles Limit. Dennoch wird weltweit über den 10. Dan hinaus kein Grad mehr verliehen. Alle weiteren Perfektionsstufen, über deren Existenz sich die Philosophen streiten dürfen, sind daher rein ideeller Natur.

Bis heute ist das Kōdōkan die bedeutendste Judoschule der Welt. Sie gibt immer noch allgemeine Richtlinien vor, und der ganze Erdball orientiert sich daran. Damit übernimmt sie auch das von Jigorō Kanō gelehrte Prinzip der Wahrung der Reinheit des Judo.

Zwölf Matten waren am Ende also völlig ausreichend. Es hat einige Mühen gekostet und eine ganze Weile gedauert, aber heute ist das Judo längst in der globalen Sportlandschaft etabliert, und das von Kanō begründete Kōdōkan ist eine wahre Institution. Sie starteten als unliebsame Gäste in einem bescheidenen Tempelraum, doch jetzt erschüttern die wackeren Judoka fern und nah stolze Säle und Hallen mit ihren kraftvollen Würfen – und das auf Millionen und Abermillionen von Matten.

29. GRUND

Weil alles seinen Mythos braucht

Die Menschheit nährt sich von Mythen und Legenden. Sie sehnt sich nach dem Fantastischen und braucht einfach ihre Helden. Im Bereich des Sports ist es mit diesem Kult nicht anders. Auch im Judo neigt man durchaus zur Heldenverehrung.

Kimura Masahiko ist eine dieser Lichtgestalten, die längst in die Annalen des Kampfsports eingegangen sind. Der japanische Ausnahmejudoka wurde 1917 in der Präfektur Kumamoto geboren. Nicht wenige sehen ihn als den größten Kämpfer, der jemals auf den Judomatten gewandelt ist. Dreimal in Folge gewann er die renommierten All Japan Judo Championships – vermutlich das zu dieser Zeit härteste Turnier der Welt. Immerhin ist der ostasiatische Inselstaat noch heute eine nahezu unbezwingbare Judogewalt, die dem Westen immer wieder ihre Lehrstunden erteilt. Masahiko war der Beste der Besten.

Doch wie kam es zu seinem beeindruckenden Aufstieg? Ganz einfach: Ein eiserner Wille und ein Quäntchen Hass trugen diesen Wunderknaben empor. Während seines vierten Schuljahres wurde er nämlich von seinem Lehrer geworfen, was ihn offenbar sehr brüskierte. Tja, andere Zeiten und andere Sitten eben. Jedenfalls versetzte Masahiko diese Demütigung derart in Rage, dass er sofort seine Rache plante. Nachdem er erfahren hatte, dass sein Lehrer, Herr Tagawa, den 1. Dan in Judo führte, beschloss er kurzerhand ihn zu übertrumpfen. Er hatte sich in den Kopf gesetzt, einfach selbst den 2. Dan zu erlangen, um danach in der Lage zu sein, seinen missliebigen Lehrer ebenfalls auf den Boden zu schleudern. Diese Rachegelüste waren offenbar äußerst süß. Bald darauf begann der junge Masahiko nämlich mit seinem Training. Geplant oder nicht: diesem Herrn Tagawa gelang es wirklich beispielhaft, seinen Schüler zu motivieren.

Der Junge zeigte schnell Talent und wurde dementsprechend von seinen vielen zukünftigen Lehrmeistern gefördert. Im zarten Alter von 15 Jahren trainierte er schon etwa fünf Stunden am Tag. Außerdem machte er täglich 300 Liegestütze, um seine Muskulatur zu stärken. Ob er seinen alten Lehrer tatsächlich jemals geworfen hat, ist allerdings nicht bekannt.

Obwohl ihm die praktischen Aspekte des Judo wenig Kummer bereiteten, schien Masahiko doch gewisse Schwierigkeiten bei dem schriftlichen Test zu haben, der ihm bei seiner Prüfung zum 3. Dan erstmals abverlangt wurde. Angeblich reichte er daher einfach den Prüfungsbogen seines Hintermannes unter seinem eigenen Namen ein und umschiffte so das Problem. Trotz der kleinen Lernschwäche wusste er sich also sehr wohl zu helfen.

Bereits mit 18 Jahren war Kimura Masahiko der jüngste Judoka, der je einen 5. Dan vom Kōdōkan verliehen bekommen hatte. Kein Wunder also, dass man den Judo-Rebellen schon damals bestaunte. Wäre er früher und auf spektakulärere Weise verstorben, hätten wir heute womöglich einen zweiten Bruce Lee. Tatsächlich verstarb er aber recht sang- und klanglos im Alter von 75 Jahren an Lungenkrebs. Aber zurück zu den fröhlicheren Jahren.

1935 war definitiv ein Schlüsseljahr für den jungen Wettkämpfer. Er verlor ganze vier Kämpfe, was dem erfolgsverwöhnten Athleten gar nicht passte. Er überlegte sogar ernsthaft, den Sport an den Nagel zu hängen. Glücklicherweise entschied sich Masahiko dann aber doch für den gegenteiligen Weg. Er wollte stattdessen nun noch wesentlich härter trainieren. Er überdachte sein ganzes Trainingskonzept und versuchte seine Spezialtechnik »O-soto-gari« zu perfektionieren.

Wie sich noch im Oktober desselben Jahres zeigte, hatten sich die erheblichen Mühen gelohnt. Masahiko feierte seinen ersten großen Turniersieg und triumphierte bei der japanischen Hochschulmeisterschaft. Sein »O-soto-gari« war mittlerweile derart verheerend, dass die Technik auch während des Trainings immer wieder zu

Gehirnerschütterungen und sogar zu Ohnmachtsanfällen seiner Übungspartner führte. Viele seiner Kollegen trafen bei den Trainingskämpfen daher zuvor die Abmachung, dass Masahiko seine gefürchtete Spezialtechnik nicht anwenden durfte.

Im Jahr 1937 durfte dieser dann als erster Student überhaupt an den eingangs erwähnten japanischen Meisterschaften teilnehmen. Im Alter von nur 20 Jahren konnte er am Ende sogar den Sieg erringen. Beflügelt durch diesen Erfolg, fühlte sich Masahiko zugleich in Bedrängnis. Als neuer Champion hatte er schließlich auch viel zu verlieren. Außerdem war er mit seinen 1,69 m nicht wirklich groß und mit einem Gewicht von etwa 86 kg auch nicht übermäßig schwer. Bei den All Japan Judo Championships gab es aber keine unterschiedlichen Gewichtsklassen. Egal wie groß man war und wie viel man auf die Waage brachte, man musste sich gegen jeden beweisen, der einem auf der Matte gegenüberstand.

Von jetzt an trainierte der junge Kämpfer also noch intensiver. Er war nicht bereit, etwas dem Zufall zu überlassen. Neun Stunden am Tag schwitzte er bei seinen Übungen und machte dazu unter anderem noch seine obligatorischen 1000 Liegestütze. Das formte den japanischen Judohelden schließlich zu einer wahren Bestie.

In den beiden folgenden Jahren konnte er die japanische Meisterschaft relativ problemlos erneut für sich entscheiden. Durch diese bemerkenswerte Leistung erlangte der gefeierte Athlet natürlich eine erhebliche Bekanntheit in den Kreisen aller Kampfsportler. 1949 trat er schließlich noch einmal bei der Meisterschaft an. Trotz einer leichten Verletzung, die er sich während einer der Vorrunden zugezogen hatte, kämpfte er sich bis ins Finale. Dort musste er sich jedoch mit einem Unentschieden zufriedengeben.

Als Masahiko einige Jahre zuvor – nach dem Abschluss seines Studiums – in den Militärdienst berufen wurde, hatte er sich übrigens freiwillig für einen wagemutigen Kampfeinsatz auf den Salomonen gemeldet. Sein Vorgesetzter war allerdings selbst ein begeisterter Judoka und ein Bewunderer des tapferen Sportlers. Er bremste seinen Übereifer und verweigerte ihm per Befehl die Teilnahme an dem Einsatz. Vermutlich nicht ganz unwissend, bewahrte er ihn so vor einer großen Torheit. Nur einer der etwa 500 japanischen Soldaten überlebte nämlich den Militäreinsatz.

Später geriet Masahiko während der Besatzungszeit einmal in Konflikt mit vier recht ungehobelten Militärpolizisten. Angeblich misshandelten diese gerade grundlos japanische Zivilisten, als der heldenhafte Judoka intervenierte. Wie Masahiko selbst in seiner Autobiografie (*Waga no Judo*) recht plastisch schildert, trat er dem ersten mit voller Kraft in die Hoden. Den zweiten warf er mit einem schwungvollen Wurf in den Fluss. Dem dritten versetzt er dann einen Kopfstoß ins Gesicht und beim vierten schloss sich der Kreis wieder mit den Hoden. Diese quetschte er seinem Gegner – nach eigener Aussage – mit voller Kraft zusammen. Was soll man dazu sagen … Als erfahrener Kämpfer wusste Kimura Masahiko eben ganz genau, wo es wehtut.

Im Rahmen eines Herausforderungskampfes gegen Hélio Gracie, den Mitbegründer des brasilianischen Jiu-Jitsu, brach er diesem in einem harten Kampf den Arm. Zuvor war ausgemacht worden, dass der Kampf nur durch Aufgabe eines der beiden Kontrahenten beendet werden würde. Gracie machte zwar selbst mit gebrochenem Arm keinerlei Anstalten aufzugeben, doch schließlich flog aus seiner Ecke doch das Handtuch. Etwa 20.000 Menschen und sogar der brasilianische Präsident hatten das Spektakel gebannt verfolgt.

Das Judo-Ass absolvierte seit Anfang der 50er-Jahre auch etliche Showkämpfe in Japan, später ebenso in Mexiko und Europa. Diese brachten immerhin Geld – und Masahiko hatte eine Familie zu ernähren.

Bereits mit 29 Jahren hatte man dem erfolgreichen Judoka den 7. Dan verliehen – ein stattlicher Gürtel, ganz besonders für dieses jugendliche Alter. Gerüchten zufolge war es aber Masahikos Pro-Wrestling-Karriere geschuldet, dass er vom Kōdōkan später nicht mehr höher graduiert wurde.

Jedenfalls blieb Masahiko Kimura nach seinen vier schmerzlichen Niederlagen ab dem Jahr 1937 ungeschlagen, bis er schließlich 1950 seine aktive Judokarriere beendete. Sehr viel Fleiß und ein ganz außergewöhnliches Talent haben letzten Endes dafür gesorgt, dass dieser Teufelskerl zu einer wahren Legende des Judo-Sports wurde – und ganz anteillos war natürlich auch der gute Herr Tagawa nicht. Rache ist eben doch noch das reinste und aufrichtigste aller Motive.

30. GRUND

Weil Kanō sein Bestes gab

Dem weisen Schöpfer des Judo ging es von Beginn an um mehr als bloß die körperliche Ertüchtigung seiner Schüler. Seine Kunst sollte nicht nur zum fähigen Zweikämpfer ausbilden, sondern zugleich auch bestimmte moralische Prinzipien vermitteln. Die geistige Reife des Judoka sollte daher ebenso wachsen wie sein technischer Fortschritt und seine körperliche Leistungsfähigkeit.

Jigorō Kanō beendete im Jahr 1881 seine Studien an der kaiserlichen Universität von Tokyo – und das im zarten Alter von 21. Er hatte sich dabei sowohl der Literatur als auch der Volksökonomie und der Politik gewidmet. Im Folgenden schlug er nun selbst eine Laufbahn als Pädagoge ein. Kanō erhielt schnell einen Lehrauftrag an der Gakushūin, einer Eliteschule für Adelige, und unterrichtete dort die Fächer Politik und Wirtschaft. Parallel zu seinem beruflichen Werdegang studierte er noch für etwa ein Jahr Moral und Ästhetik an der Tokyo-Universität. Sein gesellschaftlicher Aufstieg vollzog sich rasch. Bereits im Jahr 1885 wurde er Geschäftsführer der Gakushūin und 1886 sogar stellvertretender Rektor der Einrichtung.

Nachdem die von ihm bereits 1882 begründete Judo-Schule allmählich Fuß fasste, trat Kanō im Jahr 1889 seine erste Europareise an, um seine Kunst auch in den westlichen Breiten bekannt zu machen. Dabei besuchte er bedeutende Städte wie Paris, Berlin, Wien, Kopenhagen, Stockholm, Amsterdam und London. 1905 reiste er auch nach China und stellte dort seine neuen Methoden der Selbstverteidigung vor. Im Jahr 1912 folgte dann eine weitere wichtige Auslandsreise. Wieder führte ihn diese nach Kopenhagen, Berlin und Paris, aber auch nach Genf. Später brach Kanō 1933 schließlich erneut zu einer großen Europatournee auf, in deren Rahmen der Judomeister unter anderem Lehrgänge in Berlin, München und Wien gab. Seine beiden Assistenten Sumiyuki Kotani und Masami Takasaki standen ihm dabei treu zur Seite.

1938 besuchte Jigorō Kanō Kairo, Griechenland und die USA. In Kairo wohnte er einer Sitzung des Internationalen Olympischen Komitees bei, in der beschlossen wurde, die 12. Olympischen Spiele an Tokyo zu vergeben. Auf der Heimreise nach Japan erlag er an Bord des Schiffes Hikawa Maru am 04. Mai desselben Jahres einer Lungenentzündung. Kanō starb im Alter von 77. Sein Leben lang war er vor allem eines: ein Lehrer und Vorbild, der das Miteinander stets vor das Trennende stellte.

Es muss an der Stelle gewürdigt werden, dass der legendäre japanische Meister durchaus auch ein sozialpädagogisches und völkerverbindendes Ziel vor Augen hatte, als er die Prinzipien des Judo erarbeitete. Durch seine vielen Reisen setzte er dabei wichtige Zeichen für einen konstruktiven Austausch der mitunter sehr verschiedenen Länder und Kulturen, die er besucht hatte. Er wollte seine Kunst aus der Isolation befreien und sie mit der ganzen Welt teilen.

Heute wird der Judo-Sport in mehr als 150 Ländern ausgeübt. Damit ist er der verbreitetste Kampfsport der Erde. Rund 150.000 Mitglieder und mehr als 2.700 Vereine zählt der Deutsche Judo-Bund aktuell. Der Österreichische Judoverband freut sich immerhin über etwa 25.000 Mitglieder und rund 180 Vereine. In der Schweiz teilen sich Jiu-Jitsu und Judo einen Dachverband. Dieser beherbergt insgesamt etwa 48.000 aktive Sportler und 300 Vereine.

Dem Judo lag von Anfang an ein sehr friedfertiges Motiv zugrunde. Kanō und seine Nachfolger setzten dafür die entsprechenden Akzente. Man sollte tapfer kämpfen, aber am Ende unverletzt und ohne Zwist auseinandergehen. Trotz dieser unterstützenswerten Bemühungen gelange es jedoch nicht, das bald schon kriegsgebeutelte Europa vor ebendiesem Unheil zu bewahren. Für die Zukunft wäre es freilich schön, wenn Konflikte aller Art über den Dialog oder über den Sport ausgetragen werden könnten.

31. GRUND

Weil alles seine Grundlage braucht

Die sogenannte »Gokyō« bildet seit jeher das Fundament der Judo-Würfe. Übersetzen kann man den Ausdruck mit »fünf Lehren« oder »fünf Stufen«. Der Begriff der Gokyō findet sich bereits im Kontext der lange zurückliegenden Einteilung buddhistischer Lehrschriften. Je nachdem, als wie tiefgreifend diese galten, wurden sie entweder höher oder niedriger eingestuft. Waren sie schwer zugänglich, erhielten die entsprechenden Texte eine hohe Stufe zugewiesen, war die Lektüre dagegen niederschwellig, versah man sie mit einer niedrigeren Stufe.

Da es schon im frühen Judo eine beachtenswerte Vielfalt an unterschiedlichen Würfen gab, war es bald notwendig, eine Systematisierung für die angemessene Vermittlung dieser zahlreichen Techniken auszuarbeiten.

Im Jahr 1895 wurde daher, nur 13 Jahre nach der Gründung von Jigorō Kanōs erster Judoschule, die Gokyō no waza – zu Deutsch: »die fünf Stufen der Techniken« – eingeführt, um genau diesem Ziel zu entsprechen. Die insgesamt 42 verschiedenen Würfe sollten der Idee nach ungefähr in der Reihenfolge erlernt werden, in der sie in der Gokyō aufgelistet waren. Die ersten drei Stufen setzten sich dabei aus jeweils sieben Techniken zusammen, die vierte beinhaltete zehn und die fünfte sogar elf.

Unter anderem veränderte sich die Ansicht bezüglich der Bedeutung der Würfe jedoch im Laufe der Zeit dadurch, dass 1907 die bis dato gebräuchliche Judokleidung einen entscheidenden Wandel erfuhr. Bis dahin hatte man üblicherweise noch in kurzen Hosen und Jacken trainiert. Kurz nach der Jahrhundertwende entdeckte man aber den Wert von längeren Ärmeln und Hosenbeinen. Vor allem wollte man damit zwar Verletzungen, wie etwa Schürfwunden, vermeiden, doch die adaptierte Montur wirkte sich natürlich auch auf die zur Anwendung kommenden Griffarten aus und ließ einige Techniken plötzlich wesentlich attraktiver erscheinen als zuvor, andere dagegen weniger.

Im Jahr 1920 folgte daher eine Revision der Gokyō. Eine Arbeitsgruppe rund um die berühmten Judoka Yoshitsugu Yamashita, Hidekazu Nagaoka und Kyuzo Mifune entfernte acht Würfe und fügte dafür sechs neue hinzu. In dieser Form besteht die Gokyō nun bis heute. Alle fünf Gruppen umfassen jetzt jeweils acht Wurftechniken. Nach wie vor sind diese zumindest mehr oder weniger in der Reihenfolge angeordnet, in der sie sinnvollerweise auch aufgrund ihres Schwierigkeitsgrades gelernt werden sollten. Allzu streng wird das aber nicht genommen, und das ist durchaus kein Fehler. Man sollte die fünf Gruppen eher als einen groben Richtwert verstehen.

In Japan selbst war die Gokyō übrigens zu keinem Zeitpunkt die Grundlage für das Prüfungsprogramm. Bis ins späte 20. Jahrhundert war das im Westen hingegen sehr wohl bei den verschiedenen Schülerprüfungen oder »Kyū«-Prüfungen der Fall, bis man sich schließlich davon löste.

Das Gesamtrepertoire der Judowürfe geht über den Gehalt der Gokyō aber weit hinaus. Nicht allen Techniken, die bereits entdeckt und ausgeführt wurden, bekamen dabei auch gleich einen entsprechenden Namen zugewiesen. Heute werden von dem von Kanō begründeten »Kōdōkan« insgesamt 67 verschiedene Wurftechniken gelistet, was aber längst nicht bedeutet, dass damit tatsächlich schon das Maximum ausgeschöpft wäre.

In jedem Fall bildet die Gokyō no waza nach wie vor einen wichtigen Grundstock des Judo. In westlichen Gefilden ist sie immer noch essenzieller Bestandteil aller Meisterprüfungen, und auch wenn man hierzulande bei den Schülergraden mittlerweile nicht mehr viel von den fünf Gruppen zu hören bekommt, sind die meisten der darin enthaltenen Würfe natürlich trotzdem von Belang.

In Japan läuft die Sache mit den Prüfungen aber ganz anders – wie so vieles mehr. Bei den Kyū-Graden gibt es gar keine einheitliche Prüfungsordnung, sondern der Trainer vergibt die Gürtel einfach nach eigenem Ermessen. Eine solche Laissez-faire-Haltung hätte man den fokussierten Kampfkünstlern jenseits des Ozeans vermutlich kaum zugetraut.

Selbst die ersten Dan- oder Meistergrade werden dort übrigens noch eher als Einstiegsgraduierungen betrachtet. Ein echter Könner muss in Japan also schon einen recht hohen Dan tragen, um noch besondere Ehrerbietung auszulösen. Insgesamt spielt zudem die Wettkampferfahrung eine größere Rolle für den Erwerb eines Gürtelgrades als etwa in Deutschland, Österreich oder der Schweiz – vermutlich einer der Gründe, warum uns das Ursprungsland des Judo bei internationalen Bewerben nach wie vor – bildlich gesprochen – den Hintern versohlt.

32. GRUND

Weil beide Geschlechter ihre Kämpfe austragen müssen

Nieder mit dem Patriarchat! Im Judo gibt es echte Frauenpower, und das seit vielen Jahren. Das zusätzliche X-Chromosom hält einen nämlich nicht davon ab, eines Tages zu einer großartigen

Kampfsportlerin zu werden. Das Geschlechterverhältnis unter den Judoka ist in Deutschland, Österreich und der Schweiz einigermaßen ausgewogen, und darüber kann man sich nur freuen.

»Sie sind Menschen wie wir«, erklärte der eher erfolglos gebliebene politische Quereinsteiger Frank Stronach 2015 in einem ORF-Interview über das zarte Geschlecht. Eigentlich hatte er damit ja irgendwie den Nagel auf den Kopf getroffen, und dennoch erntete der Wirtschaftsmagnat dafür einiges an Häme. Im Judo stellt man sich derartige Fragen erst gar nicht. Niemand beschäftigt sich mit umfangreichen Erörterungen über die unterschiedlichen Wesenszüge von Männlein und Weiblein. Geschlechterklischees spielen hier keine Rolle. Die Verhältnisse sind eindeutig geklärt. Mädchen und Burschen, Frauen und Männer, alle sind sie gleichermaßen unnachgiebig, wenn es darum geht, in diesem anspruchsvollen Sport den Sieg davonzutragen – und wieso sollte es auch anders sein?

Der »intergeschlechtliche« Kampf ist während des Judo-Trainings übrigens eine Selbstverständlichkeit. Jeder misst sich hier mit jedem. Ist der Partner einmal größer, schwerer oder einfach nur kräftiger, muss man sich eben umso mehr anstrengen. Gegen eine Herausforderung haben Judoka zum Glück nur selten etwas einzuwenden. Erst auf der Wettkampfebene werden die Geschlechter schließlich wieder getrennt und zusätzlich in ihre entsprechenden Gewichtsklassen verwiesen.

Während die Männer bereits 1964 die olympische Bühne eroberten, mussten sich die Frauen noch beinahe 30 weitere Jahre gedulden. 1992 konnten sie in Barcelona erstmals offiziell um die begehrten Medaillen kämpfen, nachdem sie 1988 in Seoul bereits einen Auftritt im Rahmen der Demonstrationssportarten absolvieren durften. Ab dem Jahr 1992 waren die Judo-Damen somit fixer Bestandteil des olympischen Programmes.

Die Französin Cécile Nowak gewann damals die Gewichtsklasse bis 48 kg. Im Jahr davor war sie bereits Weltmeisterin geworden.

Nowak holte darüber hinaus auch vier Europameistertitel. Bis 52 kg konnte sich die Spanierin Almudena Muñoz – 1993 Vizeweltmeisterin und Europameisterin – durchsetzen, bis 56 kg ihre Landsfrau Míriam Blasco. Blasco war 1991 Weltmeisterin und Europameisterin. Kurioserweise ist sie inzwischen mit ihrer Olympia-Finalgegnerin, der Britin Nicola Fairbrother, verheiratet. Zusammen ist sie mit ihrer Kontrahentin aber schon annähernd ein Vierteljahrhundert. Tja, wo die Liebe hinfällt … Bis 61 kg holte mit Catherine Fleury-Vachon wieder eine Französin Gold. 1989 war sie schon Weltmeisterin und auch Europameisterin geworden. In der Klasse bis 66 kg ging die Kubanerin Odalis Revé am Ende als Siegerin hervor. Sie sammelte insgesamt auch vier WM-Medaillen. Kim Mi-jung aus Südkorea – bei den Testspielen 1988 bereits Zweite und 1991 Weltmeisterin – konnte die Kategorie bis 72 kg für sich entscheiden, und in der obersten Klasse – über 72 kg – gewann die Chinesin Zhuang Xiaoyan. Sie gilt seit dem 27. Juli 1992 als die erste Judo-Olympiasiegerin aller Zeiten, da ihre Klasse glücklicherweise als erste ausgetragen wurde. Auch Xiaoyan war ein Jahr vor ihrem Olympiaerfolg bereits Weltmeisterin geworden.

Japans Damen mussten sich bei dem ersten regulären olympischen Judobewerb mit drei Silbermedaillen und zwei in Bronze zufriedengeben. Tamura Ryōko kam in der Klasse bis 48 kg immerhin ins Finale, wo sie schließlich der Französin unterlag. In ihrer späteren Karriere holte sie aber noch zwei Mal olympisches Gold und wurde sieben Mal Weltmeisterin. Noriko Mizoguchi wurde bis 52 kg Zweite. Chiyori Tateno erstritt sich bis 56 kg den dritten Platz. Später konnte sie noch eine Silber- und eine Bronzemedaille bei der WM erkämpfen. Yōko Tanabe wurde Vizeolympiasiegerin in der Klasse bis 72 kg. In Seoul hatte sie beim ersten olympischen Auftakt des Judo ebenfalls Silber geholt. 1996 in Atlanta wurde sie immerhin noch einmal Dritte bei den Sommerspielen. Bei Weltmeisterschaften konnte sie insgesamt fünf Medaillen gewinnen. Yōko Sakaue wurde in der Gewichtsklasse über 72 kg Dritte.

Die deutschen Damen waren bei dem Bewerb leider weniger erfolgreich. Frauke Eickhoff wurde bis 61 kg immerhin Fünfte. Im Jahr davor war sie noch Weltmeisterin. Ebenfalls den undankbaren fünften Rang eroberten Alexandra Schreiber in der Klasse bis 66 kg und Regina Schüttenhelm bis 72 kg. Schreiber war 1987 Weltmeisterin und holte insgesamt sieben Medaillen bei Europameisterschaften – zwei davon in Gold. Im Schwergewicht wurde Claudia Weber Fünfte und vollendete damit das unglückliche deutsche Judoquartett, das so knapp am Podest vorbeischrammte. Weber war 1991 Dritte bei der Weltmeisterschaft. Außerdem wurde sie in diesem wie auch im darauffolgenden Jahr jeweils Vize-Europameisterin.

Weit abgeschlagen waren Österreich und die Schweiz. Michaela Bornemann gelang mit dem neunten Rang in der Klasse bis 48 kg zumindest die Ehrenrettung der Alpenrepublik. Gleiches gilt für Barbara Eck, die mit dem neunten Platz bis 56 kg ebenfalls ein akzeptables Ergebnis erzielte. Die Schweizerin Gisela Hämmerling wurde in der Gewichtsklasse bis 61 kg 16. von 29 Starterinnen aus 29 Ländern. 1988 durfte sie sich noch über den dritten Platz bei der Europameisterschaft freuen.

Seitdem hat sich viel verändert. Anfangs noch belächelt, spielen Frauen im Judo-Sport längst eine ebenso wichtige Rolle wie ihre männlichen Kollegen. Die Konkurrenz ist dort genauso hart. Weibliche Judoka sind wehrhafte Kriegerinnen, das wird einem schnell bewusst, wenn man frech wird. Walküren, Amazonen und so weiter – die weiblichen Judoka reihen sich an eine stolze Tradition. Mit Geschick und Stärke haben sie längst die Judomatte erobert und bewiesen, dass sie so zart, wie stets behauptet, eigentlich gar nicht sind.

33. GRUND

Weil allein das Können zählt

Kraft oder Gewicht spielen im Judo eine beinahe belanglose Rolle. Na ja, zumindest verhält es sich so in der Theorie. Jigorō Kanō, der Begründer des Kampfsports, war überzeugt, dass auch ein kleinerer und deutlich schwächerer Kämpfer gegen einen körperlich übermächtigen Gegner bestehen könne. Durch Geschick und Technik sei es nämlich möglich, auch wesentlich stärkere Athleten zu Fall zu bringen. Immerhin entspricht es einem wichtigen Grundsatz des Judo, den Schwung des Gegners ins Leere laufen zu lassen und in Form eines Wurfes gegen diesen selbst einzusetzen. Unabhängig davon, auf wessen Seite also die bloße Körperkraft überwiegen mag, entscheidend sollte letzten Endes nur sein, wer diese in seinem Sinne auszunutzen bzw. umzuleiten weiß.

In Japan glaubte man fest an dieses Prinzip, und so etwas wie unterschiedliche Gewichtsklassen kannte der Sport bis zu Beginn der 60er-Jahre darum auch nicht. Bei der dritten Weltmeisterschaft im Jahr 1961 kam es allerdings zu einem herben Schlag für die stolze Judo-Nation jenseits des Ozeans. Der legendäre Niederländer Anton Geesink behauptete sich entschlossen gegen die Vorherrschaft Japans und konnte Koji Sone im Finale eindeutig besiegen, nachdem er zuvor schon dessen Landsmänner Akio Kaminaga und Hitoshi Koga eliminiert hatte.

Wie soll man es ausdrücken? Japan war unangenehm berührt nach dieser Demütigung. Es wurde zwar glücklicherweise nicht das Kurzschwert zum Harakiri gezückt, doch die 1961er-Weltmeisterschaft in Paris sollte dann doch die letzte größere Meisterschaft bleiben, die ohne Gewichtsklassen ausgetragen wurde. Bei den ersten Olympischen Spielen im Jahr 1964 konnte man nun also im Leicht-, Mittel oder Schwergewicht antreten, was die japanischen Medaillenchancen deutlich erhöhte. Zusätzlich wurde aber weiterhin eine offene Klasse ausgetragen, der nach wie vor eine besondere Bedeutung zukam.

In Tokyo sollte es also zum großen Showdown kommen. Die Olympischen Spiele hatten durchaus eine erhebliche symbolische Bedeutung. Das unter dem Zweiten Weltkrieg gelittene Japan war in seinem Selbstvertrauen schwer erschüttert. Die Wunden saßen tief, und im Zuge des erstmals auf dem olympischen Parkett ausgetragenen Judobewerbs wollte das Ursprungsland dieser Kunst natürlich seine überragende Bedeutung in dem Sport unter Beweis stellen. Japan war David und der Westen Goliat, nicht nur, was die Größe der jeweiligen Gebiete betraf. Auch die Statur der Athleten erinnerte teilweise an das biblische Beispiel. Doch Kanō hatte gelehrt, dass solche Dimensionen keine Bedeutung haben mussten.

Letzten Endes besiegte der 1,98 m große Niederländer, der etwa 130 kg auf die Waage brachte, seinen deutlich schmächtigeren Kontrahenten Akio Kaminaga mit einem Festhalter. Nicht nur durch seine Größe und seine Kraft konnte Geesink jedoch überzeugen, auch durch seine hervorragende Technik wies er die japanische Konkurrenz in ihre Schranken. Den Erfolg hatte sich der Champion hart erarbeitet. Insgesamt holte er zweimal Gold bei Weltmeisterschaften und gewann nebenbei noch 21-mal die Europameisterschaft.

Obwohl das Gastland alle anderen drei Gewichtsklassen für sich entscheiden konnte, war die Niederlage in der Königsdisziplin äußerst schmerzlich. Auch acht Jahre später – 1968 gab es eine Unterbrechung – wurde die Judowelt in München erneut durch einen Niederländer auf den Kopf gestellt. Willem Ruska trat sowohl im Schwergewicht als auch in der offenen Klasse an und holte zweimal Gold. Die Niederlande tobten vor Begeisterung – in Japan war die Stimmung weniger enthusiastisch.

Erst beim dritten Anlauf stand Japan endlich auch in der offenen Gewichtsklasse ganz oben. Mit bescheidenen 1,74 m bezwang Haruki Uemura im Finale von 1976 den Briten Keith Remfry und schrieb Geschichte. Jigorō Kanōs Geist war damit wohl endlich besänftigt. Uemura hatte den Beweis angetreten: Größe bedeutete nichts.

Ab dem Jahr 1988 entschloss man sich dennoch, die offene Klasse nicht mehr länger auszutragen, da dort weitestgehend bloß noch Schwergewichtler antraten, die sich dadurch eine zusätzliche Medaillenchance verschafften.

Durch eine ausgezeichnete Technik, Schnelligkeit und taktische Finesse kann im Judo tatsächlich vieles kompensiert werden. Man muss aber dazusagen, dass sich Größe und Stärke bis heute keineswegs als Nachteil erwiesen haben. Zumindest was die obersten Gewichtsklassen betrifft – bei den Frauen +78 kg, bei den Herren +100 kg –, ist ein etwas hünenhafter Körperbau ein echter Pluspunkt.

34. GRUND

Weil man auf die Liste will

So mancher Judoka träumt davon, doch nur wenige werden dieses Ziel jemals wirklich erreichen. Eines schönen Tages den 10. Dan verliehen zu bekommen, ist die absolute Vollendung eines Judolebens. Die ehrwürdige Liste derer, die es geschafft haben, ist ausgesprochen kurz, doch umso exklusiver. Jeder einzelne der insgesamt zehn Dan- oder Meistergrade gleicht einer Stufe, die es zu erklimmen gilt – und jeder davon trägt seinen eigenen Namen. Der zehnte und letzte dieser Folge wird »Judan« genannt, der erste beispielsweise »Shodan«.

Der höchste Meistergrad ist im Judo nicht mehr schwarz – wie der Laie vielleicht vermuten würden –, sondern rot. Diese prächtigen Gürtel bekommt man jedoch kaum zu Gesicht, denn bis zum heutigen Tage wurde nur 15 Menschen auf der ganzen Welt vom

»Kōdōkan«, jener von Jigorō Kanō selbst gegründeten Judoschule, der Judan verliehen – allesamt Japaner – nebenbei bemerkt – und ausschließlich männlich.

Yoshitsugu Yamashita war der erste stolze Träger, was einer besonderen Auszeichnung entsprach. Ihm wurde im Jahre 1935 posthum von Kanō selbst der 10. Dan verliehen. Der große Judomeister unterrichtete unzählige Schüler in den Vereinigten Staaten. Er führte dort sogar den Präsidenten Theodore Roosevelt in die hohe Judo-Kunst ein.

Der Nächste in der Reihe war Hajime Isogai. Er lebte sogar noch, als ihm mit der Verleihung des Judan im Jahr 1937 größte Ehre zuteilwurde. Isogai war als hervorragender Bodenkämpfer bekannt und wurde von Kanō persönlich auserwählt, um weitere Judo-Trainer auszubilden, die in der Lage sein sollten, ihre Kunst angemessen weiterzutragen.

Hidekazu Nagaoka wurde ebenfalls 1937 zu den Höchsten der Hohen erhoben. Er galt als einer der legendärsten Wettkämpfer des Kōdōkan und war der letzte Judoka, dem noch von Jigoro Kanō selbst der Judan verliehen wurde.

Die Nummer vier der Graduierten war Kyūzō Mifune. Er schaffte es im Jahr 1945 auf die Liste der Judan-Träger. Mifune verfasste ein bemerkenswertes Lehrbuch mit dem Titel *Canon of Judo*. Dem Kampfkunst-Meister wurde sogar der »Order oft the Rising Sun« verliehen. Diese Auszeichnung verdeutlicht, welch überragenden Beitrag er für die generelle Entwicklung der japanischen Kultur und Gesellschaft geleistet hatte. Für viele gilt Mifune als der größte aller Judo-Techniker nach Jigorō Kanō selbst.

Und es geht weiter mit dem kurzen Memorandum: Kunisaburō Iizuka war – ebenso wie seine Vorläufer – eine Persönlichkeit, die sich um die Judo-Kunst sehr verdient gemacht hatte. Neben etlichen anderen Lehrtätigkeiten war Iizuka ab 1906 auch als Judolehrer an der »Keiō«, der ältesten japanischen Universität, tätig. Dort unterwies er ganze 38 Jahre lang eine Vielzahl von Schülern. Seine Lebensleistung wurde schließlich im Jahr 1946 mit der Verleihung des Judan gewürdigt.

Kaichirō Samura gelang im Jahr 1948 der beschwerliche und äußerst langwierige Aufstieg zum Judan. Er unterrichtete Judo unter anderem an mehreren Polizeischulen. Ab 1931 fungierte Samura als Lehrer beim Kōdōkan selbst.

Als siebentem Judoka überhaupt wurde Shotaro Tabata die höchste Graduierung zuerkannt. Er wurde – wie sein Vorgänger – ebenfalls noch im Jahr 1948 ausgezeichnet. Gemeinsam mit Hajime Isogai bildete er neue Judolehrer aus, um die Kunst in der Welt zu verbreiten.

Weiter geht es mit Kotaro Okano. 1967 war es bei ihm so weit. Neben einem der raren Träger des höchsten Meistergrades war er zugleich der erste Absolvent der »Budo Senmon Gakko«, einer bedeutsamen Schule für asiatische Kampfsportarten. Er konnte sich selbst jedoch – wie viele seiner Genossen – nicht mehr über die neue Graduierung freuen. Auch Okano verschied bereits vor seiner Erhöhung zum 10. Dan.

Der Neunte auf der stolzen Liste der Judan-Träger war Matsutarō Shōriki. 1969 wurde ihm posthum der letzte Dan-Grad verliehen. Shōriki gilt als einziger nicht professioneller Judoka, der auf diese beachtenswerte Stufe erhoben wurde. Er war unter anderem Polizeidirektor und Eigentümer einer bedeutenden japanischen Tageszeitung, der *Yomiuri Shimbunsha*. Außerdem führte er mit der Nippon Television Network Corporation die erste kommerzielle japanische Fernsehanstalt und initiierte den Start einer professionellen japanischen Baseball-Liga. Shōriki hatte ein recht aufregendes Leben. Er überlebte sogar ein Attentat von rechten Nationalisten, denen es missfiel, dass er es Ausländern ermöglichte, im Meiji-jingū-Stadium Baseball zu spielen. Dabei trug er eine etwa 16 Zoll lange Narbe durch ein Breitschwert davon. Shōriki wurde als bekannte Persönlichkeit sogar in das japanische Repräsentantenhaus gewählt.

Shōzō Nakano erhielt seinen Judan ebenfalls erst posthum im Jahr 1977. Er bemühte sich in beispielhafter Weise um die Verbreitung des Kōdōkan-Judo in der Welt. Nakano war neben etlichen anderen Tätigkeiten auch Judomeister der Polizei des kaiserlichen Palastes. Berühmt war er für seine besonders ausgereifte Wurftechnik des Uchi-Mata.

An elfter Stelle der Liste steht Tamio Kurihara. Auch er wurde 1979 erst nach seinem Tod graduiert. Kurihara war ein Absolvent der Budo Senmon Gakko und ein erbitterter Wettkämpfer.

1984 folgte dann die Verleihung des 10. Dan an Sumiyuki Kotani. Dieser war, wie schon einige seiner Vorgänger, ganz besonders um die weltweite Förderung des Judo bemüht. Der stolze Meister war ein wichtiger Trainer am Kōdōkan und darüber hinaus auch Vize-Präsident der 1949 gegründeten All Japan Judo Federation.

Eine weitere Größe der Judo-Kunst wurde mit Toshirō Daigo erst 2006 durch die Beförderung zum 10. Dan geehrt. Gemeinsam mit seinen beiden nachfolgenden Kollegen ist er einer von nur drei derzeit noch lebenden Trägern des vom Kōdōkan verliehenen Judan. Daigo war Haupttrainer an Kanōs ehrwürdiger Judoschule und für lange Zeit internationaler Kampfrichter. 1951, 1952 und 1954 gewann er die prestigeträchtigen All Japan Judo Championships. Daigo war also keinesfalls nur Theoretiker.

Ichirō Abe wurde ebenfalls 2006 graduiert. Bei seiner Erhöhung war er – 1923 geboren – der älteste Mann, dem diese Ehre je zuteilwurde. Er reiste in seinen früheren Jahren viel durch Europa und fungierte daher auch als Leiter der internationalen Abteilung des Kōdōkan. Außerdem war Abe internationaler Vorsitzender der All Japan Judo Federation und für eine Weile auch Nationaltrainer in Belgien.

Die letzte der drei Judo-Ikonen, die 2006 in den Rang des 10. Dan erhoben wurden, war Yoshimi Ōsawa. Er gewann 1948 ein großes Turnier in Fukuoka, wo er sich gegen den Sieger der letzten All Japan Judo Championships durchsetzen konnte. Der Judomeister war sowohl ein gefürchteter Kämpfer als auch ein herausragender

Techniker. Bekannt und gefürchtet war er insbesondere für seine unglaublich starken Beintechniken. Ōsawa machte sich um die Förderung des Frauen-Judo sehr verdient.

Das waren sie also, die stolzen 15 Namen der Kōdōkan-Meister. Allerdings werden nicht nur von der alten japanischen Judoschule Athleten zum 10. Dan graduiert. Auch die International Judo Federation ließ bereits drei Männern diese Ehre zukommen. Anton Geesink, der erste nicht-japanische Weltmeister aus den Niederlanden, wurde auf diese Weise 1997 graduiert. Der Brite Charles Palmer – ehemaliger Präsident der IJF – wurde 1999 zum Judan befördert. Als einziger derzeit noch Lebender dieser drei durfte sich der Schotte George Kerr 2010 über seinen 10. Dan freuen. Er war unter anderem Kampfrichter bei den Olympischen Spielen von 1972 und 1976 und außerdem Vize-Präsident der IJF.

Darüber hinaus wurde noch mehreren äußerst verdienten Persönlichkeiten von den jeweiligen nationalen Verbänden ein Judan verliehen. Erwähnenswert ist an dieser Stelle zumindest die Japanerin Keiko Fukuda. 2011 machte der amerikanische Judoverband die damals 98-Jährige zur ersten Frau, die diesen Meistergrad je verliehen bekam. Sie war bis zu ihrem Tod 2013 die letzte noch lebende Schülerin von Jigorō Kanō. Vom Kōdōkan wurde ihr – ebenfalls als erster Frau – schon 1972 der 6. Dan (Rokudan) verliehen, 2006 dann der 9. (Kudan). Bis dahin bestand das ausdrückliche Verbot, Graduierungen über dem 5. Dan an Frauen zu vergeben. Ihr Judan wurde bis heute übrigens weder von der IJF noch vom Kōdōkan offiziell anerkannt.

Mit anderen Worten: Nicht traurig sein, falls das Durchhaltevermögen dann doch nicht für die absolute Spitze der Gürtelgrade reicht. Selbst als Mann hat man es da nämlich nicht leicht. Gelingt es dennoch, befindet man sich jedenfalls in einer wirklich auserlesenen Gesellschaft, und wenn nicht, sollte man es mit Fassung tragen. Bis zu einem gewissen Grad ist der mächtige Judan ohnehin nur eine Alterserscheinung.

35. GRUND

Weil man sich besser beugt, als zu brechen

Judo ist ursprünglich aus dem Ju-Jitsu des alten Japan erwachsen. Erst durch umfangreiche Ausdifferenzierung entwickelten sich die einstigen Techniken der Samurai zu unserem heutigen Judo. Der recht junge Sport hat also eine durchaus lange Geschichte hinter sich und ist über die Jahrhunderte hinweg zu einer bemerkenswerten Kunst gereift. Nach aufwendiger Adaption und Verfeinerung der alten Praktiken trat schließlich gegen Ende des 19. Jahrhunderts die stolze Schule des Kōdōkan-Judo von Jigorō Kanō hervor. Die Prinzipien des Ju-Jitsu bilden daher im Wesentlichen auch die Grundlage des Judo. »Siegen durch Nachgeben«, so beschreibt man am treffendsten das Wesen der Judokunst. Es gilt, die Kraft des Gegners gegen ihn selbst einzusetzen und sich während eines Kampfes auf kein reines Kräfteringen einzulassen.

Eine Legende über die Entstehung der Urform des Judo, also des Ju-Jitsu, spricht von den aufmerksamen Beobachtungen eines Arztes mit dem Namen Akiyama Shirobei Yoshitoki. Der geheimnisvolle Mann studierte offenbar längere Zeit in China und galt als wahrer Meister der Selbstverteidigungskunst. Angeblich bemerkte er eines Tages, wie im Winter nach starkem Schneefall die Äste seines Kirschbaumes unter der schweren Last brachen. Seine Weide bog ihre Zweige hingegen so lange hinunter, bis der Schnee einfach von selbst abglitt. Diese Weisheit – sei die dahinterstehende Geschichte nun erfunden oder nicht – hat sich das Judo zu eigen gemacht. Der Kämpfer folgt somit dem Scharfsinn eines Baumes. Auch er zieht es vor, sich zu biegen, anstatt zu brechen – fraglos ein sinnvoller Ansatz.

36. GRUND

Weil die Olympischen Spiele rufen

Es gibt keine größere Zier für die eigenen sportlichen Leistungen, als der ersehnte Stockerlplatz bei den Olympischen Spielen. Judo – von Beginn an als Wettkampfsport erdacht – debütierte im Jahr 1964 in Tokyo als eigene Disziplin unter dem Banner der fünf Ringe. Bei den nächsten Spielen in Mexiko-Stadt fehlten die recht brüskierten Kämpfer allerdings schon wieder auf dem olympischen Parkett. Das IOC sprach sich nämlich mit 37 Negativ-Stimmen gegen die Austragung des japanischen Zweikampfsystems aus. Dieser beinahe unverzeihliche Frevel wurde 1972 aber rasch korrigiert. Seit den Spielen in München ist Judo ein fester Bestandteil des olympischen Wettkampfs und steht mittlerweile kaum in der Gefahr, seinen angemessenen Platz wieder zu verlieren.

Ansonsten sieht es bei den asiatischen Kampfkünsten allerdings eher mager aus. Aikidō, Hapkido, Kung-Fu, Sumō oder auch die Schwertkünste Kendō und Iaidō – um nur ein paar wenige zu nennen – erscheinen wohl zu heikel oder schlicht zu unpopulär für einen Olympiaauftritt. Es gibt aber durchaus auch Positives zu berichten: Taekwondo erhielt immerhin mit dem Millennium in Sydney die Ehre, und Karate-Duelle sollen schon 2020 erstmals in Tokyo ausgetragen werden, wie bereits damals das glückliche Judo. Es geht also in die richtige Richtung – und Japan weist den Weg.

Das erfolgreichste Land beim olympischen Judoauftritt ist – welche Überraschung – Japan. So gehört es sich wohl auch für die stolze Nation, die mit Jigorō Kanō den Vater des Judo hervorgebracht hat. Ganze 84 Medaillen wurden von dem Inselstaat bis einschließlich 2016 erkämpft, und davon ganze 39 in makellosem Gold. Beeindruckende Leistung!

Deutschland konnte bislang – Stand 2016 – immerhin 20 Platzierungen holen, davon drei erste Plätze. Der kleine Bruder Österreich durfte bei fünf Spielen seine Athleten auf dem Podest bejubeln. Zweimal erklang *Land der Berge, Land am Strome* in den olympischen Dörfern von Los Angeles und Seoul und krönte damit das hart erkämpfte Judo-Gold. Die Schweiz holte in ihrer Judogeschichte Gold, Silber und zweimal Bronze.

Doch wie sieht es mit den einzelnen Judoka aus? Der erfolgreichste Athlet, ebenfalls ein Japaner – wie könnte es anders sein – war ein strammer Bursche. Ganze drei Goldmedaillen steuerte Tadahiro Nomura der beneidenswerten Statistik bei. Auf die billigen Metalle verzichtete er dabei vollkommen. Von 1996 bis 2004 dominierte er die Gewichtsklasse bis 60 Kilogramm und zog sich erst 2015 aus dem Profisport zurück.

Die Japanerin Ryōko Tani ist mit zwei Goldenen, zwei Silbernen und einer Bronzemedaille die erfolgreichste Frau unter den Judokämpferinnen, was den Olympia-Auftritt betrifft. Die eine Goldene, die sie Nomura nachhängt, wird sie aber zweifellos verschmerzen. Immerhin kann Ryōko sich mit sieben Weltmeistertiteln in der Klasse bis 48 Kilo trösten. Den letzten davon schnappte sie sich erst 2007. Mittlerweile hat sich das Ausnahmetalent allerdings aus dem Sport zurückgezogen und den obersten Platz am WM-Podest wieder freigegeben.

3. KAPITEL

HELDEN UND ANTIHELDEN

37. GRUND

Weil ein kleiner Salzburger Peking rockte

Im Jahr 2008 war es für den turniererfahrenen Athleten der Judo Union Flachgau endlich so weit. Das international bereits hoch erfolgreiche Leichtgewicht aus Salzburg holte bei den olympischen Spielen im Reich der Mitte Silber und wertete damit den österreichischen Medaillenspiegel entschieden auf.

Bei den Sommerspielen sieht es für das Land der Berge ja meistens eher dürftig aus, doch umso mehr freute sich die Ski-Nation über die Ehrenrettung aus Straßwalchen. Neben zwei Bronzemedaillen glänzte »Lupo« Paischers zweiter Platz wie Gold und löste damit zu Hause regelrechte Begeisterungsstürme aus.

Dieser grandiose Erfolg war ein echter Schlüsselmoment für die endlich in Gang geratene Popularitätssteigerung des österreichischen Judo. Für ein paar Wochen waren der Olympionike aus Salzburg sowie der Judo-Sport in aller Munde, und noch heute zehrt man von diesem Triumph. Es war also keine kurze Sommerliebe, auch wenn die Leidenschaft mittlerweile wieder etwas abgeflaut ist.

Der sympathisch-bodenständige Kämpfer holte übrigens auch zwei Platzierungen bei Weltmeisterschaften, Silber in Kairo 2005 und Bronze in Rio de Janeiro 2007. Zudem erkämpfte er sich insgesamt sieben Mal einen Podestplatz bei Europameisterschaften – jedes Mal in der gewohnten Gewichtsklasse bis 60 kg. Breite Bekanntheit verschaffte ihm aber erst sein glanzvoller Auftritt in Peking.

Auf keinen Fall vergessen darf man an der Stelle auch die Olympiaheldin von 2004. In der Klasse bis 63 kg gewann Claudia Heill nämlich nur vier Jahre vor Paischer in Athen ebenfalls Silber. Etwas weniger Aufmerksamkeit gab es dafür bloß deshalb, weil Österreich damals mit sieben Medaillen ohnehin recht gut dastand. Doppelter Goldsegen durch Kate Allen im Triathlon und das Segelteam, bestehend aus Roman Hagara und Hans-Peter Steinacher, lenkten ein wenig vom Judoerfolg ab. Daher wurde Heills überragende Leistung nicht gleichermaßen gewürdigt. Stolze fünf Mal erstritt das österreichische Sporttalent zudem Medaillen bei Europameisterschaften.

Tja, nichts glänzt so sehr wie olympisches Edelmetall, daran besteht kein Zweifel. Es ist die absolute Krönung für jeden Wettkämpfer und lässt die Sportlerherzen höherschlagen. Sabrina Filzmoser war dieser Erfolg leider nicht vergönnt, dennoch zählt sie ebenfalls zu den erfolgreichsten österreichischen Athletinnen. Zwei Bronzemedaillen bei Weltmeisterschaften und insgesamt ganze neun bei Europameisterschaften hat sie bereits in der Klasse bis 57kg erobert. 2008 und 2011 holte Filzmoser dabei sogar Gold. Damit hat sie einiges vorzuweisen, nur bei den Spielen wollte offenbar immer das rechte Glück fehlen, und ein Quäntchen davon macht eben oft den kleinen, aber feinen Unterschied.

Es bleibt nur zu hoffen, dass das kleine, aber hoch motivierte österreichische Judo-Team an den letzten großen Welterfolg von Ludwig Paischer anknüpfen kann. In Anbetracht der bescheidenen Größe und der noch bescheideneren Mittel, die für die Förderungen der hiesigen Talente zur Verfügung gestellt werden, sind die Resultate jedenfalls mehr als eindrucksvoll.

Die Jugend lässt definitiv Potenzial erkennen. Judo könnte sich in Österreich damit durchaus als zukunftsträchtig herausstellen – vielversprechender womöglich, als der bislang recht unbefriedigende Versuch, das Land als große Fußballnation zu etablieren.

38. GRUND

Weil die Mächtigen Schwarz tragen

Der langjährige russische Präsident Wladimir Putin zählt wohl zu den bekanntesten Judokämpfern der Gegenwart. Noch immer lässt er sich bei der einen oder anderen Gelegenheit in seinem schmucken Kimono ablichten und donnert seine Partner dabei medienwirksam auf die Matte. Putin ist auch gar nicht schlecht, sondern ein mehr als solider Judoka, insbesondere für sein Alter.

Über seinen nicht allerorts besonders geschätzten Politikstil darf man natürlich trefflich streiten. Unabhängig davon ist der russische Staatsmann wahrscheinlich der erfolgreichste Judoka aller Zeiten – nicht im Judo selbst wohlgemerkt, dafür fehlte vermutlich auch die Zeit. Unter anderen Aspekten ist Putins Lebensleistung allerdings durchaus beachtlich. Sein Einfluss reicht weit, und einige persönliche Erfolge kann man ihm unmöglich absprechen.

2012 wurde Putin als erstem Russen von der International Judo Federation – dort ist er seit 2008 Ehrenpräsident – der 8. Dan verliehen. Eine große Ehre also für das nicht ganz unumstrittene Staatsoberhaupt. Böse Zungen behaupten jedoch, er habe den hohen Gürtel nicht allein wegen seiner exzellenten Leistungen auf dem Gebiet des Judo erhalten. Unerhört!

Weniger bekannt ist übrigens, dass Putin seine Lenden seit dem Jahr 2013 auch im Taekwondo-Dojo mit dem 9. Dan schmücken darf. Während es im Judo genau zehn Meisterstufen gibt, ist in der Kampfkunst Taekwondo der 9. Dan bereits die höchste überhaupt zu erreichende Graduierung. Hier ein kleiner Exkurs, um das Ganze einmal in Relation zu setzen: Chuck Norris, der knallharte Schweinehund und Begründer einer ganzen Tradition von Witzen, hat es bis heute nur zum 8. Meistergrad in Taekwondo gebracht. Putin steht hier also noch eine Stufe über ihm. Kaum zu glauben, aber wahr.

2013 wurde Putin vom *Forbes Magazin* sogar zum mächtigsten Mann der Welt gekürt, und das daraufhin vier Mal in Folge, bis er schließlich von dem chinesischen Präsidenten Xi Jinping abgelöst wurde. Der ehemalige KGB-Agent ist außerdem nicht gerade ein armer Schlucker – auch wenn die persönlichen Angaben über seinen Vermögensstand etwa um den Faktor einer Million von diversen

Schätzungen abweichen. Letztere bewegen sich nämlich im Bereich zwischen 40 und 200 Milliarden US-Dollar, wobei die Eigenangaben auf nahezu lächerliche Weise untertrieben scheinen. Mit welcher Zahl Putins Privatvermögen nun auch genau zu beziffern sein mag, er muss jedenfalls kaum in übermäßiger Armut darben.

Man könnte nun unterstellen, dass es der Präsident mit der Unterscheidung zwischen Staatshaushalt und der eigenen Börse womöglich nicht so eng sieht. Aber wer würde sich schon zu solchen Spekulationen hinreißen lassen? Zweifellos ist der mächtige Mann aus Moskau wegen seiner nicht immer sonderlich diplomatischen Politik eine Schreckgestalt des Westens. Doch ganz perfekt ist schließlich niemand. Außerdem war es bestimmt nicht der Judo-Sport, der Putin zu dieser moralischen Freizügigkeit erzogen hat.

Der berühmt-berüchtigte Kreml-Chef beehrte Österreich übrigens bei der Judo-EM 2010 und kam dafür extra nach Wien. Dieser Sport liegt ihm offenbar wirklich am Herzen. Einige Kampfrichter waren durch die strengen Blicke vonseiten der Ehrentribüne allerdings so irritiert, dass es gar nicht so einfach erschien, an diesem denkwürdigen Tag gegen einen Russen eine Wertung zu erzielen. Eine solche für einen russischen Athleten abzugeben, ging dafür umso schneller. Die Moskauer Kraftpakete waren also definitiv gestärkt durch diese psychologische Rückendeckung.

Dennoch gelangen aber auch österreichischen Sportlern bemerkenswerte Heimerfolge. Sabrina Filzmoser holte Silber in der Klasse bis 57 kg, Ludwig Paischer erkämpfte sich ebenfalls einen zweiten Platz bis 60 kg und Andreas Mitterfellner konnte nach einem sekundenschnellen Sieg im Semifinale den stolzen dritten Platz erringen. Es dauerte nur 14 Sekunden, dann legte der Obersteirer den Rumänen Dan Gheorghe Fasie mit Ippon auf die Matte.

Die russischen Sportlerinnen und Sportler blieben trotz alledem, was für sie sprach, für einige Beobachter hinter den hohen Erwartungen zurück. Immerhin ist das Land im Nordosten Eurasiens wirklich groß – der größte Staat der Erde, um genau zu sein – und mit seinen rund 150 Millionen Einwohnern auch im internationalen Judo-Sport ein wichtiger Player. Natalja Kusjutina holte bis 52 kg Gold, Vera Koval schnappte sich die Bronzemedaille bis 63 kg, und Tea Donguzashvili durfte mit Silber im Gepäck die Heimreise antreten. Sie war in der Klasse plus 78 kg angetreten.

Bei den Herren gewann Sirazhudin Magomedov die Gewichtsklasse bis 81 kg, und Batradz Kaitmazov konnte sich über den zweiten Platz bis 73 kg freuen. Außerdem erkämpften sich die Russen im Teambewerb die Bronzemedaille.

Im Jahr davor erstritten Russlands Söhne und Töchter allerdings ganze acht Medaillen, davon fünf in makellosem Gold. 2009 krönten sie ihre Heimat mit diesem hervorragenden Ergebnis noch zum erfolgreichsten Land bei der EM.

Wie überragend oder enttäuschend die russische Delegation sich aber auch für die Kommentatoren geschlagen haben mag, spielt eigentlich keine wesentliche Rolle. Entscheidend ist vielmehr, dass der starke Mann mit dem Schwarzgurt ganz offenkundig ein überzeugter und treuer Anhänger der Judokunst ist. Es wäre natürlich zu viel gesagt, sein Erfolg müsste allein auf die Betätigung in diesem spannenden Sport zurückgeführt werden. Judo vermittelt sicherlich einige Qualitäten, die für den persönlichen Werdegang von Bedeutung sind, etwa Durchhaltevermögen und Zielgerichtetheit, aber es bewirkt eben auch keine Wunder.

Es stellt sich dennoch die Frage, wo der russische Staatspräsident heute stehen würde, wenn er ein weniger erfolgreicher Kampfsportler gewesen wäre – oder aber ein wesentlich erfolgreicherer. Bestimmt führen solche Gedankengänge zu interessanten Erwägungen, aber die Antwort darauf liegt wohl in den Sternen.

39. GRUND

Weil gelang, was niemand für möglich hielt

Die Schweiz ist nicht unbedingt als große Judo-Nation bekannt. 1976 sorgte Jürg Röthlisberger aber für einen Triumph, mit dem eigentlich niemand gerechnet hatte. Er holte in Montreal in der Klasse unter 93 kg olympisches Edelmetall. Bronze sollte es damals immerhin werden, und in dieser hübschen Legierung funkelte die ganze Hoffnung der heimischen Judofreunde. Vier Jahre später eroberte die Schweiz dann tatsächlich den Judoolymp und erkämpfte mit Röthlisberger Gold in Moskau. Es hatte zuvor eine Veränderung bei den Gewichtsklassen gegeben, und der Züricher Judoka konnte nun in der für ihn ideal gesetzten Kategorie bis 86 kg zu dem Bewerb antreten.

Im Finale setzte er sich gegen den Kubaner Isaac Azcuy durch. Damit gelang ihm, was zuvor noch keinem seiner Landsmänner oder Landsfrauen gelungen war: ein Sieg bei der Olympiade und damit die Krönung einer jeden Sportlerkarriere. Für ganze vier Jahre stand die Schweiz also an der Spitze und hatte damit bewiesen, dass sie im Judo eine Gewalt war, mit der man stets zu rechnen hatte. Röthlisberger holte im Jahr 1980 das einzige olympische Judogold für das kleine mitteleuropäische Land nach Hause, und bis heute konnte ihm dabei keiner seiner Landesgenossen und Landesgenossinen nachfolgen. 1979 wurde das Schweizer Judowunder außerdem Europameister. Weltmeistertitel konnte aber bis heute noch kein einziger von der Nation gewonnen werden.

Heute spielt Judo für Jürg Röthlisberger keine wichtige Rolle mehr. Schon 2014 hat es den Rentner nach Spanien gezogen, wo ihm das Klima eher zusagt als in seiner frostigen Heimat. Sein kämpferisches Leben war schon aufregend genug, weshalb ihm nun ein wenig Ruhe vermutlich ganz gelegen kommt. Im Rahmen eines

Showkampfes kämpfte Röthlisberger 1976 sogar gegen einen etwa 150 kg schweren Bären, dem man Boxhandschuhe angelegt und einen Beißkorb umgebunden hatte. Glücklicherweise überstand er dieses ungewöhnliche Abenteuer aber ohne gröbere Verletzungen – sonst hätte die streitbare Bärendame »Yogi« die Schweiz ihres größten Judoerfolges beraubt.

Auch früher konnte die Schweiz bereits im Judo auftrumpfen, auch wenn es dabei noch nicht für die Spitze des Siegertreppchens gereicht hatte. 1964 gelang Eric Hänni in Tokyo, bei den ersten olympischen Judowettkämpfen überhaupt, der spektakuläre zweite Platz. Geschlagen geben musste er sich damals in der Klasse bis 68 kg nur dem unbezwingbaren Japaner Takehide Nakatani.

Erst 2008 erkämpfte Sergei Aschwanden in Peking eine olympische Bronzemedaille bis 90 kg. 2003 war er in der Klasse bis 81 kg bereits Vize-Weltmeister geworden und zwei Jahre zuvor immerhin Dritter. Außerdem holte Aschwanden zweimal Gold bei der Europameisterschaft.

Nur eine einzige olympische Goldmedaille hat die Schweiz bislang vorzuweisen, aber einmal ist – dem bekannten deutschen Sprichwort zuwiderlaufend – eben doch bedeutend besser als keinmal. Man hat damit aufgezeigt, dass man es kann. Der nächste große Sieg erscheint daher nur als eine Frage der Zeit. Junge, motivierte Sportler braucht es dafür, die verstehen, dass derartige Erfolge nur mit Blut, Schweiß und Tränen erarbeitet werden.

40. GRUND

Weil aller guten Dinge vier sind

Eine ganze Menge an Medaillen konnte das sportliche Deutschland schon bei den Olympischen Spielen im Judo erringen. Das heiß ersehnte Gold bleibt jedoch nach wie vor eine echte Rarität.

1984 erkämpfte Frank Wieneke in Los Angeles den ersten Platz in der Gewichtsklasse bis 78 kg und setzte 1988 in Seoul mit einer zusätzlichen Silbermedaille sogar noch eins drauf. Der in Hannover geborene Athlet stand zudem dreimal bei der Europameisterschaft auf dem Podest und schnappte sich im Jahr 1986 auch hier seine hart verdiente Goldmedaille.

Der nächste höchst erfolgreiche Sportsmann in der stolzen Olympiageschichte des deutschen Judo war Udo Quellmalz. Der gebürtige Leipziger wurde 1996 in Atlanta Olympiasieger in der Klasse bis 65 kg. 1992 hatte er in Barcelona mit einem dritten Platz bereits ein solides Fundament für diesen Triumph gelegt. Ganze viermal stand Quellmalz bei der Weltmeisterschaft auf dem Treppchen und gewann 1991 und 1995 sogar Gold. Kurzzeitig betreute er als österreichischer Nationaltrainer auch Vize-Olympiasieger Ludwig Paischer und Europameisterin und WM-Dritte Sabrina Filzmoser.

Frank Wieneke führte, als Deutschlands erster Goldjunge im Judo-Sport, später auch Ole Bischof als Trainer zu olympischen Ehren. Bischof holte 2008 in Peking nämlich eine weitere Gold-Medaille. Er trat dabei in der Klasse bis 81 kg an. 2012 folgte in London noch eine Silbermedaille. Dieses Mal unterlag er dem nunmehrigen südkoreanischen Doppelweltmeister Kim Jae-bum, der auch schon im Jahr 2008 sein Finalgegner gewesen war. 2005 wurde Bischof Europameister und 2009 Dritter bei der Weltmeisterschaft. Er war ein verbissener Kämpfer – zweifellos. Dem knallharten Medienwunder Stefan Raab musste er sich 2008, gerade im Jahr seines größten Erfolgs, aber dennoch geschlagen geben. In der TV-Show *Schlag den Raab* zerstörte der Entertainer den Olympiasieger regelrecht mit einer Endwertung von 63 zu 3 Punkten. So deutlich war bisher noch keiner seiner Gäste abgehängt worden. Nur beim Luft-Anhalten und beim Buchstabenzählen von vorgegebenen Wörtern konnte sich der Judoka durchsetzen. Tja ... Schuster bleib bei deinem Leisten!

So viel also zum deutschen Judo-Triumvirat der Herren. Auch eine ausgesprochen kampftüchtige Dame konnte jedoch, gerade im geschichtsträchtigen Athen, ihre sportliche Karriere mit olympischem Gold veredeln. 2004 gewann Yvonne Bönisch im Mutterland der Spiele die Gewichtsklasse unter 57 kg. Im Finale bezwang sie dabei die amtierende nordkoreanische Weltmeisterin und Olympiasiegerin von 1996 Kye Sun-hui. Bönisch wurde zweimal Vize-Weltmeisterin und auch zweimal Vize-Europameisterin. Bis zum heutigen Tage bleibt sie die einzige Frau, die jemals für Deutschland olympisches Judo-Gold erstreiten konnte. Deshalb ist diese Medaille von ganz besonderer Bedeutung, und sie bestärkt hoffentlich noch die eine oder andere talentierte Athletin, dem beeindruckenden Beispiel von Yvonne Bönisch mit aller Kraft nachzueifern.

Vier golden schimmernde Olympiamedaillen sind wahrlich nicht zu verachten – und man möchte natürlich auch keinesfalls maßlos erscheinen ... Andererseits wären zwei weitere Titel für die Damen vielleicht doch noch dringend nötig, um eine entsprechende Geschlechterparität herzustellen. Ausruhen darf man sich auf den vergangenen Lorbeeren jedenfalls nicht, auch wenn diese niemals verwelken oder jemals vergessen sein werden. Der Traum vom olympischen Siegeskranz bleibt, zumindest bei den leidenschaftlichsten Wettkämpfern, immer im Hinterkopf – und bei den vielen Wettkämpferinnen verhält sich das nicht anders.

41. GRUND

Weil zu viel Kaffee gefährlich sein kann

»Sei doch kein Mu – sel – mann, der ihn nicht las – sen kann!« Mit dieser nicht mehr ganz zeigemäßen Wortwahl äußerte sich der Mitte des 19. Jahrhunderts verstorbene Komponist Carl Gottlieb Hering warnend über das beliebte koffeinhaltige Heißgetränk.

Schon seit einer gefühlten Ewigkeit streiten sich Forscher darum, wie gesund oder ungesund der Konsum von Kaffee nun für den Menschen sein soll, und widerlegen dabei die jeweils gegnerischen Thesen praktisch im Jahresrhythmus. Herings durchaus eingängiger Kanon wurde mittlerweile aus den Liederbüchern verbannt, und die einstigen Schulklassen, die noch vor wenigen Jahrzehnten im Stakkato den bösen K-A-F-F-E-E verdammt haben, sind verstummt. Doch die Frage, wie wohltuend sich der aufgebrühte Wachmacher tatsächlich auf den Körper auswirkt, wurde wohl noch nicht endgültig beantwortet.

Eines ist jedenfalls sicher: Dem mongolischen Judoka Bachaawaagiin Bujadaa ist die Lust am gepflegten Morgenkaffee gründlich verleidet worden. Bei den Olympischen Spielen von 1972, die damals in München stattfanden, schrieb sich Bujadaa nämlich durch einen recht unerfreulichen Zwischenfall in die Geschichte des Sports ein. Der bemitleidenswerte Kerl, dessen Name echte Zungenbrecherqualitäten besitzt, war der erste Judoka, der jemals wegen Dopings disqualifiziert wurde. Zuvor hatte er im Leichtgewicht noch den glanzvollen zweiten Platz erkämpft. Aufgrund seines übermäßigen Koffeinkonsums, durch den er sich vermutlich eine erhöhte Leistungsfähigkeit erhofft hatte, wurde ihm seine Silbermedaille nachträglich aberkannt.

Man kann an der Stelle allerdings schon wieder Entwarnung geben. Ob Espresso, Cappuccino oder in welcher raffinierten Weise auch immer man seinen Kaffee sonst so schätzt, dieser Tage wird das heiß geliebte Bohnengebräu niemandem mehr missgönnt. Im Jahr 2004 wurde Koffein vollständig und ohne verbleibende Grenzwerte von der Dopingliste gestrichen.

42. GRUND

Weil Judo für Toleranz steht

Saudi-Arabien erscheint aus westlicher Sicht als ein überaus wundersames Land. Frauen haben es dort ebenso wie säkulare Bevölkerungsteile oft schwer, in der Gesellschaft durchzudringen und ihren Platz zu beanspruchen. Das Kopftuch und der Hidschāb spielen in weiten Teilen des Orients eine wichtige Rolle. Die Verschleierung ist Teil der Kultur und mancherorts auch religiös oder gar staatlich geboten. Für den Sport sind derartige Kleidungsstücke allerdings eher hinderlich.

Mittlerweile regt sich aber etwas in dem konservativen Königreich mit seinen über 30 Millionen Einwohnern. Seit Juni 2018 dürfen saudische Frauen nun sogar hinters Steuer. Damit wurde sicherlich ein entscheidender Wendepunkt eingeleitet. Das absolutistische Regime verändert sich, alte Strukturen werden bereits aufgebrochen, doch der Wüstenstaat auf der arabischen Halbinsel gibt dabei sein eigenes Tempo vor.

Der Judo-Sport hat schon bei den Olympischen Spielen in London seinen historischen Beitrag geleistet und zumindest für einen Erfolg versprechenden Anfang gesorgt, um die weibliche Sportelite Saudi-Arabiens endlich aus ihrer Isolation zu befreien. 2012 wurden nämlich, erstmals in der Geschichte des streng islamischen Landes, zwei Frauen für die Spiele nominiert. Der in den USA lebenden Leichtathletin Sarah Attar und der Judokämpferin Wojdan Shaherkani wurde diese besondere Ehre zuteil. Shaherkani war bei ihrem Auftakt die erste jemals von Riad entsandte Olympionikin. Auf internationaler Ebene war sie bis dahin noch ein unbeschriebenes Blatt.

Bis zu ihrem Kampf gab es aber noch eine kleine Hürde zu umschiffen: Der traditionelle Körperschleier ist in Saudi-Arabien für jede Frau verpflichtend zu tragen. Im Judo ist das zusätzliche Kleidungsstück allerdings regelwidrig. Diese Asymmetrie sorgte natürlich medial für großes Aufsehen. Unverhüllt wollte die Kämpferin jedenfalls unter keinen Umständen auf die Matte gehen. Das hätte mit Sicherheit religiöse Empfindlichkeiten verletzt und viele Saudis vor den Kopf gestoßen. Bis zuletzt musste man also noch um ihre Teilnahme bangen.

Der Körperschleier sollte fallen, insbesondere, weil dieser unter Umständen auch zu Verletzungen führen könnte. Nach den Verhandlungen zwischen dem Internationalen Olympischen Komitee (IOC), dem Judo-Weltverband (IJF) und der saudischen Delegation kam letzten Endes ein gangbarer Kompromiss zustande, der Shaherkanis Teilnahme doch noch sichern konnte. Jedes andere Ergebnis wäre ein herber Schlag für die Londoner Spiele gewesen, nachdem man die euphorische Ankündigung über den Start der saudischen Athletin sonst wehmütig zurücknehmen hätte müssen.

Die erst 16-jährige Kämpferin startete bei ihrem Olympiakampf also mit einem eigens für diesen Zweck angefertigten Kopftuch, das irgendwie an eine Badehaube erinnerte, und stellte sich in der Gewichtsklasse über 78 kg ihrer Konkurrentin aus Puerto Rico. Nachdem sich Shaherkani nicht auf regulärem Weg über entsprechende Erfolge bei anderen internationalen Wettkämpfen qualifizieren konnte, war sie vom IOC per Wildcard eingeladen worden. Die mangelnde Erfahrung war der jungen Sportlerin allerdings anzusehen. Gegen die damals Weltranglisten-13. Melissa Mojica hatte sie nicht viel zu melden. Nach weniger als eineinhalb Minuten war der gespannt verfolgte Kampf auch schon wieder vorbei – ein recht kurzes Vergnügen also. Trotzdem war die bloße Teilnahme bereits ein wichtiger kleiner Schritt für die saudische Sportwelt.

Mit Attar und Shaherkani als ersten saudi-arabischen Starterinnen bei einem olympischen Wettkampf wurde von dem drakonisch regierten Land eine lange überfällige Lücke geschlossen. Es war bis zu diesem Zeitpunkt die letzte Nation, die sich vehement dagegen gesträubt hatte, auch Frauen bei dem bedeutenden Bewerb antreten zu lassen – und wieder einmal konnte Judo dabei beweisen, dass Respekt und Toleranz in diesem Sport keine leeren Worthülsen sind. Es gibt Grenzen, die in keinem Fall überschritten werden dürfen, und doch ist immer alles dafür zu tun, den verbindenden Aspekt dieser Kampfkunst zu zelebrieren und niemandem dem Zutritt zu verwehren.

Proteste von besonders konservativen Kreisen des islamischen Königreichs blieben allerdings nicht aus. Offenbar war der Auftritt der beiden Athletinnen vielen traditionsbewussten Beobachtern trotz der von ihnen getragenen Kopftücher noch zu anzüglich. Immerhin waren die zwei Sportlerinnen weltweit auf den Bildschirmen zu sehen, und die lüsterne Meute konnte sich an ihrem Anblick ergötzen. Nun, früher oder später werden auch diese Sittenwächter in der Moderne ankommen. In jedem Fall ist es schön zu sehen, dass Judo immer wieder in der Lage ist, seinen bescheidenen Beitrag für gegenseitige Akzeptanz und ein wachsendes Verständnis zwischen den unterschiedlichen Kulturen zu leisten.

43. GRUND

Weil auch ein kleines Land ganz groß sein kann

Österreich ist weder mit besonderer Größe noch mit übermäßigem Einfluss gesegnet. Die Nation im Herzen Europas erscheint nur als Zwerg unter Riesen. Im Wintersport ist das Land durchaus ein wichtiger Player, aber wie viele Gebiete gibt es denn schon, in denen sowohl Berge als auch ausreichend Schnee zur Verfügung stehen? Die Konkurrenz ist hier zumindest deutlich eingeschränkt, ohne dabei die Erfolge eines Marcel Hirscher schmälern zu wollen. Bei vielen anderen Sportarten sieht die Bilanz aber äußerst dürftig aus. Zu der großen Fußballmacht, die sich viele so sehr herbeisehnen, wird die Alpenrepublik vermutlich in absehbarer Zeit eher nicht aufsteigen, und im Tennis sind die hiesigen Spitzentalente auch knapp gesät. Natürlich gibt es immer wieder Ausnahmen, doch ganz oben steht man leider selten. Österreich ist eben klein und gemütlich. Gerade Sommersportarten geben daher nur selten Anlass zu überschwänglicher Begeisterung.

Selten bedeutet allerdings nicht nie – und über diese raren Höhenflüge freut man sich dann natürlich umso mehr. Es liegt mittlerweile ein paar Jährchen zurück, doch der österreichische Judo-Sport brachte in den 80er-Jahren einen der erfolgreichsten Landsmänner hervor, die jemals bei den olympischen Sommerspielen um die Medaillen kämpften. Peter Seisenbacher erscheint dieser Tage leider in einem äußerst unvorteilhaften Licht, doch seine Erfolge bleiben bestehen – und wie heißt es doch so schön: Im Zweifel für den Angeklagten.

Kurios ist es in jedem Fall, dass der einstmals gefeierte Judoka schon 2011 einen kleinen Auftritt bei der österreichischen Krimiserie *Soko Wien* (Staffel 7, Folge 2) hatte und dort – wie einfallsreich – einen ehemaligen Judo-Olympiasieger mimte. Sein Talent kam ihm dabei nicht zugute, denn seine Rolle gab nicht viel her. Er spielte eine Leiche. Eine Frage, die sich die Ermittler nun stellten, war folgende: Hatte er sich womöglich umgebracht, weil ein Journalist Gerüchte über angebliche Liebschaften mit Minderjährigen verbreitet hatte? Angesichts der im Raum stehenden Missbrauchsvorwürfe also durchaus skurril ... Aber so viel nur am Rande, jetzt zurück zu den sonnigeren Seiten:

Der 1960 in Wien geborene Sportler gilt zu Recht als das österreichische Judowunder schlechthin. Sowohl 1984 in Los Angeles als auch vier Jahre später in Seoul gewann Seisenbacher in der Gewichtsklasse bis 86 kg olympisches Gold. Erfolgreicher als der streitbare Kampfsportler war daher nur ein einziger Athlet in der österreichischen Sportgeschichte, nämlich der Turner Julius Lenhart. Dieser konnte zu seinen beiden goldenen nämlich auch noch eine Medaille in Silber erringen und krönte sich damit zum bislang bedeutendsten Olympioniken der heimischen Gefilde, jedenfalls was die Sommerspiele betrifft. Bei den Winterspielen steht Felix Gottwald unangefochten an der Spitze. Sieben Mal hat der Nordische Kombinierer Edelmetall für Österreich geholt, drei Mal davon Gold.

Zurück zur Judo-Ikone: In Los Angeles setzte sich Seisenbacher im Finale gegen den Amerikaner Robert Berland mit »Ippon« durch. In Seoul triumphierte er bei seinem letzten aktiven Olympiaauftritt gegen Wladimir Schestakow aus der ehemaligen Sowjetunion und erkämpfte dadurch die einzige österreichische Olympiamedaille bei den Spielen von 1988. Peter Seisenbacher wurde mit diesem glanzvollen Auftritt zum ersten Judoka, dem bei den Spielen jemals eine erfolgreiche Titelverteidigung gelungen war. Zwei Tage später gelang das auch dem Japaner Hitoshi Saitō, der sich in der Klasse über 95 kg ebenfalls erneut durchsetzen konnte.

Das kleine Österreich stand in der Judowelt also ganz oben, und zumindest für den Zeitraum einer Olympiade schwebte der ÖJV im siebenten Judohimmel. 1985 wurde Seisenbacher in Seoul Weltmeister, und ein Jahr darauf holte er sich in Belgrad auch noch den Europameistertitel. Insgesamt stand der Ausnahmesportler aus Wien achtmal bei der EM auf dem Podest. Zusätzlich konnte er bereits im Jahr 1979 bei der Junioren-EM den dritten Platz erringen. Heute mag dieser Stern verglüht sein, doch die nächsten stolzen österreichischen Kämpferinnen und Kämpfer scharren schon in den Startlöchern.

44. GRUND

Weil das Zeitalter der Helden noch nicht zu Ende ist

Es gibt sie noch immer, die großen Männer und Frauen, deren Leistungen uns nach wie vor in Erstaunen versetzen. Sie überragen und lösen in den Menschen Ehrfurcht und tosenden Beifall aus. Usain Bolt, LeBron James, Christiano Ronaldo, Roger Federer oder Tiger Woods, alle sind sie durch ihre sportlichen Erfolge zu wahren Heroen der Moderne aufgestiegen, und ihr Mythos wird sie weit überdauern. Die Liste könnte man natürlich noch um eine ganze Reihe klangvoller Namen ergänzen. Zumindest einer davon darf an dieser Stelle jedenfalls nicht fehlen: nämlich der des vermutlich bekanntesten Judoka des 21. Jahrhunderts.

Der Franzose Teddy Riner ist in seinem Heimatland eine echte Berühmtheit, und das seit vielen Jahren. Der 1989 auf der Karibikinsel Guadeloupe geborene Sportler zählt nämlich zu den erfolgreichsten Judokämpfern aller Zeiten – und seine Zeit ist noch längst nicht vorbei. Bei den Sommerspielen 2020 will der über 130 kg schwere Athlet mit seiner stolzen Größe von 2,05 m den bislang erfolgreichsten Judo-Olympioniken vom Thron stoßen. Mit drei Siegen in der Klasse unter 60 kg hält den Titel aktuell der Japaner Tadahiro Nomura. Teddy Riner kann sich bisher mit Bronze – eine Jugendsünde von 2008 – und zwei Goldmedaillen bei den darauffolgenden Spielen rühmen.

Das Judoschwergewicht gilt als bodenständig und sozial engagiert. Der Erfolg ist Riner allerdings nicht allein wegen seines Herzens aus Gold zugeflogen. Der charmante Hüne ist durchtrainiert bis zum letzten Zoll. In der Gewichtsklasse über 100 kg ist das jedoch keine Selbstverständlichkeit. Für seine Statur ist das Kraftpaket daher unglaublich schnell und wendig. Als einem der wenigen seiner Zunft gelingt es dem Kampfsportler daher auch, durch seine breite Berühmtheit Millionenbeträge zu lukrieren.

Teddy Riner ist mittlerweile zehnfacher Weltmeister und fünffacher Europameister. Allerdings macht der unangefochtene Champion noch lange keine Anstalten aufzuhören. Im September 2010 verlor er seinen letzten Kampf und ist nun seit mehr als 140 Kämpfen ungeschlagen. Der Franzose ist damit eine lebende Legende, und nicht ohne Grund gilt er derzeit als praktisch unbezwingbar.

4. KAPITEL

PHILOSOPHIE

45. GRUND

Weil Disziplin fürs Leben schult

Laissez-faire in allen Ehren, doch gewisse Grenzziehungen können im Sport wie auch im Alltag nicht schaden. Genauso wie das Leben eben nicht immer ein Spiel ist, so muss auch dem Judo mit der gebührenden Ernsthaftigkeit begegnet werden. Die Bewegung soll vor allem Freude bereiten, doch ein paar Grundregeln sind dabei einfach unumgänglich. Darum legen die Trainer zu Recht Wert darauf, dass der Unterricht ihrer Schützlinge nicht zu einem reinen Herumblödeln verkommt. Ohne ein Mindestmaß an Weitsicht kann es mit der Freude nämlich schnell vorbei sein, und dann gibt es eventuell ein bitteres Erwachen.

Judo ist nun mal ein Kampfsport, und lässt man es an der erforderlichen Achtsamkeit vermissen, drohen im Ernstfall auch Verletzungen. Wird der Trainingspartner geworfen, ist es wichtig, seinen Fall gewissenhaft zu sichern, indem man seinen Arm nicht einfach loslässt, sondern auch nach dem Niederwurf festhält. Durch die entstehende Spannung wird ein kontrollierter Aufprall unterstützt und der Schwung etwas abgefangen. Übt man mit seinem Gegenüber eine Hebeltechnik oder einen Würger, so sind diese Trainingsansätze sofort abzubrechen, wenn der Gegner abklopft oder anderweitig zu verstehen gibt, dass ihm unbehaglich zumute ist. Judo erfordert, wie jede Kampfkunst, eine gewisse geistige Reife. Diese schuldet man sich selbst ebenso wie seinem Übungspartner.

Für Spaß muss natürlich auch Platz sein, keine Frage, aber eben nur in den passenden Situationen. Spätestens bei einem kleinen Trunk, nachdem man zusammen geschwitzt und sich gegenseitig zu körperlichen Höchstleistungen angespornt hat, sind dem Schabernack keine Grenzen mehr gesetzt. Es empfiehlt sich ein isotonisches Getränk, um die Reserven wieder aufzufüllen. Das entsprechende Alter vorausgesetzt, darf mit gutem Gewissen auch zum Bier gegriffen werden. Nach den harten Lehrstunden hat man sich das allemal verdient.

In etwas unbeschwerteren Zeiten waren die Sanktionen für mangelnden Ernst, unmotiviertes Training oder abenteuerliche Ausflüge auf Trainingscamps, die vielleicht sogar zum verspäteten Eintreffen bei den morgendlichen Übungen veranlassten, noch durchaus drastisch. Disziplin wurde die wettkampforientierten Athleten gelehrt, und Disziplin wurde eingefordert, mitunter in brachialer Ostblockmanier. Auch Japaner konnten übrigens recht humorlos reagieren, wenn man der hohen Judokunst nicht den verdienten Respekt zollte. Man möchte an der Stelle gar nicht zu weit ins Detail gehen. Nur so viel sei gesagt: Der beherzte Würgegriff des Trainers wirkte beizeiten wesentlich nachhaltiger als das bemühte Mahnwort der Eltern. Der pädagogische Ehrgeiz der konservativeren Schule in allen Ehren – bewährt haben sich dennoch die liberaleren Ansätze der jüngeren Zeit.

Heute sind die Judomeister allesamt streichelweich, keine Sorge. Drakonische Strafen müssen nicht mehr gefürchtet werden, schlimmstenfalls ein sanfter Ordnungsruf. Zumindest für die heimische Vereinslandschaft kann man sich diesbezüglich guten Gewissens verbürgen.

46. GRUND

Weil Judo in jeder Lebenslage weiterhilft

Judo überlässt nichts dem Zufall. Man will schließlich auf alles vorbereitet sein, und zwar in jeder nur erdenklichen Situation. Das und nicht weniger ist der Anspruch des wahren Judo-Enthusiasten. Ob im Stehen, auf dem Rücken – eine Position, die es jedoch eher zu vermeiden gilt – oder auf dem Bauch, es gibt immer einen entsprechenden Kniff, um sich aus einer unliebsamen Lage zu befreien oder den Gegner in eine ebensolche zu zwingen. Man muss ihn nur kennen und richtig umsetzen.

Im Standkampf gibt es diverse Würfe in jede Himmelsrichtung und auch mit den unterschiedlichsten Fassarten. Zur Erklärung: Ein fester Griff ist im Judo von unerlässlicher Bedeutung. Nur durch ihn kann man den Gegner richtig kontrollieren. Darum macht man es sich gegenseitig auch möglichst schwer, richtig zuzugreifen. Ärmel, Revers, Rückenfalte oder der Kragen sind die erwünschten Ziele, manchmal auch der Gürtel. Der Griffkampf ist ein wichtiges Schlüsselelement des Judo-Sports. Ein dominanter Griff ist daher in vielen Fällen kampfentscheidend.

Die Schwierigkeit liegt nun zumeist darin, den Gegner mit einer der bevorzugten Techniken zu werfen, obwohl dieser es einem üblicherweise nicht allzu leicht machen will, ihn richtig zu fassen zu kriegen. Hier muss man also nehmen, was man kriegt, und unnachgiebig versuchen, einen besseren Griff herauszuarbeiten. Im Idealfall übt man sich in Bescheidenheit und ist schließlich so flexibel, dass selbst aus recht anspruchsvollen Situationen noch ein meisterhafter Wurf ausgeführt werden kann, der den Gegner völlig unerwartet überwältigt.

Was den Bodenkampf betrifft, so schielt man hierbei eher auf einen Festhalter. Gelingt es einem, seinen Gegenspieler für 20 Sekunden kontrolliert auf dem Rücken zu halten, ist einem der Sieg sicher. Fehlt dafür aber die Geduld, bieten sich noch die Möglichkeiten des Gelenkhebels oder des Würgegriffs. Viele – mitunter etwas unangenehme – Methoden stehen dabei zur Verfügung. Bringt man seinen Kampfpartner dazu abzuklopfen und damit aufzugeben, hat man ebenfalls gewonnen.

Judoka sind manchmal harte Kerle und bringen es schwer übers Herz, sich so einfach geschlagen zu geben. Aufgeben ist ihnen oft zu viel der Demütigung. Mit etwas Nachdruck bricht der Stolz zum Glück meistens vor dem Gelenk. Was die Würger betrifft, so landet hin und wieder ein Gegner von der ganz beharrlichen Sorte im

Land der Träume, aber das hat noch niemandem ernstlich geschadet. Nach wenigen Sekunden ist man wieder auf den Beinen – und nur anfangs noch etwas verwirrt.

Natürlich sind nicht alle persönlichen Probleme durch einen guten Kampf ausgeräumt – so viel muss man wohl eingestehen. Deshalb geht es im Judo aber auch um mehr als das. Diese höheren philosophischen Erwägungen werden allerdings vorwiegend mit den allmählich verrinnenden Jahren angestoßen. Man wächst langsam hinein und beginnt früher oder später auch den Geist des Judo zu erfassen. Einige Schwierigkeiten werden viel eher durch den Verstand gelöst, als durch körperliches Geschick oder rohe Gewalt. Die richtige Einstellung ist dabei häufig das Entscheidende.

Selbst bei der persönlichen Sinnsuche bietet einem Judo also Rat und Anleitung. Es gilt, durch gegenseitiges Helfen und Unterstützen zum beiderseitigen Glück zu gelangen. Außerdem bildet die Forderung nach dem besten Gebrauch der eigenen Energie eines der wichtigsten Prinzipien des Judo. Jigorō Kanō etablierte mit der von ihm begründeten Kunst nicht nur ein überaus wirkungsvolles Kampfsystem, sondern verband damit zugleich ein Lebensmotto, das ganz wesentlich auf einem konstruktiven Miteinander beruhte.

47. GRUND

Weil jeder Kampf Werte braucht

In einer inspirierten Stunde könnte der Hobby-Philosoph leicht zu der Erkenntnis gelangen, dass weit ausholende Wertedebatten ein Luxusgut der neueren Geschichte sind. Früher hatte man in vielen Bereichen doch eher einen ausgeprägteren Sinn fürs Konkrete, zumindest wenn man die antiken griechischen Denkschulen erst mal außen vor lässt.

Das archaische Vorbild der Judokunst in Form des Jiu-Jitsu hatte also – was nicht verwundern wird – noch einen etwas geradlinigeren Blick. In erster Linie ging es schlicht darum, den Gegner unter Kontrolle zu bringen oder ihn kampfunfähig zu machen. Dieses waffenlose Verteidigungssystem war zunächst recht kriegerisch orientiert, und fremdes Wohlergehen stand nicht gerade an erster Stelle. Das ist auch heute noch deutlich zu erkennen, wenn man sich das breite Technikrepertoire des Jiu-Jitsu ansieht, das teilweise ein ganz erhebliches Schmerzpotenzial erahnen lässt. Beispielgebend dafür sind etwa diverse Fingerhebel – eine wirkungsvolle, wenn auch wenig galante Methode, um einen Gegner zu zähmen. Die humanistische und spirituelle Note konnte erst allmählich mit der Zeit reifen und fand schließlich in Jigorō Kanōs sanfter Kunst ihre Heimat.

Glücklicherweise hatte der Begründer des Judo einen Zugang, der sehr auf den Erhalt der Nächstenliebe bedacht war. Kanō ließ ein eigenes Wertesystem in seine neu konzipierte Verteidigungskunst einfließen und nahm den aus dem Jiu-Jitsu entlehnten Praktiken auch einige Kanten. Die martialische Kunst der japanischen Krieger wandelte er zum Kampfsport, der die körperliche Gesundheit eher erhalten und fördern sollte, als sie zu zerstören.

Heute können wir eine Vielzahl von Werten nennen, die mit dem Judo-Sport eng verbunden sind. Diese tragen ganz entscheidend zur sozialen Verträglichkeit der Kampfkunst bei. Einmal mehr wird also deutlich, dass wir es dabei mit einem Kind der Moderne zu tun haben – einer gut durchdachten postaufklärerischen Schöpfung, die auch eine ihrem Entstehungshintergrund entsprechende Weltanschauung mit sich bringt.

Mut ist etwa als einer dieser Werte zu nennen, die bereits früh Einzug in den Geist des Judo gehalten haben. Es erfordert Mut, auch größeren oder erfahreneren Kämpfern gegenüberzutreten, und das wird einem nicht erspart bleiben, wenn man bei seiner Entwicklung vorankommen möchte. Nur durch Herausforderungen kann man lernen und sich weiterentwickeln. Außerdem sollte eine Extraportion Mut auch im täglichen Leben nicht schaden. Judo fordert einen jeden dazu auf, niemals vor der Angst zu kapitulieren, sondern Entschlossenheit und im wahrsten Sinne des Wortes Standfestigkeit zu beweisen.

Selbstbeherrschung gehört natürlich auch zum anerzogenen Habitus der Judo-Jünger. Denn selbst wenn es das Glück einmal nicht so gut mit einem meint und einfach rein gar nichts so funktionieren will, wie man es sich vorstellt, sollte man in der Lage sein, eine innere Ruhe zu bewahren. Die angemessene Disziplin gehört da natürlich ebenso dazu. Dem Trainer ist immer Folge zu leisten, jedenfalls solange seine Anweisungen nicht allzu kurios anmuten, und auch das Wort des Kampfrichters ist Gesetz. Irgendwelche Widerworte sind während eines Kampfes gleichermaßen unpassend wie zwecklos.

Als Nächstes ist sicherlich noch die Hilfsbereitschaft zu erwähnen. Diese ist meistens erfreulich stark ausgeprägt, bei Kindern wie Erwachsenen. Gerade Anfänger wissen eine kleine Unterstützung in der Regel sehr zu schätzen. Die erfahreneren Judoka sind also angehalten, ihnen auch die entsprechenden Hilfestellungen und Tipps zukommen zu lassen, die den Neulingen dabei helfen, rasch die Grundlagen dieses Sports zu erlernen.

Auf eine gewisse Hilfsbereitschaft ist im Judo letzten Endes jeder angewiesen, völlig egal, wie lange er schon dabei ist. Das direkte Feedback des Partners ist ungeheuer wichtig. Er kann auf diese Weise dabei helfen, Techniken zu korrigieren und zu verbessern. Selbst fallen einem bestimmte Fehler nämlich nicht immer auf. Mithilfe eines aufmerksamen Partners übt man diese gar nicht erst ein.

Die bewusste Wertschätzung des Gegenübers ist in diesem Sinne übrigens auch ein charmanter Zugang, der sicherlich nicht als Schwäche ausgelegt wird. Ein Mindestmaß davon ist jedenfalls unumgänglich, wenn man zielführend miteinander üben möchte. Ebenso wichtig ist das gegenseitige Vertrauen. Diese Werte des zwischenmenschlichen Umganges kommen nie aus der Mode, sondern stehen nach wie vor hoch im Kurs.

Man muss nicht mit jedem Vereinskollegen gleich Freundschaftsbändchen knüpfen, aber die Vorzüge eines eher diplomatischen Weges sollte man – übrigens auch im Berufsleben – niemals unterschätzen. Fast immer kommt man mit Höflichkeit am weitesten. Ausgenommen ist dabei vielleicht der Wettkampf. Hier gelten wieder eigene Regeln. Wertschätzung sollte dabei aber trotzdem nicht fehlen, und ein gewisser Grundrespekt ist sogar Pflicht.

Ernsthaftigkeit ist geboten und wird im Judo ebenfalls als bedeutsamer Wert erkannt. Konzentration und der entscheidende Wille sind bei den Übungen nämlich von zentraler Bedeutung. Darüber hinaus gehört Bescheidenheit immer zum guten Ton. Tja, und zu guter Letzt ist Fairness noch ein wichtiges Element des Judo-Kanons. Doch damit erst mal genug, sonst dreht sich der reizüberflutete Wertekompass bald verwirrt im Kreis, und man steuert noch in Richtung Beliebigkeit. Es existiert offenbar kaum eine sittliche Tugend der modernen zivilisierten Gesellschaft, die nicht Einlass in die sehr auf Ganzheitlichkeit bedachte Judokunst gefunden hätte. Hohe ethische Ansprüche wurden also gesetzt. Diese ambitionierten Grundregeln sind auch gut und richtig. Jede Gesellschaft und jeder Sport kann sie gut gebrauchen – man darf nur nicht vergessen, sie auch alle entsprechend mit Leben zu füllen.

48. GRUND

Weil Aggressionen in gesunde Bahnen gelangen

Manches Temperament will gezähmt werden. Kleine Heißläufer sind auf dem gefährlichen Weg, sich zu wirklich unangenehmen Zeitgenossen zu entwickeln, und große Heißläufer werden auch nicht unbedingt liebenswerter, wenn man sie gewähren lässt. Ein

Ventil kann manchmal nicht schaden, das gilt prinzipiell für jeden. Stress, Ärger oder auch nur gelegentliche Langeweile und die damit verbundene Unzufriedenheit schreien geradewegs nach einer Ablenkung, die einen wieder auf andere Gedanken bringt.

Es bieten sich einem nun zwei Möglichkeiten: Entweder man sucht sich eine Betätigung oder eben einen Sport, bei dem der Frust abgebaut werden kann – wie der Dampf bei einem Druckkochtopf, oder man versucht direkt an seiner Einstellung und der eigenen Persönlichkeit zu arbeiten. Es scheint dabei jedenfalls sinnvoll, den letzten Punkt nicht gänzlich zu vernachlässigen. Eine gewisse Seelenruhe liegt vermutlich in der Kombination beider Ansätze. Man will ja schließlich nicht, dass der Druckkochtopf irgendwann explodiert.

Jedem steht es natürlich mehr oder minder frei, sich seine eigene Strategie der Aggressionsbewältigung zurechtzulegen. Die Entscheidung trifft letzten Endes ohnehin jeder für sich, ob er sich nun bei Computerspielen abreagiert, beim Kickboxen oder als Axtmörder. Die Vorlieben sind hier äußerst facettenreich. Einige Ventile sind jedoch erheblich unbedenklicher als andere, so viel ist klar.

Es ist nicht übertrieben zu behaupten, dass Judo eine der gesünderen Möglichkeiten des Umganges mit Aggressionen ist. Der Kampfsport bietet einem nämlich beide Varianten, macht den Druckkochtopf belastbarer und hält zugleich das Ventil frei – sicher ist sicher. Sowohl das Regelwerk als auch die Philosophie dieses Sports tragen aber tendenziell dazu bei, bedrohliches Gewaltpotenzial eher zu überwinden, als es bloß kurzzeitig beiseitezuschieben und das Problem zu verdrängen.

Judo ist eine Kontaktsportart. Wie beim Ringen ist man praktisch permanent in Berührung mit seinem Gegenüber, und so ein ständiges Kräftemessen ist etwas ausgesprochen Energieraubendes. Hat man also zu viel überschüssige Energie, ist ein solcher Zweikampf genau die richtige Gelegenheit, diese einer sinnvollen Tätigkeit zuzuführen. Zu viel Energie gibt es im Judo nämlich nicht und nach nur wenigen Minuten freuen sich tatsächlich die meisten Kämpfer schon auf eine kurze Pause.

Entscheidend ist aber vielmehr, dass das Wettkampfsystem im Judo-Sport nicht darauf ausgerichtet ist, die begeisterten Athleten zu verheizen. Man kann den Gegner besiegen, ohne diesen gleich körperlich verletzen zu müssen. Das ist nicht nur für die Physis erfreulich, sondern wirkt sich auch sehr positiv auf die spirituelle Entwicklung aus. Man lernt etwas ganz Fundamentales – nämlich, dass es nicht darum geht, dem Gegner zu schaden, sondern ihn zu besiegen und dennoch halbwegs unversehrt zu erhalten.

Man führe sich also immer die Goldene Regel vor Augen: Was du nicht willst, das man dir tu, das füg auch keinem andern zu. Erfahrungsgemäß begegnen einem Menschen mit erheblich mehr Sympathie, wenn man ihnen zu erkennen gibt, dass einem ihre Gesundheit ein Anliegen ist. Diese Einstellung ist im Training zum Glück sehr deutlich spürbar. Eine gut angesetzte Technik wird von reiferen Kämpfern auch einmal abgebrochen, wenn man befürchtet, sie könnte den Gegner womöglich allzu unerwartet treffen. Judoka bringen es durchaus übers Herz, beim Duell mit unerfahrenen, jüngeren oder leichteren Partnern etwas Kraft herauszunehmen und sich zurückzuhalten – auch zum eigenen Nachteil. Was bringt schließlich ein Sieg beim Übungskampf, wenn die Folge eine unnötige Verletzung ist?

Judo ist als Ventil also gut geeignet. Aggressionen werden nicht nur abgebaut, sondern im Idealfall trainiert man sich sogar eine Art stoischer Gemütsruhe an und lässt gar nicht mehr zu, dass sich diese destruktiven Gefühle aufstauen. Kleine wie große Rumpelstilzchen sind daher herzlich willkommen! Judo legt den Fokus nicht nur auf Bewegung und Sport, auch für das alltägliche Leben sollte jeder etwas mitnehmen können.

49. GRUND

Weil Judo verbindet

Sport verbindet, das ist bekannt. Ganz besonders gilt dieser Leitspruch aber für die Judokunst. Die unterschiedlichsten Personen finden auf der Matte zusammen und trainieren miteinander. Vom Hochschullehrer über die Gärtnerin bis hin zum Elektriker oder zur Ärztin ist alles dabei. Es gibt keinen typischen Judoka. Der Sport ist vielseitig, und so sind es auch diejenigen, die ihn ausüben.

Es treffen die verschiedensten Ethnien aufeinander und lernen einander kennen und verstehen. Außerdem üben Kinder und auch Erwachsene jeden Alters Seite an Seite mit ihren jeweiligen Partnern. Hauptsache, Gewicht und Statur der Paare weichen nicht in zu hohem Maße voneinander ab. Alles andere ist vernachlässigbar.

Auch fortgeschrittene Kämpfer sind sich sympathischerweise nicht zu schade, die vielen Neulinge mit wertvollen Tipps zu versorgen. Sobald die wichtigsten Grundlagen erlernt wurden, kann man sich gerne mit den erfahreneren Athleten messen. Profitieren wird man letzten Endes von jedem Kampf, denn kein Partner ist wie der andere, und jeder verhält sich deswegen auch entsprechend anders. Mitnehmen kann der eifrige Schüler immer etwas, und genauso verhält es sich mit den Veteranen, die schon zehn Jahre oder länger auf der Matte stehen.

Im Wettkampf ist man möglicherweise Konkurrent, aber im Verein herrscht deshalb noch lange keine Missstimmung. Kampfsportler haben generell keine übermäßig gewalttätige Ader – trotz der bestehenden Vorurteile. Sie haben ihre Affekte in der Regel gut im Griff. Es kann während eines Übungskampfes – man nennt diesen »Randori« – richtig zur Sache gehen, aber deswegen herrscht danach keineswegs böses Blut. Die Stimmung ist kollegial, und das macht diesen Sport auch aus. Man schenkt sich nichts, jeder will schließlich gewinnen, und an diesem Ehrgeiz ist nichts verkehrt, er ist sogar geboten. Doch nach dem Kampf reicht man sich versöhnlich die Hand und ist hoffentlich zufrieden mit dem harten, lehrreichen Duell.

Das Gleiche gilt im Wesentlichen auch bei Wettkämpfen. Zumindest Respekt sollte man dem Gegner stets entgegenbringen, auch wenn man sich möglicherweise geschlagen geben musste und deswegen noch ein wenig ungehalten ist. Die Schuld liegt meist weder bei den unfairen Praktiken des Gegners noch bei den schlechten Augen des Kampfrichters – auch wenn dieses Eingeständnis vielleicht am eigenen Selbstbild kratzt. Man wird nicht immer gewinnen, damit sollte man sich schnell anfreunden. Nach einer Niederlage gilt es, die Zähne zusammenzubeißen, sich zu verbeugen und dem Konkurrenten die Hand zu schütteln. Ein verlorener Kampf ist nichts Dramatisches, es stehen bestimmt noch weitere bevor und damit viele neue Chancen, sich zu beweisen.

Leider kommt es vereinzelt trotzdem immer wieder zu recht mimosenhaftem Verhalten. Manche Personen können – wie es eben so ist – mit Niederlagen nicht wirklich umgehen und stürmen trotzig von der Matte, ohne der Höflichkeit Genüge zu tun. Das wird verständlicherweise nicht nur als äußerst unsportlich empfunden, sondern widerspricht darüber hinaus auch dem festgelegten Wertekodex und kann bei besonderer Ignoranz sogar zur Disqualifikation für das ganze Turnier führen. Glücklicherweise sind solche Fälle aber wirklich die Ausnahme. Diejenigen, die sich mit Niederlagen nicht abfinden können, kehren diesem Sport ohnehin schnell wieder den Rücken.

Grundsätzlich schweißt der enge Körperkontakt die Kämpfer eher zusammen. Man ist schließlich kein Soldat, wie es die alten japanischen Samurai waren, man ist ein Sportler und brennt für dieselbe Sache wie seine Mitstreiter. Konflikte werden nicht gefördert, sondern überwunden. Judo führt zusammen, und so soll es auch sein.

50. GRUND

Weil Judo Vertrauen schafft

Es ist kein Zufall, dass viele Kämpfer ihre Übungen mit den immer gleichen Partnern absolvieren. Nach einer Weile lernt man sich kennen, weiß, wie man dem Kollegen bestmögliche Hilfestellungen gibt, damit dieser das Maximum aus jeder Trainingseinheit herausholen kann. Der Übungspartner ist von überragender Wichtigkeit, und oft dauert es eine Weile, bis man sich mit einem solchen zusammengerauft hat und alles so geschmeidig abläuft, wie man es sich wünscht.

Eine entsprechende Vertrauensbasis ist dabei unumgänglich. Manche Würfe sind durchaus anspruchsvoller als andere, und es ist teilweise nicht ganz so angenehm, wenn man mit diesen heiklen Techniken unzählige Male hintereinander auf den Boden gedonnert wird. Es kann in diesen Situationen eine beruhigende Wirkung haben, zu wissen, dass der Partner die Technik kontrolliert und gewissenhaft ausführen wird. In Ausnahmefällen geht es nämlich ins Auge, wenn das geschätzte Gegenüber nicht aufpasst, was es gerade tut. Die Gedanken sollten während der Übungen nicht allzu weit schweifen. Hin und wieder fällt man - insbesondere bei wettkampfnahem Training - gemeinsam mit dem Partner zu Boden. Ein Bilderbuchpartner weiß, wie er diese Angelegenheit so schmerzlos wie möglich gestaltet. Er rammt einem gnädigerweise weder den Ellbogen in die Nieren noch das Knie ins Gemächt. Derartige Unachtsamkeiten können nämlich dafür sorgen, dass die Landung recht unsanft ausfällt.

Während also ein gezieltes Techniktraining mit dem gewohnten und hoffentlich zuvorkommenden Partner steht und fällt - Wortspiel unbeabsichtigt -, gilt für den Kampf ein völlig gegenteiliges Prinzip: Je unangenehmer, desto besser. Auch unkonventionellen Kampfstilen kann man dabei viel abgewinnen. Überraschungen sind in jedem Duell lehrreich. Man will schließlich auf alles vorbereitet sein. Der Gegner soll möglichst unerwartet reagieren, damit das Unerwartbare einen irgendwann kaum noch überraschen kann.

Man kann also Folgendes festhalten: Arbeitet man im Training am Feinschliff seiner Techniken und möchte diese automatisieren, wünscht man sich eher einen gewohnten Partner, jemanden, der einen kennt und weiß, was man von ihm erwartet. Ganz besonders bei Gürtelprüfungen ist ein vertrauter Partner Gold wert. Ein unerfahrener Kollege oder jemand, mit dem man einfach noch nicht wirklich ideal zusammenspielt, lässt einen sonst womöglich furchtbar ungeschickt erscheinen.

Geht es hingegen darum, die Fortschritte nach den intensiven Bemühungen in einem Kampf zu erproben, ist es ideal, so viele neue Partner wie irgend möglich zum Kampf zu fordern. Es gibt übrigens nichts Ermüdenderes, als dem gewohnten Partner, den man schon in- und auswendig kennt, in einem Turnier gegenüberzustehen. Jeder weiß, worauf er achten muss, und ist sich über die gefährlichen Spezialtechniken des Kollegen längst im Klaren. Bei jeder Bewegung, die der eine macht, kann der andere schon die darauffolgenden erahnen.

Erwartbares und Unerwartbares, beides wird man im Judo zu schätzen lernen. Vertrauen ist aber in jedem Fall ein Eckpfeiler dieses Sports. Ein Judoka hat gelernt, einen anderen niemals ernsthaft zu gefährden, ob nun im Training oder im Wettkampf. Wird gegen diesen Grundsatz verstoßen, so endete der Verstoß bei gravierenderen Fällen ohne Umschweife mit einer Disqualifikation. Details zu den unerwünschten Praktiken sind natürlich genauer im Reglement verankert. Ein entsprechender Fall wäre etwa, wenn Handlungen gesetzt werden, die den Nacken bzw. die Wirbelsäule des anderen Kämpfers in Mitleidenschaft ziehen könnten.

Sollte etwas in die Richtung tatsächlich passieren, dann ist es natürlich zu spät für den Geschädigten. Darum ist es den Trainern ein Anliegen, ein tiefsitzendes Bewusstsein dafür zu schaffen, wo im Judo die Grenzen liegen, an die man sich ohne Wenn und Aber zu halten hat. »Vertrauen« ist dennoch eine Tugend, um die man nie ganz herumkommt. Erfreulicherweise wird es in der Regel nicht enttäuscht.

51. GRUND

Weil ein wenig Abhärtung nicht schadet

Als erfahrener und hingebungsvoller Judoka hat man sich üblicherweise eine gewisse Härte zu eigen gemacht. Nach den ersten Würfen fühlt man sich zwar noch so weich geklopft und mürbe wie ein goldbraunes Wiener Schnitzel, doch schneller als gedacht – wenn auch langsamer als erhofft – hat man sich an die schwungvolle Landung auf der Judomatte gewöhnt. Eines Tages kann man die Hemmungen mancher Anfänger dann nur belächeln, die sich noch zieren, auf dem Rücken zu landen. Für einen selbst fühlt sich der Boden nämlich mittlerweile an wie Watte – beinahe zumindest.

Nur die Harten kommen durch, so sagt man doch, auch wenn die archaischen Zeiten, in denen der Ausspruch vielleicht noch angemessen war, schon lange zurückliegen. Schaden kann es aber auch dieser Tage nicht, sich eine gewisse Robustheit anzutrainieren. Diese leistet einem bestimmt auch abseits des Sports gute Dienste. Man weiß schließlich nie, was im Leben auf einen zukommt. Die besonders zarten Pflänzchen knicken allzu leicht, da ist es nur von Vorteil, sich eine hinreichende psychische und physische Stärke angedeihen zu lassen, für den Fall, dass einmal etwas stürmischere Winde wehen.

Eine Judokämpferin ist jedenfalls alles andere als verweichlicht. Sie ist ausgesprochen belastbar in vielerlei Hinsicht, hält wesentlich mehr aus, als man ihr auf den ersten Blick zutrauen würde, und sie bricht bei einem kleinen Wespenstich nicht gleich in Tränen aus.

Genauso verhält es sich auch bei den männlichen Sportlern. Insbesondere wer in jungen Jahren mit diesem Kampfsport beginnt, eignet sich bald das nötige Geschick an, um ernsten Verletzungen zu entgehen – und zugleich die persönliche Standfestigkeit, kleine Wehwehchen mit Fassung zu tragen. Auch die Athleten im fortgeschrittenen Alter können in dieser Hinsicht natürlich profitieren. Zu spät ist es dafür nie.

Ein zartes Wesen macht einen sicherlich sympathisch und liebenswert. Man wird womöglich sogar behütet und ganz besonders umsorgt. Die Frage ist nur, ob man das auch möchte. Reine Nettigkeit führt einen jedenfalls weder im Sport noch in der Gesellschaft über das Mittelmaß hinaus. Das ist auch völlig in Ordnung. Es ist allerdings so, dass Judokämpfer schlicht und einfach nach mehr verlangen. Sie wollen weit nach oben, wenn möglich bis an die Spitze. Jeder Kämpfer muss am Anfang aber lernen zu fallen – und ebenso muss er lernen, wieder aufzustehen. Erfolg ist ein mühsamer Prozess, und nichts kann einem diese Lehre trefflicher vor Augen führen als der Judo-Sport.

Die Trainer verlangen ihren Erfolg versprechenden Schülern daher einiges ab, solange diese den entsprechenden Willen zeigen, auch bei den großen Wettkämpfen zu bestehen. Sie wissen nämlich sehr gut, dass dafür einiges an Hingabe und Selbstbeherrschung erforderlich ist. Früher waren die Judomeister schließlich nicht selten in derselben Situation. Trotzdem kann man sich nach der aktiven Zeit durchaus auch wieder recht schnell an ein sehr entspanntes Leben gewöhnen. Ein bemerkenswerter Athlet aus dem ehemaligen Ostblock hatte das Schwitzen schließlich in seiner Rolle als Trainer endgültig satt, was allerdings nicht bedeutete, dass der Schweiß nicht bei seinen Schützlingen fließen sollte. Seine erfolgreichste Wettkämpferin versorgte er sogar während des Grundlagenausdauertrainings mit seinen Ratschlägen und versäumte es dabei nicht, sie ordentlich anzuspornen. Mittlerweile war er aber in die Jahre gekommen und ein dezentes Wohlstandsbäuchlein zeichnete sich bereits unter dem Trainingsanzug ab. Nach Laufen stand ihm also kaum der Sinn. Deshalb fuhr er seiner Sportlerin dabei einfach mit seinem Auto hinterher und bestärkte die junge Frau hin und wieder mit einem Hupen oder durch Zurufe aus dem geöffneten Fenster. Hört sich lustig an – war es auch.

Die besagte Sportlerin gewann schon, seit sie 16 Jahre alt war, regelmäßig die allgemeine Klasse der Österreichischen Meisterschaft. Bei der Junioren-EM reichte es immerhin für den starken 7. Rang. Das Judo rückte sie danach allerdings bald in den Hintergrund. Die damit verbundene Abhärtung leistet ihr aber nach wie vor auch im beruflichen Umfeld gute Dienste. Mittlerweile ist sie nämlich Lehrerin – unter anderem für Sport. Eine charakterstarke Persönlichkeit ist in dieser Position – wie man weiß – nicht verkehrt. Die etwas unorthodoxen Methoden ihres rumänischen Trainers kommen dabei wohlgemerkt nicht zum Einsatz.

52. GRUND

Weil es Ausgewogenheit schafft

Wer kennt sie nicht, die herzzerreißenden Szenen aus alten Teenie-Filmen, in denen eine Gruppe sadistischer Rowdys dem friedliebenden Brillenträger oder dem leicht übergewichtigen Einzelgänger das berüchtigte Essensgeld stiehlt? Die Größeren und Stärkeren lassen den bemitleidenswerten Sympathieträger derart leiden, dass es einen selbst vor dem Fernseher betroffen macht.

Vielleicht erinnert man sich sogar noch an die eine oder andere Pausenhofschlägerei seiner jüngeren Jahre. Immer mussten die Schwächeren einstecken – immerhin waren sie die naheliegenderen und dankbareren Ziele –, und man hatte sich so sehr gewünscht, jemand hätte ihnen Paroli geboten. Gewalt ist natürlich keine Lösung! Solche Schlägertypen bezwingt man am erfolgreichsten mit eloquenten Reden und appelliert an ihre sensiblere Seite und ihren Gerechtigkeitssinn, denn mit Freundlichkeit, Überzeugungskraft und dem Recht auf seiner Seite kann eigentlich gar nichts schief gehen. Oder?

Nun ja, im beliebten Film-Klassiker *Karate Kid*, dessen Erfolg sogar zu mehreren mittelmäßigen Fortsetzungen Anlass gab, wird dennoch eine etwas andere Botschaft transportiert. Tja, Fiktion eben. In diesem Bereich dürfen selbst die abstrusesten Szenarien entworfen werden. Jedenfalls wird durch das etwas energischere Vorgehen von Daniel LaRusso das tiefe Bedürfnis zur physischen Intervention befriedigt. Man fühlt sich zwar als schlechter Mensch, kommt aber nicht umhin, den missratenen Kumpanen des Cobra Kai Dojos ihre Tracht Prügel zu gönnen, die sie von dem alten Meister Miyagi beziehen. Nach seinen eigenen Unterweisungen in der Karatekunst setzt Daniel-san nicht länger in gandhischer Manier auf Dialog, sondern schlägt zurück – und das im wahrsten Sinne des Wortes. Kampfsportarten sind eben auch eine Möglichkeit für zarter gebaute Menschen, die unterdrückt werden, faire Verhältnisse zu schaffen, falls ein ernstes Gespräch tatsächlich einmal nicht genügen sollte, um einen echten Fiesling in die Schranken zu weisen. Ein paar wirkungsvoll gesetzte Griffe können körperliche Nachteile ganz gut ausgleichen, nur für den Fall der Fälle.

Jigorō Kanō, der ehrwürdige Begründer des Judo, kann in gewisser Hinsicht als Vorläufer von Daniel LaRusso betrachtet werden. Er war »Judo Kid«, wenn man so will. Seine Statur war nämlich nur wenig beeindruckend und noch weniger furchteinflößend, ganz anders, als man es von einem der berühmtesten Kampfkünstler der Geschichte erwarten würde. Deshalb wurde auch er in seiner Jugend zum Opfer missgünstiger Altersgenossen, die ihn quälten. Mit 17 Jahren begann Kanō deshalb, sich mit Jiu-Jitsu zu befassen, vermutlich um eine vernünftige Gesprächsgrundlage zu schaffen.

53. GRUND

Weil jeder manchmal Führung braucht

Die Trainer sind die Helden des Alltags. Sie haben eine entscheidende Wirkung auf ihre jungen Sportler, da sie von ihnen als wichtige Vorbilder und Autoritätspersonen wahrgenommen werden. Mit den Jahren formen die Judomeister ihre Schützlinge nicht nur zu versierten Kampfsportlern, sondern auch zu gefestigten Persönlichkeiten, die in der Lage sind, im Leben mit Bravour zu bestehen. Gerade der Lebensabschnitt von der Kindheit zum Erwachsenenalter bietet hier oft seine Fallstricke, und der eine oder andere trotzige Teenager verlangt in dieser problematischen Phase nach einer lenkenden Hand.

An manchen Beispielen erkennt man die ganz erhebliche Einflussnahme auf die jungen Kämpfer besonders deutlich. Leider sind es meistens die negativen Fälle, die dabei ins Auge stechen und danach im Gedächtnis bleiben, auch wenn diese zweifellos eine verschwindende Minderheit darstellen. Dennoch, Arroganz bringt Arroganz hervor, Selbstverliebtheit führt zu noch mehr Selbstverliebtheit, und im Allgemeinen bringen schlechte Eigenschaften eben auch bei den Anvertrauten wieder solche zum Vorschein. Ist der Trainer bereits ein unsympathischer Kerl, wird sein Schützling mit hoher Wahrscheinlichkeit ebenfalls ein Arschloch. So viel also zur Wirkkraft eines Judo-Coaches.

Doch jetzt zu den positiven Aspekten: Einige der fähigeren Judotrainer nehmen sich nämlich auch gerne sogenannter »Problemkinder« an. Es sind Burschen oder Mädchen mit eher beschränkter Impulskontrolle oder resignierte Jugendliche, denen irgendwie der Fokus abhandengekommen ist. Die Fälle sind sehr unterschiedlich und die jeweiligen Biografien ebenso.

Die meisten Judo-Trainer waren früher selbst erfolgreiche Wettkämpfer. Sie haben hart und über viele Jahre konsequent an sich gearbeitet und wissen daher auch, was es bedeutet, Rückschläge zu ertragen. Wegen ihrer Erfahrung stehen sie fest im Leben und besitzen durchaus die psychische Stärke, schwierigen Kindern dabei zu helfen, in die richtige Bahn zu finden. Aufgrund ihrer Ausbildung, aber vor allem durch ihre spätere praktische Tätigkeit als Trainer, sind sie in der Kunst der Pädagogik sehr versiert. Auf die Eltern, die Lehrer, ja vielleicht sogar den Therapeuten hätte man vermutlich nie gehört, doch während des Trainings erfolgt die Zurechtweisung auf ganz natürliche und unterschwellige Weise und wird deshalb nicht sofort abgeblockt. Man gibt den jungen Athleten Routine und setzt ihnen auch bestimmte Regeln, die unverrückbar sind. Judo gibt den Kindern Struktur, und damit kommen sie auch unter widrigen Umständen nicht in die Verlegenheit, etwas sehr Dummes anzustellen, das sie im reiferen Alter bitterlich bereuen würden.

Eines steht fest: Judo macht man nicht wegen des Geldes. Es ist die Freude am Sport, die einen zu dieser Kampfkunst führt, und bei den Trainern gehört dazu auch eine große Portion Idealismus. Bezahlt bekommt man nämlich ausgesprochen wenig – und was den Zeitaufwand bei Turnieren oder Trainingslagern betrifft, geht man sowieso leer aus. Hauptberufliche Judotrainer gibt es jedenfalls in Deutschland, Österreich und der Schweiz so gut wie gar nicht. Dieser Sport ist bedauerlicherweise brotlos, und doch erweist er sich häufig als hervorragende Ergänzung zu etlichen einträglicheren Erwerbstätigkeiten. Führungsstärke und Entschlossenheit sind nur zwei der vielen Eigenschaften, die durch das Judo reifen und die einem grundsätzlich immer gute Dienste im Arbeitsalltag erweisen. Zweifellos ist der Kampfsport zudem ein großartiger Ausgleich, der das eigene Gemüt trotz des mitunter recht eintönigen Brotberufs in Balance hält.

Nicht selten haben Judo-Trainer auch soziale Ambitionen. Der bloße Turniererfolg ist nicht alles. Sie nehmen sich völlig bewusst auch der Problemfälle an, denen ansonsten vermutlich ein eher düsteres Schicksal bevorstehen würde. Sind die komplizierten Jugendjahre dann erst vorüber, hat sich die investierte Mühe aber meistens gelohnt. Die Schützlinge sind endlich im Leben angekommen und blicken zuversichtlich in die Zukunft. Mehr als einen warmen Händedruck darf man für diesen Dienst an der Gesellschaft allerdings nicht erwarten. Doch das spielt keine Rolle, die stillen Helden auf der Matte machen es weder für Lob noch für die klägliche finanzielle Entlohnung. Auch geistig oder körperlich beeinträchtigte Sportler werden im Dojo übrigens gerne aufgenommen und gefordert.

Die Trainer sehen sich als Wegbereiter, die häufig auch mit Rat und Tat zur Seite stehen. Ihre Hilfestellungen gehen über die Belange des Sports weit hinaus. Judo ist tatsächlich mehr als nur Bewegung. Der spirituelle, geistige Aspekt der Kampfkunst reift erst mit dem Alter, doch von Anfang an steht er unsichtbar im Hintergrund. Judo ist Körperschulung, Erziehung und für jeden einzelnen Sportler ein Prozess des geistigen Erwachsenwerdens – zugegeben ein wenige pathetisch, aber Judo ist eben mehr, als man auf den ersten Blick wahrnimmt.

54. GRUND

Weil es niemanden ausschließt

Judo ist ein anspruchsvoller Sport, keine Frage. Dennoch sind die Voraussetzungen, die erforderlich sind, um damit zu beginnen, überraschend niedrig. Es ist weder nötig, besonders groß, wie im Basketball, oder aber besonders klein, wie etwa als Jockey, zu sein. Die Anfangshürde ist gering, was allerdings nicht bedeutet, dass mit den höheren Ansprüchen nicht doch noch harte Bergetappen auf einen zukommen. Halbwegs gesund sollte man schon sein, insbesondere was Kopf und Wirbelsäule betrifft, aber darüber hinaus kann wirklich jeder den Judo-Sport betreiben, der Freude an der Bewegung hat und gerne etwas Neues lernen möchte.

Es kann bei einem Trainingslager schon einmal vorkommen, dass man sich plötzlich einem blinden Kämpfer gegenübersieht. An dieser Stelle ein kleiner, aber wertvoller Hinweis: Man sollte diese Judoka auf keinen Fall unterschätzen, sonst landet man schneller auf dem Rücken, als einem lieb ist. Tatsächlich ist die Sehkraft im Judo nämlich gar nicht von so großer Bedeutung, wie man zunächst glauben könnte. Judoka entwickeln über die Jahre eine bemerkenswerte Intuition, was die Reaktionen ihres Pendants betrifft. Wenn man erst sehen muss, was der Gegner macht, ist es meistens schon zu spät. Man muss es spüren. Jedes kleine Muskelzucken wird irgendwann unbewusst wahrgenommen und fast automatisch die entsprechende Gegenmaßnahme eingeleitet. Man weicht also aus oder blockt den Angriff, indem man sich mit blitzschnellem Körpereinsatz dagegenstemmt. Selbst völlig gesunde Athleten üben manchmal mit einer Augenbinde, um ein noch besseres Gefühl für die Bewegungen des Partners zu entwickeln. Einer der Kämpfer ist zu diesem Zweck zeitweilig blind, während der andere mit offenen Augen dasteht und sehr wohl sehen kann. Gar nicht selten endet ein solcher Zweikampf aber mit einem Sieg des gehandicapten Judoka. Dem anderen bleibt dann nichts anderes übrig, als ziemlich blöd dreinzuschauen.

Auch Sportler mit Downsyndrom oder anderen Einschränkungen sind in diesem Sport gut aufgehoben. Von den hervorragend geschulten Trainern werden sie in die Gruppe integriert und trainieren für gewöhnlich ganz normal mit den übrigen Vereinskollegen. Man ist dann vielleicht etwas zurückhaltender, wenn man mit ihnen ringt, doch im Grunde sind diese leicht beeinträchtigten Judokämpfer zu werfen wie alle anderen – und auch sie werfen wie alle anderen. Es ist durchaus berührend, wenn man beispielsweise einen Kampf zwischen solchen jungen Burschen verfolgen darf und einem schlagartig etwas bewusst wird: Diese wackeren Kerle sind um nichts weniger motiviert als jeder andere. Außerdem braucht man sie keinesfalls mit Samthandschuhen anzufassen. Sie waren beim Training alles andere als untätig, haben gelernt einzustecken und ebenso auszuteilen. Vielleicht hängen sie in ihrer Entwicklung ein paar Jahre hinterher, doch wenn man sich etwas Zeit für sie nimmt, lernen sie Dinge, die ihnen der Unwissende niemals zugetraut hätte. Den Judo-Sport auszuüben bedeutet, an sich zu arbeiten – und daran hindert einen letztes Endes nichts außer der eigenen Motivation.

Das sogenannte »G-Judo« (Judo mit einem Handicap) wurde entwickelt, um eine eigene Kategorie für geistig benachteiligte Sportler zu schaffen. Die Niederlande und Deutschland sind Vorreiter bei der Etablierung dieses breiteren Rahmens für Judo, der insbesondere in Europa zusehends an Aufmerksamkeit gewinnt. Bereits in den 70er-Jahren wurde erkannt, was für eine überragende Rolle Judo bei der Verbesserung der Alltagsmotorik von mental beeinträchtigten Personen und der damit einhergehenden Steigerung ihrer Lebensqualität spielen kann.

Um die therapeutische Wirkung zur Förderung von diesen etwas aufmerksamkeitsbedürftigeren Athleten noch spannender zu gestalten, gibt es auch eigene Wettkämpfe im Bereich des »G-Judo«. Bis hin zur Weltmeisterschaft kann man sich sogar auf internationaler Ebene beweisen. Um den verschiedenen Voraussetzungen der Athleten gerecht zu werden, gibt es drei verschiedene Klassen. Starter in der ersten Kategorie könnten eventuell auch bei normalen Bewerben antreten, wären hier aber stark im Nachteil. Teilnehmer im Bereich der dritten Klasse sind dagegen schon deutlich stärker beeinträchtigt. Auf seinem persönlichen Level sollte sich aber jeder wohlfühlen, es gibt also keine Ausreden.

Auch bei den Paralympics und den Special Olympics werden sportliche Höchstleistungen erbracht. Eine Teilnahme bei den Spielen ist zweifellos die Krönung eines jeden Wettkämpfers – und im Judo wird dabei niemand von vornherein ausgeschlossen, vorausgesetzt, er oder sie ist bereit, wirklich hart für diesen Traum zu trainieren.

55. GRUND

Weil es einen Respekt lehrt

Menschen wollen gemocht werden, zumindest verhält es sich so bei den meisten. Trotzdem wird dieser offenkundig recht natürliche Wunsch nicht jedem erfüllt. Manchmal fällt es einem schwer, einen Gegner wirklich zu lieben – insbesondere, wenn dieser ein eher unangenehmes Gemüt besitzt. Auch das soll vorkommen. Nicht hinter jeder rauen Schale findet sich nämlich ein weicher Kern.

Einige eher forsche Gesellen benehmen sich eben einfach so, dass es einem schwerfällt, sie übermäßig zu schätzen. Sympathie will sich dann nicht richtig einstellen – auch wenn man sich redlich Mühe gibt –, und man muss hin und wieder die Zähne zusammenbeißen, um nicht ausfällig zu werden. Im Judo wäre dieses Verhalten nämlich absolut fehl am Platz. Innige Beziehungen zu jedem einzelnen Kampfgefährten sind nicht vonnöten, respektieren sollte man das Gegenüber aber allemal.

Wie man in den Wald hineinruft, so kommt es bekanntermaßen auch zurück. Mit anderen Worten: Wie du mir, so ich dir. Fehlen einem womöglich die moralischen Implikationen für den respektvollen Umgang mit seinen Mitmenschen, lassen sich also auch sehr pragmatische Gründe dafür finden, einen zivilisierten Umgang mit seinen Sportgenossen zu wahren.

Die ausgesprochen reflektierten Judomeister lehren ihre Schützlinge eindringlich, jeden Gegner zu achten. Der reglementierte Zweikampf hilft auf diesem Weg zu lernen, Niederlagen zu akzeptieren und Siegen mit der gebotenen Demut zu begegnen. Nur wer auch mal auf dem Rücken landet, lernt Misserfolge zu akzeptieren und einen Triumph umso mehr zu schätzen. Was wirklich niemand besonders gut aufnimmt, ist hingegen ein abgehobener und arroganter Gewinner, der sich selbst als großen Sieger zelebriert. Gerade ein verlorener Kampf kann nämlich durchaus die sensible Seite eines Menschen wecken. Ein Tennismatch zu verlieren schmerzt bestimmt auch, doch ein so tiefdringendes Gefühl der Unterlegenheit wie nach einem hautnahen Judo-Duell, bei dem man sich geschlagen geben musste, trifft einen besonders hart. Es ist daher nicht nötig, dann noch den Finger in die Wunde zu legen. Man sollte ebenso ein guter Sieger sein wie auch ein guter Verlierer. Erspart bleiben wird einem die eine oder andere Niederlage selbst sicher auch nicht. Völlig ungeschlagen hat noch keiner seine Karriere beendet.

Im harmoniebedürftigen Judo ist es mehr als unüblich, sich gegenseitig anzupöbeln, wie dies etwa vor einem großen und medienwirksamen Boxkampf Usus ist. Es wird nicht gezwungen eine Feindschaft provoziert, es gibt kein »Face-off« vor den wichtigen Titelkämpfen, wo eine Schar von Fotografen versucht, den schwelenden Hass angemessen einzufangen. Im Judo werden keine Milliardenbeträge lukriert, und es ist nicht nötig, der geifernden Menge ein brisantes Vorspiel zu liefern. Was zählt ist ein spannender Kampf, das Drumherum ist dabei kaum von Belang, und eine Show daraus zu machen, lässt einen Athleten – der Erfahrung nach – nicht unbedingt liebenswerter erscheinen.

Bad Boys und Bad Girls sind im Judo also wenige an der Weltspitze zu finden. Sympathie ist hier das bessere Kapital für monetären Erfolg – der im deutschsprachigen Raum ohnehin eher bescheiden ausfällt – und vor allem Leistung. Für die Wettkampfergebnisse zählt schließlich nur das, was man in dem entscheidenden Moment abliefert.

Ein finsterer, hoffentlich einschüchternder Blick ist vor dem Kampf allerdings erlaubt. Mit einem Lächeln einem Kampf entgegenzutreten muss ja auch irgendwie befremdlich wirken, fast schon höhnisch. Ebenso tut eine halbwegs selbstbewusste Körpersprache, die eine gewisse Streitbarkeit vermuten lässt, dem Judo-Knigge keinen Abbruch.

56. GRUND

Weil drei einer zu viel sind

Ein ehrenhafter Kampf ist immer ein Zweikampf. Als erfahrener Judoka ist man sich dieser Tatsache selbstverständlich bewusst. Massenschlägereien sind ein heilloses Durcheinander, ohne jeden Sinn und ohne Prinzipien. Der Kampfsportler ist kein Hooligan, der zum Vergnügen um sich prügelt. Er kämpft ausschließlich, um sich sportlich zu messen oder weil er muss.

Ein ehrlicher kämpferischer Wettstreit ist in jedem Fall eine Auseinandersetzung Mann gegen Mann bzw. Frau gegen Frau. Die weit zurückreichende Duell-Tradition, die nach einer Kränkung schnell Genugtuung mittels Pistole, Degen oder Säbel verlangte, spielt seit Beginn des 20. Jahrhunderts aber zum Glück keine ernst zu nehmende Rolle mehr. Der Judoka bevorzugt hier nicht letale Mittel und setzt seine Fähigkeiten auch kaum dafür ein, irgendwelche stumpfsinnigen Beleidigungen zu sühnen. Aber für den Fall der Fälle … Franz von Bolgár verfasste mit seiner Schrift *Die Regeln des Duells* ein bemerkenswertes Nachschlagewerk für den entsprechenden Anlassfall – eine komplexe Angelegenheit wohlgemerkt. Doch wer möchte bei seinem Duell schon einen Fauxpas begehen?

Leider ist es nicht immer möglich, sich jedem Konflikt zu entziehen, selbst wenn man es gerne möchte. Ein gewisser altbewährter Ehrenkodex muss aber bei jeder Rangelei unbedingt erhalten bleiben. Man tritt beispielsweise nicht auf jemanden, der bereits am Boden liegt – und sollte man irgendwann zu zweit, zu dritt oder gar zu viert über einen auch noch so verhassten Gegner herfallen, dann muss einem bewusst sein, dass man sich damit vom hehren Ethos eines anständigen Kampfes weit entfernt hat.

57. GRUND

Weil auch dem Gegner Achtung gebührt

Fair Play wird im Judo großgeschrieben. Schmutzige Tricks führen hier nämlich kaum zum Erfolg. Die Kampfrichter haben stets ein wachsames Auge und dulden keine unlauteren Methoden, die mit den spirituellen und moralischen Ansprüchen des Judo brechen. Größtmögliche Sicherheit bei geringstmöglicher Einschränkung des Kampfes sind die entscheidenden Grundsätze, die es dabei gegeneinander abzuwägen gilt. Wer es sich jedenfalls zum Ziel setzt, seinen Gegner in irgendeiner Weise absichtlich zu verletzen, der hat in der Welt des Judo nichts verloren.

Man lernt es schon von klein auf: Ohne die entsprechende Kontrolle ist in diesem Kampfsport kein Sieg zu erringen. Die Verantwortung für seinen Partner gehört zu den ersten Dingen, die ein Judoka zu lernen hat. Beim Training muss das Gegenüber bei jedem Wurf zurückgehalten oder zumindest kontrolliert und geführt werden, um seinen Fall behutsamer zu gestalten. Auch im Wettkampf-Judo auf höchstem Niveau ändert sich daran im Wesentlichen nichts. Ohne die nötige Kontrolle wird nämlich auch hier keine Wertung für eine Technik vergeben. Hinter dieser Praxis steht ein sehr einfacher Gedanke: Sicherheit geht vor! Egal ob während des Trainings oder im Wettkampf, Judo soll immer eine wohltuende und gesundheitsfördernde Sportart bleiben. Der Gegner wird durch diese Kunst daher so zu Boden geführt, dass Verletzungen möglichst ausgeschlossen werden. Auf anderem Weg wird man in diesem Kampfsport keine Erfolge feiern.

58. GRUND

Weil das Leben manchmal ein Kampf ist

Wird man dem mütterlichen Schoß erst mal entrissen, beginnt damit langsam, aber sicher der Ernst des Lebens. Allerspätestens wenn es den noch recht unbedarften Halbwüchsigen dann in die weite Welt hinauszieht, wird er schnell feststellen, dass einem dort nichts geschenkt wird. Hin und wieder muss man sich einfach durchschlagen – im Idealfall nur im metaphorischen Sinne.

Um einige Konflikte wird man jedenfalls nicht herumkommen, denn absolute Harmonie und Glückseligkeit erwarten einen frühestens hinter den himmlischen Pforten. Bis es so weit ist, lehrt einen die Judokunst zumindest, seinen eigenen Standpunkt in den weltlichen Gefilden resolut zu behaupten. »Niemals aufgeben, niemals kapitulieren!«, so lautet die Devise.

Und doch lehrt einen das japanische Zweikampfsystem auch eine gewisse Kompromissbereitschaft. Nachgeben ist für den Judoka ein essenzieller Bestandteil seiner Strategie – sowohl im gelebten Kampf als auch im kämpferischen Leben.

59. GRUND

Weil Judo sanft ist

Sanft? Wirklich? Zugegebenermaßen handelt es sich dabei um kein Attribut, das der Laie unbedingt mit einem Kampfsport in Verbindung bringen würde. Man denkt in diesem Kontext eigentlich an etwas ganz anderes: Schläge hageln auf einen ein, oftmals auch Tritte und am Ende der Karriere hat man womöglich einige Zähne und wahrscheinlich auch eine nicht zu vernachlässigende Anzahl an Gehirnzellen eingebüßt. So ein Bild hat man wohl eher vor Augen, wenn man bereits den einen oder anderen Boxkampf verfolgt oder ein paar Bruce-Lee- oder Jackie-Chan-Filme gesehen hat. Zumindest für einen geht es hier in der Regel schlecht aus.

Nun, die meisten Menschen legen verständlicherweise Wert darauf, mit 30 noch halbwegs gerade laufen zu können. Außerdem möchte man sich dann noch in der Lage sehen, einem Gespräch zu folgen, das die Dimension von Wetteranalysen oder die Frage nach dem eigenen Befinden überschreitet.

An dieser Stelle gibt es gute Nachrichten: Judo ist keinesfalls so offensiv wie etwa Karate, Thai-Boxen, Taekwondo oder die Mixed Martial Arts. Schläge und Tritte sind tabu. Verletzungen sind trotzdem niemals ausgeschlossen, aber wirklich sehr selten. Judo wurde als ein Kampfsport konzipiert, der gerade darauf den Schwerpunkt legt, unnötige Verletzungen zu vermeiden. Mit »Der sanfte Weg« lässt sich der japanische Begriff »Judo« übersetzen, und n o m e n ist hier tatsächlich o m e n.

Freilich verliert auch das Judo ein wenig von seiner Sanftheit, wenn es an die gezielte Wettkampfvorbereitung geht. So ist es aber in jedem Sport. Friedfertigkeit adelt ohne Zweifel den Charakter, aber im Turnier hält man dann meist doch ungern die andere Wange hin. Der Gegner landet zwar nicht auf Watte oder auf Wolken, dafür aber auf den Judo-Matten, die sich nach einiger Zeit fast schon weich anfühlen. Es wird damit ein vernünftiger Kompromiss zwischen »Alleee Menschen weeerden Brüüüder ...« und der totalen Zerstörung des Gegners geschlossen. Dieser ist zumindest während des Übens immer ein geschätzter und wichtiger Trainingspartner.

Geworfen zu werden ist der Gesundheit nicht abträglich. Die ersten Wochen mag man es noch etwas intensiver wahrnehmen, aber dafür sind die Knochen bald gestärkt. Durch Mikrofrakturen werden entsprechende Reize gesetzt, und die Knochen wachsen daraufhin stärker zusammen. Damit wird man zwar noch lange nicht unzerstörbar, aber immerhin erheblich widerstandsfähiger. Es gilt das etwas überspitzte Motte: Was mich nicht umbringt, macht mich stärker. Maßvoll angewandt, ist der auf Nietzsche zurückgehende Ausspruch definitiv zutreffend.

Festhaltetechniken sind auch nicht weiter schlimm. Man könnte sie sogar als ausgesprochen sanft bezeichnen. Mit Würgetechniken verhält es sich da schon etwas anders. Man muss wohl einräumen, dass diese auch ein wenig unangenehm sein können. Aber wenn man tatsächlich einmal so empfinden sollte, dann wird eben abgeklopft. Im Wettkampf muss hier natürlich immer zwischen persönlichem Wohlbefinden und den eigenen Ansprüchen und Zielen abgewogen werden. Ernste Verletzungen drohen dabei jedenfalls kaum. Schlimmstenfalls schlummert man für wenige Sekunden, ehe man vom Kampfrichter wieder geweckt wird. Aber nach kurzer Verwirrung ist man schnell wieder bei sich.

Hebeltechniken sind wahrscheinlich das, was man im Judo noch als das am wenigsten Sanfte bezeichnen muss. Wenn diese einmal wirklich durchgezogen werden, kommt wenig Freude auf. Es gab bei größeren Wettkämpfen schon Fälle, die sehr schmerzhaft geendet haben. Man muss es sich folgendermaßen vorstellen: Der eine Athlet ist nach Punkten in Führung, und die Zeit ist bereits um. Dennoch hat der Kontrahent seinen Hebel schon angesetzt, und solange die Technik noch eine entsprechende Wirkung erwarten lässt, muss der Kampf weitergeführt werden, auch wenn es jedem Außenstehenden schon beim bloßen Zusehen wehtut. Jetzt muss man sich entscheiden: abklopfen oder durchbeißen. Nicht jeder Athlet verschenkt an dieser Stelle einen sicheren Sieg.

Immerhin darf im Judo bewusst nur das Ellbogengelenk gehebelt werden. Schulter und Knie sind also ausgenommen, und ein dahingehender Verstoß wird sofort mit »Hansoku-make«, einem schweren Regelverstoß, geahndet. Damit ist der Kampf vorbei, denn eine unzulässige Gefährdung des Kontrahenten wird im Judo nicht toleriert. Wie gesagt, Judo geht den sanften Weg – hin und wieder kann er aber doch etwas holpriger werden.

5. KAPITEL

ANEKDOTEN

60. GRUND

Weil Judo ein wenig wie »House of Cards« ist

Tja, leider ist Kevin Spacey mittlerweile zu zweifelhaftem Ruhm gelangt und hat einiges an Strahlkraft eingebüßt. Die fragwürdigen Annäherungsversuche des Hollywoodstars haben seinen Schauspielkünsten allerdings keinen Abbruch getan.

Die Politik-Thriller-Serie *House of Cards* ist wirklich ziemlich gelungen, zumindest die erste Staffel, wo sich sowohl der Mime als auch der Protagonist noch halbwegs unbefleckt präsentierten. Seitdem hat sich leider einiges geändert – und das nicht unbedingt in vorteilhafter Weise. Die Spannung hat nachgelassen, nicht aber die Spannungen rund um den ehemaligen Hauptdarsteller.

Es wird heutzutage wahrscheinlich gar nicht mehr allzu sehr überraschen, dass sich auch so mancher Sportverband mit einer vergleichbaren, wenn auch abgeschwächten Form solcher serienreifen Ränkespiele konfrontiert sieht. Derartige Auswüchse sprießen meist dort, wo Geld im Spiel ist. Das trifft im Judo zwar nur sehr bedingt zu, trotzdem ist man auch hier vor manchen Gehässigkeiten – etwa zwischen den konkurrierenden Clubs – nicht gefeit.

So kann es etwa durchaus passieren, dass dem frischgebackenen Landestrainer zu Beginn seiner hoffnungsfrohen Karriere nicht gerade Blumen gestreut werden. Wo jemand kommt, da ist zuvor nämlich jemand gegangen – und nicht jeder fühlt sich mit solchen Veränderungen besonders wohl. Der Neue im Amt erweckt dann nicht immer ungeteilte Sympathie. Wenn der stramme junge Kerl also die Hüllen gleich in der Halle fallen lässt und sich den Judoanzug einfach salopp am Rand der Mattenfläche überwirft, handelt er sich im äußersten Fall womöglich sogar eine Beschwerde wegen sexueller Belästigung ein. So viel hat jedenfalls die Vergangenheit gezeigt. Derartige Beschuldigungen gehen heutzutage offenbar recht leicht von der Hand.

Ohne dabei weiter in die Details gehen zu wollen, ist noch zu erwähnen, dass diese etwas überschießende Anklage nicht unbedingt den erwünschten Erfolg erzielte. Der besagte Trainer leistete nämlich auch weiterhin gute Arbeit und ließ dabei den gebotenen Elan nicht vermissen. Auch das figurbetonte T-Shirt saß – nebenbei bemerkt – weiterhin locker.

Doch es soll kein falscher Eindruck vermittelt werden. Eigentlich geht es im Judo-Sport ja ganz sauber zu, aber da bleiben eben noch diese kleinen Ausnahmen, die am Ende bekanntermaßen bloß die Regel bestätigen. Konkurrenz ist immer so ein Faktor, der für Unmut sorgen kann. Im Sport bleibt dieser natürlich selten ganz aus. Kindische Streitereien haben ebenso wie schlechte Angewohnheiten eine lange Halbwertszeit. Auch ein Aufeinandertreffen von unversöhnlich entzweiten Trainern bleibt diesen auf kurz oder lang allerdings nicht erspart.

Die meisten ihrer Zunft begrüßen sich selbstverständlich freundlich und haben ein gutes und konstruktives Einvernehmen. Sie eint die Leidenschaft für den Sport, und für gewöhnlich kennt man sich schon lange Zeit. Nun ja, trotzdem ist das wohl kaum ein Garant für innige Freundschaft, sondern erzielt unter Umständen auch den gegenteiligen Effekt. Manchmal strömt einem beim Betreten der Wettkampfhalle deshalb wenig Herzlichkeit entgegen. Trainer A und Trainer B tauschen nur kühle Blick aus, und man spürt regelrecht die Verachtung, die in der Luft liegt. In Einzelfällen kommt es sogar vor, dass man sich – wann immer möglich – gegenseitig Steine in den Weg legt, unter denen letztendlich auch die Sportler zu leiden haben.

Wenn uns Kevin Spacey beziehungsweise sein Alter Ego Frank Underwood etwas gelehrt hat, dann, dass überall dort, wo die Politik ihre gierigen Finger im Spiel hat, früher oder später – meistens früher – auch gewisse Hässlichkeiten zutage treten können.

Judo und die gefeierte Netflix-Serie haben also durchaus ein paar unvermutete Gemeinsamkeiten. Die Parallelen beschränken sich jedoch nur auf die größeren Strukturen, die vorwiegend im Hintergrund wirken. Der kleine Vereinssport hat freilich ein wesentlich freundlicheres Gesicht – und was die sportpolitischen Entscheidungsprozesse auf höherer Ebene betrifft, so würden einige andere Disziplinen vermutlich ein deutlich düstereres Bild abgeben.

Hin und wieder hat aber auch die Judowelt überraschend humorvolles Serienmaterial zu bieten. Man sollte diese Ausnahmeerscheinungen trotzdem nicht zur Gewohnheit werden lassen.

61. GRUND

Weil der Versuch zählt

Bei Wettkämpfen verhält es sich im Judo wie auch bei etlichen anderen Sportarten so, dass die unterschiedlichen Wertungen nicht immer völlig eindeutig feststellbar sind. Beim Sprint, bei diversen Rennsportarten oder zum Beispiel beim Gewichtheben sind die jeweiligen Ergebnisse für gewöhnlich einigermaßen objektiv gegeben. Uneinigkeit herrscht darüber nur in den seltensten Ausnahmefällen. Im Judo ist die Aufgabe der Wettkampfrichter allerdings von entscheidender Bedeutung, ebenso wie auch beim Eiskunstlauf oder dem Turmspringen. Viel hängt von der persönlichen Einschätzung der Richter ab – und diese müssen daher ein gutes Auge haben.

Schon bei kleineren Wettkämpfen gibt es manchmal durchaus Meinungsverschiedenheiten in den unterschiedlichen Trainerlagern. Hin und wieder schickt sich ein besonders dreister Betreuer sogar an, dem Kampfrichter vorzugreifen, und brüllt einfach lauthals die Wertung heraus, von der er annimmt, sie müsse seinem Schützling zugestanden werden. Gerade jüngere und noch unerfahrene Kampfrichter lassen sich dabei schon einmal mitreißen.

Als diejenige Person, die einen solchen mitunter recht bewegungsintensiven Kampf leitet, steht man natürlich unter gewissem

Zeitdruck. Bei einem Judoduell geht es nicht selten hektisch zu, und wenn einer der beiden Kontrahenten am Boden landet, muss schnell eine Entscheidung getroffen werden. Ist die Aktion nun mit »Waza-ari« oder sogar mit »Ippon« zu bewerten – und wenn ja, für wen? Oder hat am Ende vielleicht doch die nötige Kontrolle gefehlt und es sollte gar keine Wertung vergeben werden? Fragen über Fragen – und die Entscheidung fällt nicht immer leicht.

Wenn der gestandene Trainer, der wie ein Falke am Rand der Matte lauert, also nur mit der rechten Entschlossenheit »Ippon!« ruft, ist es schon des Öfteren vorgekommen, dass der überrumpelte Kampfrichter reflexartig den Arm hebt und die entsprechende Wertung anzeigt – auch wenn das vielleicht doch etwas übertrieben großzügig war. So was sorgt dann gelegentlich auch für böse Blicke vonseiten des gegnerischen Trainers, aber ein wenig Gegenwind nehmen manche in so einem Fall bereitwillig für ihre Schützlinge in Kauf. Immer geht diese simple wie geniale Strategie natürlich nicht auf – aber in der richtigen Situation lohnt sich zumindest der Versuch.

62. GRUND

Weil Judoka ein lustiges Volk sind

Wer Judo betreibt, der benötigt ein Mindestmaß an Ernsthaftigkeit. Das bedeutet aber keineswegs, dass man sich nicht hin und wieder einen Ausrutscher leisten darf. Kleine Sünden machen das Leben schließlich erst lebenswert.

Es gab da einmal einen Kämpfer – Namen werden an dieser Stelle besser verschwiegen –, der schoss am Abend vor einem Europacup-Turnier allerdings deutlich übers Ziel hinaus. Der genannte Sportler war definitiv kein Kind von Traurigkeit, und angesichts seiner guten Laune schaute er so tief ins Glas, dass der folgende

Wettkampftag ein ziemlich böses Erwachen mit sich brachte. Sein Trainer war noch von der alten Schule, und dieser konnte angesichts des mehr als angeschlagenen Zustandes seines Athleten nur wenig Humor aufbringen. Wer trinken kann, der muss auch kämpfen können! Das war jedenfalls sein Standpunkt.

Mit Müh und Not hatte der gezeichnete Judoka irgendwie auf die Matte gefunden, doch sein Schädel dröhnte noch immer. Es war Zeit für den ersten Kampf, obwohl sein Orientierungssinn bedauerlicherweise noch nicht vollständig intakt war. Als der Kampfrichter das Duell mit einem lauten »Hajime!« eröffnete, war der Gegner plötzlich verschwunden. Zauberei womöglich?

Leider nein ...

Der mittlerweile etwas in Rage geratene Betreuer konnte nur noch rufen: »Hinter dir, du Trottel!«, dann war es auch schon vorbei, und die Judohalle drehte sich.

Der verärgerte Trainer schüttelte den Kopf und wandte sich ab, der Gegner grinste fröhlich vor sich hin, insbesondere weil er sich an seinen indisponierten Kontrahenten noch vom Feiern am Vortag erinnerte, und ebenjener erbrach sich zum Abschluss noch auf die Socken des Kampfrichters.

Zugegebenermaßen konnte zu diesem Zeitpunkt noch nicht jeder darüber lachen. Doch was für ein trostloses Leben müsste man als Sportler doch fristen, gäbe es nicht hin und wieder von einer solchen Geschichte zu berichten? An diese Dinge erinnert man sich im Nachhinein mit liebevoller Sentimentalität, und die vielen unvergesslichen Eindrücke werden einem eines fernen Tages den Lebensabend versüßen.

63. GRUND

Weil Judo in die Breite geht

Für gewöhnlich bekommt man in den unterschiedlichen Sportvereinen vorwiegend diese ausgezehrten Athletinnen und Athleten zu sehen, die einem leidenschaftlichen Esser schon fast ein schlechtes Gewissen machen und gründlich den Appetit verderben können. Im Judo-Dojo ist das anders. Alle Gewichtsklassen sind hier vertreten, und zwar von ganz unten bis ganz nach oben.

Damit bietet dieser Sport auch Menschen mit etwas mehr Masse die Möglichkeit, sich im Wettkampf zu profilieren. Selbst diejenigen, die auf den ersten Blick nicht unbedingt als typische Sportler zu erkennen sind, können den Judo-Sport betreiben – und das durchaus mit Erfolg.

Man muss nicht unbedingt gertenschlank sein, um jemanden zu werfen. Mit etwas mehr Gewicht hält man sich unter Umständen sogar leichter auf den Beinen. In vielen anderen Sportarten hätten die etwas stämmigeren Burschen und Mädels nichts zu melden, doch Judo gibt jedem eine Chance. So wird die Freude an der Bewegung erhalten, auch wenn man vielleicht nicht gerade die Idealmaße für einen erfolgreichen Triathleten oder einen Turniertänzer bietet. In diversen anderen Disziplinen hätte man vielen der heute sehr erfolgreichen Judoka womöglich schnell die Leidenschaft für die Bewegung und den Wettkampf verleidet. Judo entfesselt dagegen in jedem das Potenzial. Nicht der Bauchumfang zählt, sondern der Wille.

Die Damen über 78 kg und die Männer über 100 kg haben ebenso wie die leichteren Kaliber ihre eigene Gewichtsklasse, in der sie sich messen können, mit dem Unterschied, dass die sogenannten »Plus-Klassen« nicht mehr nach oben hin beschränkt sind. Deshalb stehen sich dort auch oft sehr unterschiedlich gebaute Kämpfer gegenüber.

Obwohl weniger manchmal sogar mehr ist, können selbst die schwersten der Schweren ganz oben mitspielen. Sie müssen ihr Gewicht nur richtig einzusetzen wissen. Ein außergewöhnlicher Judoka von der idyllischen Südseeinsel Guam liefert hierfür ein eindrucksvolles Beispiel. Ricardo Blas Junior gelangte durch seine ungewohnte Statur und seine charmanten Interviews zu erheblichem Ruhm in der Welt des Sports. Er war der schwerste Athlet, der jemals bei einem olympischen Wettkampf teilgenommen hatte, als er 2008 erstmals seine Nation bei den Sommerspielen in Peking vertrat. Bei einer Körpergröße von 1,83 m brachte der Koloss stolze 210 kg auf die Waage. Von besonderem Erfolg war sein Auftritt damals allerdings nicht gekrönt. Blas verlor sowohl seinen Auftaktkampf als auch die darauf folgende Begegnung in der Trostrunde jeweils mit vier Verwarnungen wegen Passivität, die schließlich zu seiner Niederlage führten. Keinem der beiden war es gelungen, das Schwergewicht tatsächlich zu werfen.

Vier Jahre später kehrte der Titan von Guam jedoch zurück. Bei den Spielen in London wog er sogar äußerst stattliche 218 kg. Diesmal gelang es dem Insulaner, die erste Runde zu überstehen. Er konnte sich mit einem überraschend flinken Wurf gegen den 83 kg leichteren Facinet Keita aus Guinea durchsetzen, wurde dann jedoch durch den Kubaner Óscar Brayson aus dem Bewerb geworfen. Aber was soll's? Dabeisein ist schließlich alles, und Blas war immerhin bei beiden seiner Olympiaauftritte die große Ehre zuteilgeworden, stolz die Fahne seiner Heimat bei der Eröffnungszeremonie schwenken zu dürfen.

Das Kraftpaket aus Guam hat mit seinen 218 kg auf alle Fälle einen schwer zu überbietenden Rekord bei den Spielen hinterlegt – und ein gewonnener Kampf bei einem olympischen Wettstreit ist ja schließlich auch nicht nichts. Ein bescheidener Platz in der Geschichte dürfte ihm damit auch in Zukunft sicher sein.

»Little Mountain« nennt man den Judoka, der sich dem Ideal des gemeißelten Sportlerkörpers vehement widersetzt, liebevoll in seiner Heimat. Solchen Eitelkeiten ist der Mann aus Guam längst entwachsen. Dafür mag er Barbecues am Strand wohl einfach viel zu gerne, wie er 2012 während eines Interviews über sich und die kollektive Leidenschaft seines Volkes sehr freimütig verriet.

Auch Freunde der üppigen Kulinarik, die ganz gerne den »fleischlichen« Gelüsten frönen, dürfen also weiterhin von der Olympia-Teilnahme träumen, nicht nur die klassischen Asketen. Grenzen erlegt einem im Judo am Ende nur der Gürtel auf, den man zumindest noch vorne zusammenbinden können sollte. Wie dem sympathischen Kämpfer aus Guam kann es in dem Sport prinzipiell jedem gelingen, eines Tages selbst den Olymp zu erobern – und dann möglicherweise sogar mit Edelmetall im Gepäck die Heimreise antreten zu dürfen.

64. GRUND

Weil manchmal die kleinsten Dinge entscheiden

Hin und wieder greift einem das Schicksal unter die Arme, aber das ist definitiv mehr als angemessen, immerhin kann es an anderer Stelle auch ziemlich hart zu einem sein. Diese wahrscheinlich lange nachklingenden Erfahrungen haben zwei Damen bei der Judo-WM 2017 in Budapest gemacht. Nino Odzelashvili kämpfte für Georgien in der Gewichtsklasse bis 70 kg. Gegenüber stand ihr die ebenfalls kampferprobte Nigerianerin Winnie Gofit.

In dem Vorrundenkampf war Odzelashvili bereits in Führung gegangen, als dieser völlig unerwartet ein eher skurriles Ende nahm. Die Georgierin hatte nämlich vergessen, ihr hübsches kleines Halskettchen vorher abzulegen. Zugegeben, sehr zierlich, doch der Kampfrichter sah die ganze Sache etwas anders. Bei metallischen Gegenständen, die unerlaubterweise am Körper getragen werden, sind die Regeln absolut eindeutig.

Es gab vonseiten des Kampfrichters noch einen kurzen Austausch per Funk mit der wachsamen, aber offenbar ebenso wenig modebewussten Tischbesetzung, und daraufhin folgte die direkte Disqualifikation für Odzelashvili.

Harte oder spitze Gegenstände können leicht Verletzungen verursachen und gefährden die Wettkämpfer, darum auch das harte Urteil. Es ist davon auszugehen, dass ein bösartiges Motiv hier keine Rolle gespielt hat – und doch haben auch schon des Öfteren Armbanduhren für große Ernüchterung gesorgt.

Mit anderen Worten: Abgesehen vom Judoanzug und dem zusätzlichen weißen T-Shirt bei den Frauen, sollte man auf der Matte nichts mit sich führen. Beim BH ist übrigens darauf zu achten, dass dieser keinen Metallbügel enthält. So was kann nämlich im wahrsten Sinne des Wortes ins Auge gehen. Bandagen und Tape-Verbände sind erlaubt, aber das war's dann im Grunde auch schon. Man mag es kaum glauben, aber beim Grand Slam in Baku 2019 fiel dem Portugiesen Anri Egutidze tatsächlich ein Handy aus dem Kimono. Dieser Wunsch zur grenzenlosen Mobilität war für einige wirklich verblüffend. Disqualifiziert wurde der Mann am Ende trotzdem.

Zurück zu den Damen: Durch den eher amateurhaften Fehltritt ihrer Kontrahentin gewann die Nigerianerin Winni Gofit also doch noch das Duell. Für die Medaillenränge reichte die gegenwärtige Form der Kämpferin trotz dieser hilfreichen Fügung nicht aus. Als so entgegenkommend wie die unglückliche georgische Athletin und der mobilfunkaffine Portugiese erweisen sich Judoka in der Regel nämlich doch eher selten.

Jedenfalls kommt es immer wieder vor, dass die unscheinbarsten Dinge über Sieg oder Niederlage entscheiden. Es sind nur Kleinigkeiten, doch diese haben oft eine große Wirkung. Ein paar Zentimeter, ein paar Sekunden, ein paar Gramm, vielleicht auch nur der ausgefallene Körperschmuck – all das hört sich vielleicht unbedeutend an, kann aber unter Umständen den entscheidenden

Unterschied machen. Kleinigkeiten sind es am Ende, die den Sport spannend halten und ihn so wunderbar unvorhersehbar machen.

65. GRUND

Weil Ehrgeiz auch manchmal gebremst werden muss

Prinzipiell ist der Wunsch nach großem Erfolg wirklich nichts Verwerfliches. Gerade dieser unbändige Wille macht einen herausragenden Sportler nämlich erst aus. Problematisch wird die ganze Sache natürlich, wenn man sich unerreichbare oder zumindest unrealistische Ziele setzt und einen am Ende eine herbe Enttäuschung erwartet. Am allerschlimmsten sind aber oft die lieben Eltern. In ihren sehnsuchtsvollen Träumen sehen sie ihre Sprösslinge schon zu wahren Superstars aufsteigen, nachdem diese gerade mal den zweiten Platz bei der Bezirksmeisterschaft errungen haben. Auch Sportler-Eltern müssen genau wie die aktiven Wettkämpfer einen gewissen Lernprozess durchlaufen, wenn es um den Faktor gesunde Motivation geht. Ein reges Interesse am Erfolg des eigenen Nachwuchses ist sicherlich gesund, übermäßiger Druck hat dagegen selten einen erbaulichen Effekt.

Zum Glück gibt es noch den Trainer als wichtiges Zwischenglied. Dieser ist im Judo für technische Korrekturen, taktische Kniffe und am Rande für das seelische Wohlbefinden – insbesondere seiner jüngeren Schützlinge – zuständig. Der erfahrene Judomeister muss mitunter als Mental Coach herhalten, auch wenn diese Aufgabe nicht immer leicht oder übermäßig dankbar ist. Gerade ein noch nicht so gefestigter Charakter reagiert oft sensibel auf Niederlagen, und dann braucht es häufig ein paar bestärkende Worte. Lob ist wichtig, aber inflationär sollte man damit nicht umgehen, sonst verliert es bald seine Wirkung, oder der Sportler geht irgendwann dazu über, sich selbst für fehlerlos zu halten. Unter Umständen müssen im einen oder anderen Fall auch die Eltern auf den Boden der Realität zurückgeholt werden. Absolute Offenheit kann hierbei manchmal sehr heilsam sein.

Dazu eine bezeichnende Episode von einem Schülerturnier – folgendes Szenario: Ein blutiger Anfänger bestreitet seinen zweiten Wettkampf. Bislang musste er leider immer sieglos von der Matte gehen, aber heute sind die Karten wieder neu gemischt und alle Chancen offen. Der Zehnjährige hat nur einen Gegner in seiner Gewichtsklasse. Derjenige von den beiden, der zuerst zwei Kämpfe für sich entscheidet, gewinnt also das Turnier. Der kleine Judoka ist nervös – natürlich ist er das, selbst erfahrene Kämpfer sind über solche Gefühle nicht erhaben. Ein richtiger Wettkampf ist immer etwas Besonderes und mit den halbherzigen Auseinandersetzungen während des Trainings kaum zu vergleichen. Noch wesentlich nervöser scheinen aber die Eltern des jungen Sportlers zu sein. Bereits im Moment, in dem er auf die Matte steigt, ballen sie die Hände zu Fäusten. Sie drücken ihrem kleinen Superstar so fest die Daumen, dass die Nägel tiefe Abdrücke in der Haut hinterlassen.

Aber kann der kleine Judokämpfer diesem Druck standhalten? Tja, im konkreten Fall: nein. Der Trainer fuchtelt von draußen mit den Armen, versucht ihm zu erklären, dass er hier mehr und da etwas weniger ziehen soll. Er kann es nicht umsetzen und scheint nur verwirrt. Durch seinen Kopf schwirren die vielen motivierten Bestärkungen seiner Eltern, die ihm hundertfach erklärt haben, dass er es schaffen kann – wird – ja eigentlich sogar muss! Er müht sich ab und gibt sein Bestes. Am Ende muss er sich dennoch geschlagen geben.

Der Coach nimmt ihn sich zur Seite. Mindestens einen Kampf hat er schließlich noch gegen diesen Gegner zu bestreiten – und dann hoffentlich mit anderem Ausgang. Möglich wäre es auf jeden Fall, wenn doch nur die beiden Co-Trainer auf der Zuschauertribüne sich endlich ein wenig zurücknehmen und das arme Kind durch ihre Zurufe nicht nervöser machen würden, als es ohnehin schon ist.

»Du machst genau diesen Wurf«, erklärt er seinem Schützling und zeigt ihm dazu ein paar Kniffe. Er klopft ihm auf die Schulter und sagt, dass es beim ersten Kampf knapp war, aber man manchmal eben auch verliert. So ist das Leben. Mehr lernt man sowieso von solchen Rückschlägen – obwohl das vermutlich kaum besonders tröstlich ist.

Im Grunde spielen Sieg oder Niederlage in dieser Altersklasse ohnehin keine tragende Rolle für eine spätere Karriere. Bis zur U21 geht der Aussagegehalt der Turnierergebnisse gegen null. Bis dahin sind Entwicklung und Talent die wichtigsten Faktoren. Irgendwann haben allerdings die Talentlosen aufgehört, und von da an zählt nur noch Training, Training und Training. Wer nicht beinhart an sich arbeitet, kann ab diesem Zeitpunkt nicht mehr mithalten.

Es geht wieder los. Der Schweiß des letzten Kampfes ist noch kaum getrocknet, doch diesmal ist es völlig anders. Der halbwüchsige Judoka ist konzentriert. Seine Umgebung blendet er aus, und er wirkt dabei wie ferngesteuert. Was sein Trainer ihm direkt vor dem Kampf erklärt hat, trägt Früchte. Wie ausgewechselt geht er auf seinen Gegner zu und wirft.

»Waza-ari!«, verlautet der Kampfrichter, ein halber Punkt. Die Eltern machen Luftsprünge, dass die Tribüne erbebt. Keine 30 Sekunden später folgt der nächste Wurf. Er vollführt die Technik ganz genau so, wie man es ihm gezeigt hat.

»Waza-ari-awasete-ippon«, ruft der Kampfrichter und gestikuliert dabei wild herum. Damit ist der Kampf zu Ende. Zwei Waza-ari werden nämlich zu einem kampfbeendenden Ippon umgewandelt, einem ganzen Punkt. Ein Lächeln zeichnet sich auf den Lippen des erfolgreichen Kämpfers ab, ebenso wie auf denen seines erfreuten Trainers. Die überschwängliche Begeisterung in den Gesichtern seiner Eltern erinnert schon eher an die Fratze eines Horrorclowns.

Es steht nun eins zu eins. Der nächste Kampf entscheidet. Wie es das Schicksal will, wird der siegesmutige Knirps aber nach weniger als einer Minute durch einen Festhalter besiegt. Damit ist das Turnier für ihn vorbei. Der zweite Platz ist es immerhin geworden, wenn auch nur von zwei. Aber wer wird schon nachfragen? Und allein der erste gewonnene Kampf bei einem Wettbewerb ist schon etwas, worüber man sich in jedem Fall aufrichtig freuen kann.

Etwas später kommt das ehrgeizige Duett auf den Trainer zu, während sich ihr erschöpfter Sohn gerade umzieht. »Kann es sein, dass er Angst hat, seinen Gegner zu verletzen?«, fragt die Mutter mit leidender Miene. Sie ringt verzweifelt nach einer Ausrede. Es muss doch schließlich einen Grund geben, wieso es nicht hat klappen wollen, und das schon zum zweiten Mal. Da erscheint dieser edle Wesenszug natürlich am naheliegendsten. Der Trainer muss die Seifenblase leider zerplatzen lassen, auch wenn es ihm niemand danken wird. »Das kann ich zu 100 Prozent ausschließen«, erklärt er ihr in einem Tonfall, der keine Zweifel aufkommen lässt.

Nur zur Erklärung: Judoka sind keine Ungeheuer. Niemand setzt sich zum Ziel, einen Kollegen in irgendeiner Form zu verletzen, auch wenn es in seltenen Fällen trotzdem vorkommt. Das Regelwerk ist erfreulicherweise darauf ausgelegt, Verletzungen so gut wie möglich zu verhindern, und im Training wird eine Hebel- oder Würgetechnik im Zweifelsfall eher abgebrochen, als einen schalen Sieg zu erzwingen, indem man den Partner womöglich verletzt. Im Turnier sieht es dabei aber ein wenig anders aus. Der Adrenalinspiegel schießt nach oben, und in dieser Situation denkt man im Grunde nur an eines, nämlich daran zu gewinnen. Jeder mit einem anderen Zugang hat in Wahrheit schon verloren, bevor er die Kampffläche betritt. Der junge Athlet hätte seinen zweiten Kampf mit Sicherheit nicht gewonnen, wenn er bei jedem Wurf zuvor überlegt hätte, ob er seinem Gegner damit nicht vielleicht ein bisschen wehtun könnte.

Die Moral des kurzen Lehrstücks ist folgende: Kinder brauchen Motivation, aber was sie bestimmt nicht brauchen, ist ein übertriebener Ehrgeiz von außen. Es gibt genügend jüngere Judoka, die nach einem verlorenen Kampf ganz instinktiv schmerzverzerrt zur Schulter greifen, weil sie das Gefühlt haben, eine Ausrede für ihre Niederlage zu benötigen. Wenn es nicht läuft wie geplant, sind sie plötzlich verletzt, krank oder der Kampfrichter war ihnen nicht gewogen. Nach einer selbst verschuldeten Ursache, wie etwa zu sporadischem Training, wagen sie gar nicht zu suchen. Am schlimmsten wirkt der Druck auf junge Sportler meistens vonseiten allzu bemühter Eltern, denn ihr Urteil nimmt man sich natürlich besonders zu Herzen. Ein gewissenhafter Trainer muss hier auch mal gegensteuern. Niederlagen wird es schlussendlich immer geben, und wenn diese mit zu schmerzhaften Gefühlen verbunden sind, kann dadurch sehr leicht eine Erfolg versprechende Judozukunft zerstört werden.

Kinder sind Kinder, und man muss sie auch als solche behandeln. Wo sie ihr Schicksal später irgendwann hinführt, ist unmöglich vorherzusagen oder zu planen, und nicht jedem ist es möglich, eines Tages Weltmeister zu werden. Manche haben auch schlichtweg gar kein Interesse daran, einen solchen – mit vielen Entbehrungen verbundenen – Weg einzuschlagen.

66. GRUND

Weil bis zur letzten Sekunde alles möglich ist

Ein gut angesetzter Hebel, eine unerwartete Würgetechnik oder ein geschickter Wurf – und schon kann alles vorbei sein. Bei einem Judokampf ist immer höchste Konzentration erforderlich. Auch wenn man bereits nach Punkten in Führung gegangen ist und den

Kampf klar dominiert – im Bruchteil einer Sekunde kann sich das alles sehr schnell ändern.

Folgende Situation: Man kämpft nun seit etwa eineinhalb Minuten gegen einen überaus widerspenstigen Gegner. Es ist ein ständiges Hin und Her. Bisher ist es aber noch keinem gelungen, sich einen entscheidenden Vorteil herauszuarbeiten.

Endlich gelingt es, die Verteidigung seines Kontrahenten zu durchbrechen und ihn mit einer präzise ausgeführten Wurftechnik zu überraschen. »Waza-ari!«, ruft der Kampfrichter, und man tendiert dazu, sich damit in einer gewissen Sicherheit zu wiegen. Aber was bedeutet das schon – insbesondere in diesem Sport?

Bereits nach einer weiteren Minute stellt sich allmählich eine zermürbende Erschöpfung ein. Der Gegner macht Druck. Das muss er auch, denn wenn er nicht bald etwas unternimmt, verliert er den Kampf. Dieses Bewusstsein befeuert seine Leidenschaft, und er setzt einem immer stärker zu, während man selbst dem baldigen Ende entgegenfiebert.

Die nächste halbe Minute zieht sich elend lang dahin. Die Stimme des Trainers hinter dem Mattenrand verschwimmt bereits. Man will seine hart erkämpfte Wertung nur noch über die Zeit retten.

Die letzten 30 Sekunden sind angebrochen. Jetzt bloß kein Risiko mehr eingehen! Man versucht, sich seinen Gegner mit intensivem Griffkampf vom Leib zu halten. Er darf nicht zu nahe herankommen. Wenn doch nur die eigenen Arme nicht so entsetzlich schlaff wären ... Nur noch 20 Sekunden. Eine Strafe hat man schon für sein passives Verhalten ausgefasst, aber das spielt keine Rolle. Man kann sich sogar noch eine weitere leisten, bevor es problematisch wird. 20 Sekunden also noch – und es geht wieder los. Jetzt wird es gefährlich. Diese kurze Zeitspanne bietet noch genug Raum für eine Attacke – und dann wirbelt man plötzlich durch die Luft.

»Ippon!«

Und man liegt auf der Matte. In dieser Situation würde man am liebsten schreien, ja sogar der eine oder andere Fluch könnte einem nun entfleuchen. Trotzdem sollte man das lieber unterlassen. Es ist vorbei – und im Saal wird es ruhiger.

Niemals darf man nachgeben! Fehler werden beinhart ausgenützt. Selbst mit der letzten Sekunde und gemeinsam mit dem Schlussgong kann ein Kampf noch gedreht werden. Solange eine Technik nämlich noch während der regulären Zeit angesetzt wurde, zählt sie. Bei einem Wettkampf muss man im Judo immer 100 Prozent geben – und das bis zum schweißtreibenden Ende.

67. GRUND

Weil man auch mal einstecken muss

Völlig unbesiegbar ist letzten Endes keiner, so viel steht wohl fest. Früher oder später taucht immer irgendwo ein Jüngerer oder Besserer auf, der gerade eine vorteilhafte Verfassung aufweist – und dieser Jemand zwingt einem dann unaufhaltsam eine Niederlage auf. Nach seinem Olympiaerfolg von 2016 kann der Belgier Dirk Van Tichelt vermutlich ein Lied davon singen. In der Klasse bis 73 kg gelang es dem Athleten in Rio nach harten Kämpfen, die Bronzemedaille zu holen. Beugen musste er sich dabei lediglich dem – an diesem Tag unbezwingbaren – Japaner Shōhei Ōno. Viele gab es also nicht, die dem Belgier in dieser Verfassung das Wasser reichen konnten. Dennoch sollte Van Tichelt im späteren Verlauf des Abends noch einmal seinen Meister finden. Fortuna ist manchmal eben sehr wankelmütig.

Der dritte Platz bei den Olympischen Spielen musste natürlich angemessen begossen werden. Wann wenn nicht dann, darf man als Sportler schließlich auch einmal über die Stränge schlagen? Gemeinsam mit seinem Trainingspartner Matthias Casse zog der erfolgreiche Kämpfer daher los, um die Copacabana unsicher zu machen. Diese stellte sich jedoch als bereits unsicher genug heraus.

Bald schlossen die beiden Judoka nämlich die flüchtige Bekanntschaft mit einer recht freizügigen Dame, der es am Ende irgendwie gelang, Tichelts Gefährten das Handy zu entwenden. Details sind an dieser Stelle der Fantasie überlassen …

Entrüstet versuchten sie also später, die Diebin zu stellen, als sie das Fehlen des iPhones bemerkt hatten. Indessen waren die Feierlichkeiten schon feuchtfröhlich vorangeschritten. Die heimtückische Verbrecherin vermuteten die beiden nun – aus welchen Gründen auch immer – in einem nahe gelegenen Hotel.

Nachdem sie wegen ihrer ermittlungstechnischen Ambitionen in Konflikt mit dem Rezeptionisten gerieten, kam es schließlich zum Gerangel zwischen Van Tichelt und dem unnachgiebigen Hotelangestellten. Dieser erwies sich nämlich als beispielhafter Torwächter und ließ das illustre Zweiergespann nicht weiter in das Hotel vordringen. Es ging dabei offenbar richtig zur Sache, und kurioserweise endete das Ganze für den wohl nicht mehr ganz taufrischen Olympioniken mit einem schmerzhaften blauen Auge. Er musste nach dem Zusammenstoß mit dem resoluten Rezeptionisten sogar im Krankenhaus untersucht werden.

Wie sich danach herausstellte, war Van Tichelts letzter Gegner in Rio recht erfahren in der Kunst des Jiu-Jitsu – jedenfalls beherrschte er diese augenscheinlich gut genug, um den angeschlagenen Judoka mit Nachdruck in seine Schranken zu weisen.

Das Olympische Komitee von Belgien breitete dennoch schützend die Arme über den – zumindest während des regulären Wettkampfes – äußerst erfolgreichen Athleten. Der 32-Jährige sei demnach das Opfer eines Angriffes geworden. Wie genau die jeweilige Schuld damals auch hätte bemessen werden müssen – eines sollte man aus der unwahrscheinlichen Geschichte unbedingt mitnehmen: Selbst das konsequenteste Training und der eisernste Wille werden einen Champion letzten Endes nicht davor bewahren, sich eines Tages auch einmal – im wahrsten Sinne des Wortes – geschlagen geben zu müssen.

68. GRUND

Weil schlechte Manieren nicht geduldet werden

Gutes Benehmen wird im Judo-Sport nach wie vor hochgeschätzt. Es mag manche Ausreißer geben, aber im Grunde scheint es doch stets von Vorteil, sich an die sozialen Spielregeln zu halten. Eine sportliche Einstellung ist wichtig, und wer sich unpassend verhält, hat mit entsprechenden Konsequenzen zu rechnen. Einige müssen das dann auch auf die harte Tour lernen.

Bei den Olympischen Sommerspielen 2016 in Rio verweigerte etwa der Ägypter Islam El Shehaby seinem israelischen Gegner Or Sasson den Handschlag nach seiner wohl recht schmerzlichen Auftaktniederlage. Wie ein unerzogenes Balg verließ der Schwergewichtler die Matte und erntete dafür laute Buhrufe vonseiten des Publikums.

Der Handschlag ist laut den offiziellen Judoregeln übrigens gar nicht verpflichtend, obwohl er gängige Praxis ist. El Shehaby hatte sich allerdings auch nicht vor seinem Gegner verbeugt und diese Respektsbekundung ist in jedem Fall Pflicht. Deshalb wurde er zurück auf die Matte zitiert und kam daraufhin dieser Förmlichkeit doch noch mit wenig Enthusiasmus nach. Zu seinem peinlichen Verhalten wollte sich der Kämpfer im Nachhinein nicht weiter äußern. Trotzdem liegt hier neben der Enttäuschung natürlich auch ein politischer Hintergrund nahe.

Jedenfalls muss man zugestehen, dass es von dem Ägypter taktisch klug war, die obligatorische Verbeugung vor dem Kampf zu ertragen und sich erst danach zu zieren, die Etikette einzuhalten. Disqualifizieren konnte man den Herrn nach dem Kampf schließlich schlecht. Nach seiner Vorrunden-Niederlage war er ohnehin schon aus dem Bewerb ausgeschieden. Eine kleine Rüge vonseiten des IOC musste der Kämpfer allerdings über sich ergehen lassen, ehe er wieder die Heimreise antrat.

Den olympischen Idealen entsprach dieses Verhalten natürlich ebenso wenig wie den Werten des Judo. Man führe sich vor Augen: In der Antike wurden während der heiligen Wettkämpfe sogar todernste Kriege unterbrochen. Auch bei den Spielen der Moderne sollte daher das Verbindende und nicht das Trennende im Mittelpunkt stehen. Das mag nicht immer so gelingen, wie es eigentlich gedacht war, aber Judo zeigt immerhin mit gewissem Nachdruck jene Grenzen auf, die nicht ohne Weiteres überschritten werden können. Zumindest die Form und ein gewisser Anstand müssen gewahrt werden.

Politische Belange dürfen den Sport nicht verunreinigen, auch wenn die Wirkung von ägyptischen und arabischen Medien auf ihre Athleten oft groß und eher kontraproduktiv ist. Hier heißt es gegensteuern, denn der Sport ist eben letzten Endes kein tödlich ernstes Geschäft. Wenn man ihn dazu macht, hat er seinen Sinn verfehlt – nämlich sich untereinander messen zu können, ohne sich dabei tatsächlich zu schaden.

Als pädagogisch wertvoller für die Verinnerlichung dieser Binsenweisheit erwies sich allerdings eine kleine Unhöflichkeit des deutschen Sportlers Igor Wandtke. Bei der Judo-Weltmeisterschaft 2018 in Baku hatte er bereits zwei Kämpfe souverän für sich entschieden und stand in der dritten Runde dem Moldawier Iulian Peaticovschi gegenüber. Der Kampf war hitzig, und Peaticovschi ging schließlich nach einem gescheiterten Wurfversuch zu Boden. Wandtke wollte gerade eine Aktion setzen, um die Chance auszunutzen, da kam plötzlich das ungelegene Stopp-Kommando des Kampfrichters. Sichtlich verärgert stieß er seinen Gegner daraufhin von sich.

Im Judo gilt allerdings: Wenn der Kampf unterbrochen ist, dann ist er auch unterbrochen. Den Gegner danach noch zu werfen oder auch nur zu schubsen wird nicht gerne gesehen. Darüber hinaus war der deutsche Kämpfer gerade im Begriff, eine Bodentechnik anzusetzen, wodurch es ein wenig so aussah, als habe er seinem Gegner zusätzlich das Knie in die Rippen gerammt.

Man hätte hier vielleicht keine Absicht unterstellen müssen, sondern noch darüber hinwegsehen können oder es bei einer leichten Strafe belassen – hätte sich sein Kontrahent nicht zu einer kleinen Schauspieleinlage verleiten lassen. Der Moldawier krümmte sich nämlich mit schmerzverzerrtem Gesicht, woraufhin wenig später die Disqualifikation für Igor Wandtke erfolgte. Damit war die Medaillen-Chance leider dahin. Was soll man dazu sagen? Die meisten lernen es eigentlich schon im Kindergarten: Es wird nicht geschubst!

Innerhalb der Judo-Community empfindet man es eben als wichtig, dass zwei Konkurrenten letztendlich nicht als Feinde von der Matte gehen. Selbstbeherrschung ist der Schlüssel. Ein Duell mag hart sein, und man darf sich gerne kampfesmutig hineinstürzen, aber vor und nach dem sportlichen Wettstreit sollte zumindest der Schein der Freundschaftlichkeit gewahrt werden – selbst dann, wenn die Emotionen gerade hochkochen.

69. GRUND

Weil man die Bodenhaftung nicht verliert

Im Judo sollte man immer einen festen Stand behalten – außer man wirft gerade seinen Gegner und stürzt daraufhin mit ihm zu Boden. Ansonsten darf man den Kontakt zur Matte aber nicht verlieren. Das Standbein muss eine unerschütterliche Säule sein und zuverlässig das eigene Gleichgewicht erhalten. Zu viel Luft unter den Füßen ist fatal. Sobald nämlich beide Beine den Boden verlassen, fliegt man für gewöhnlich. Wörtliche Luftsprünge sind daher eine eher schlechte Idee, denn solche Hybris rächt sich schnell. Man bleibt also besser geerdet.

Darüber hinaus verlässt der Judoka für gewöhnlich auch nicht den harten Boden der Realität. Allzu große Höhen bieten schließlich auch nicht zu unterschätzende Tiefen – und Übermut kommt bekanntlich vor dem Fall. Im Judo-Sport ist man davor aber weitestgehend gefeit. Eine frenetische Heldenverehrung, wie sie bereits in der Tradition des Regional-Fußballs stark verankert ist, gibt es hier selten. Außerdem stärkt der geringe Obolus zusätzlich eine vornehme Bescheidenheit. Bodenständigkeit ist in jeder Hinsicht ein wichtiges Gebot.

Grundsätzlich bringt dieser Sport also nur wenig Abgehobenheit hervor. Sollte jemand aber doch einmal von diesem frommen Pfad abkommen, ist es nicht selten der Trainer, der sich ein Herz fasst und gegensteuert. Ein etwas zu selbstbewusster Judo-Kollege musste diese Lehre vor einigen Jahren am eigenen Leib erfahren.

»Üben, üben, üben!«, lautete die Parole, und doch war der junge Athlet der Ansicht, er würde seine Spezialtechnik ohnehin schon perfekt beherrschen. Von Perfektion wird im Sport sehr gerne gesprochen, aber erreicht wird sie letzten Endes nie. Auch der Coach des übermütigen Judo-Schülers hielt diesen Begriff offenbar für weit übertrieben.

»Perfekt ist nicht einmal Gott!«, fuhr er den vorlauten Bengel an. »Der Nächste in der Reihenfolge bin ich – und dann kommt einmal ziemlich lange nichts!« Danach herrschte Schweigen.

Von diesem Moment an hatte er den hohen Wert der Bescheidenheit in beispielhafter Weise verinnerlicht – der junge Kämpfer, nicht der Trainer wohlgemerkt. Der Perfektion eifert der aufstrebende Judoka nach wie vor mit großer Leidenschaft nach, allerdings behauptet er seitdem nie mehr, sie auch tatsächlich erreicht zu haben.

70. GRUND

Weil viele Wege nach Rom führen

Um im Judo den Sieg zu erlangen, bietet sich einem ein beispielhafter Variantenreichtum. Werfen, Hebeln, Würgen, Festhalten –

vieles ist möglich, und für jeden dieser verschiedenen Ansätze gibt es wiederum unzählige Techniken, die einen am Ende zum Erfolg führen können.

Tja, viele Wege führen eben nach Rom, dem einstigen Mittelpunkt der Welt. Fromme Christen finden dort vielleicht nach wie vor ihren geistigen Norden – der Judoka hat dagegen ein stets sehr nahes Ziel. Auf den üblichen acht mal acht Metern Kampffläche ist es nicht nötig, lange Gewaltmärsche hinter sich zu bringen. Nur den ständig in Reichweite befindlichen Gegner gilt es zu überwinden, und zwar mit Kraft, Schnelligkeit und Verstand. Sein Ziel hat man also immer klar vor Augen.

Der Weg dorthin – um die Metapher weiter zu bemühen – ist trotzdem häufig steinig, aber man muss sich eben genau den aussuchen, der noch den behaglichsten Eindruck erweckt. Effizienz ist das Stichwort, immerhin wollen an einem anstrengenden Turniertag viele solcher Wege beschritten werden. Es ist nicht sinnvoll, sich schon nach der ersten Zwischenstation zu verausgaben. Die eigene Ausdauer wird dabei ohnehin noch auf eine harte Probe gestellt. Hier heißt es also sich herantasten, ausprobieren und auf eine Chance lauern.

Ein geschätzter Judo-Kollege der älteren Schule hat die Wichtigkeit dieses Kräfte-Einteilens offensichtlich verstanden und ist dabei auch vor so mancher unkonventionellen Abkürzung nicht zurückgeschreckt. Bei einem nicht gerade unwichtigen Kampf sah sich der besagte Kämpfer einmal einem recht robusten Athleten gegenüber, der ihn ganz schön zum Schwitzen brachte. Schließlich ging es für beide zu Boden – keine Wertung und dennoch ein Geschenk. Der erwähnte Kollege galt nämlich als ein echtes Ass im Bereich des Bodenkampfs. Es wurde heftig gerungen, und bald war der Bodenkünstler erwartungsgemäß oben auf. Die beherzte Verteidigung seines Gegners erwies sich dennoch als überraschend schwierig zu durchbrechen. Sowohl gegen den Versuch eines Festhalters als auch gegen Würgegriffe und Hebel hatte sich dieser gut abgesichert und kauerte dort verkrampft am Boden, in Erwartung, der Kampfrichter würde jeden Moment unterbrechen und sie neu in der Ausgangsposition starten lassen. Der ebenfalls sehr routinierte Kämpfer erkannte nämlich offenbar schnell, dass in der gegenwärtigen Situation eine eher defensive Haltung geboten war.

Aber der nicht näher genannte Kollege reagierte schnell. Er griff nach dem Arm seines Gegenspielers und rückte geschickt mit der eigenen Brust über die zuckenden Hände, sodass man von außen nicht wirklich erkennen konnte, was darunter geschah. Geht der Hebel auf?, fragte sich also die Fanbase beider Lager und verfolgte von außen wortlos und angespannt das Kampfgeschehen.

Der Gesichtsausdruck seines Gegners war schwer zu deuten. Richtig schmerzverzerrt sah es aber nicht aus – doch dann machte der erfahrene Judoka etwas, womit sein Kontrahent ganz zweifellos nicht gerechnet hatte. Er klopfte einfach ab, allerdings mit der fremden Hand. Der zumindest versuchte Hebelansatz war zuvor schon deutlich zu erkennen gewesen, obwohl das, was sich da unten genau abspielte, gekonnt hinter dem Körper des gefinkelten Bodenkämpfers verborgen wurde. Der Kampfrichter wertete diese Bewegung also verständlicherweise als Aufgabe des Gegners und damit als Sieg für den überaus listigen Taktiker. In so einer Situation muss ja schließlich schnell gehandelt werden. Ansonsten drohen ernste Verletzungen. Klopft daher jemand ab, wird nicht lange nachgefragt, ob er es auch tatsächlich ernst meint. Sprechen ist vonseiten der Kämpfer gar nicht erlaubt, nur der Kampfrichter verkündet auf der Matte seine Kommandos. Ansonsten herrscht Funkstille.

Der Unterlegene wusste zuerst nicht recht, was da gerade geschehen war. Auch seine rasch folgende Entrüstung nutzte aber nichts. An der Niederlage war nicht mehr zu rütteln. Nun, es wäre eine Lüge zu behaupten, der erzürnte Verlierer hätte die Genialität dieses findigen Tricks zu würdigen gewusst. Trotz des schelmischen Grinsens, das sich der namentlich nicht genannte Kollege nicht vollends verkneifen konnte, eskalierte die Lage aber nicht weiter.

Nun zur Moral der kleinen Anekdote, die in vertrauten Kreisen bereits viel Vergnügen bereitete: Etwas Einfallsreichtum ist nie verkehrt. Mit solchen kleinen Finessen sollte man es aber auch nicht unbedingt übertreiben. Kampfrichter lernen schnell, und die vergrämten Judo-Gefährten können bei solchen Dingen erstaunlich gedächtnisstark und wirklich verdammt nachtragend sein.

71. GRUND

Weil man es nicht lassen kann

Judo ist wie Schokolade. Wenn man erst einmal damit angefangen hat, kann man nicht mehr aufhören. Man verschlingt gierig die ganze Tafel, und das ohne Rücksicht auf Verluste. Zugegeben, an dieser Stelle erschöpft sich der Vergleich. Der Punkt sollte aber recht klar sein: Judo macht einfach Lust auf mehr. Nicht immer ist es weise, einem solchen Drang auch bedingungslos nachzugeben. Aber eigentlich hat man ja kaum eine echte Wahl.

Ein unfassbar verwegener Sportler des Steirerlandes ließ sich zum Beispiel selbst mit vollständig vergipstem Bein nicht davon abhalten, zum Training zu kommen. Klar, für die Judo-Einheit war das Handicap dann doch zu groß, selbst für ihn. Trotzdem wusste er sich aber ganz gut zu beschäftigen. Während die anderen sich gegenseitig auf die Matte schleuderten, kletterte der unermüdliche Sportsmann immer wieder im Abstand von mehreren Minuten auf die Kletterseile am Rand der Halle. Seine Hände waren immerhin völlig gesund. Das Bein brauchte er dazu nicht und streckte es einfach unbekümmert von sich. Das ganze Schauspiel sorgte für einen witzigen Anblick, der allerdings nicht jedem Zuseher behagte. Glücklicherweise wusste er schon, was er tat. Der emsige Kampfsportler fiel nie herunter, und das Bein war bald wieder fit. Eine nette Erzählung zu dem Thema bietet sich auch über einen

Judokämpfer aus dem ehemaligen Ostblock an. Wirklich berühmt ist dieser heute zwar nicht mehr, aber in gewissen Kreisen immer noch berüchtigt.

Die Mittel, derer man sich damals bediente, waren definitiv zweifelhaft, aber sie funktionierten. Leistungen wurden dabei erbracht, die waren schon beinahe unmenschlich – und zwar im schlechtesten Sinne. Auf der Pro-Seite steht jedenfalls, dass sich der besagte Athlet – mittlerweile in Österreich heimisch – noch immer bester Gesundheit erfreut und die rauen Methoden zumindest keine bleibenden Schäden nach sich gezogen haben.

In seinen fideleren Jahren hatte er sich ärgerlicherweise bei einem Übungskampf irgendwas im Bereich des Unterschenkels gebrochen. Was genau? Tja, das war damals nicht so wichtig. Die Staatsmeisterschaft nahte, und diese war definitiv ein Pflichttermin. Der energische Trainer fand offenbar die richtigen Worte, um seinen Sportler zu motivieren, und daher trat der verletzte Judoka auch mit dem schmerzhaften Bruch bei dem Wettbewerb an. Mit Klebeband umwickelte er sein Bein einfach so fest, dass alles gut fixiert war. Aufgrund der Schwellung und des dicken Verbandes konnte der danach kaum noch seine Judo-Hose anziehen. Die medizinische Intervention war ziemlich spartanisch, aber offenbar auch wirkungsvoll.

Beim Turnier hatte der Teufelskerl – man kann es nicht trefflicher ausdrücken – Hals- und Beinbruch. Alle fünf Kämpfe konnte er letztlich durch seine perfekt ausgeführte Spezialtechnik, einen »Uchi-mata«, für sich entscheiden. Niemand war ihm gewachsen, und so verteidigte er auf eindrucksvollste Weise seinen Titel als rumänischer Staatsmeister, den er für beinahe ein Jahrzehnt auch nicht mehr abtrat. Schmerzverzerrt wankte der Sportler danach auf das Podest, aber der Sieg schmeckte umso köstlicher.

Auch wenn am Ende alles glimpflich ausgegangen ist, kann man von einem derartig waghalsigen Manöver aber nur abraten. Es gehört nämlich mehr dazu als Talent und Wille, damit so eine Aktion tatsächlich von Erfolg gekrönt wird. Fortuna erwies sich an dem Tag als äußerst gnädig. Trotzdem war die Leistung natürlich ziemlich beeindruckend. Der eine oder andere bekommt schließlich schon glasige Augen, wenn er sich den Fingernagel abbricht oder den kleinen Zeh verstaucht. Die Rumänen der 80er waren hingegen zähe Kerle, denen man nur ungern im Dunkeln begegnen wollte.

Letztlich endete die Karriere des international erfolgreichen Sportlers und die einiger seiner Teamkollegen mit einem Turnier im Ausland. Sie kehrten nach Feierabend einfach nicht mehr in ihr Quartier zurück und ließen den Trainer schließlich allein die Heimreise antreten. Auf diese Weise wurden dem »verweichlichten« Österreich glücklicherweise einige großartige Trainer geschenkt.

72. GRUND

Weil Judo zur Diät motiviert

Ein kleiner Schwank: Man fährt nun als hoffnungsfroher Kämpfer mit einem überfüllten Kleinbus in die Ferne und verkneift sich dabei alle fünf Minuten die auf der Zunge brennende Frage: Sind wir schon da? Draußen ziehen steppenhafte Wiesen vorbei. Die Autobahn ist gut befahren, und es geht schleppend dahin. Alles ist schrecklich monoton, zermürbend.

Eigentlich müsste die Reise ja gar nicht so unkomfortabel sein. Man könnte sich in den weichen Sitz zurücklehnen, Musik hören oder ein bisschen schlafen, wäre da nicht diese ärgerliche Sache mit dem Gewicht, die einem keine Ruhe lässt. Es ist mittlerweile später Nachmittag, und den ganzen Tag hat man weder einen Schluck getrunken noch einen Bissen gegessen. So was schlägt einem schon etwas aufs Gemüt und raubt der langen Anfahrt einiges von ihrer Unbeschwertheit. Aber sei es, wie es sei, Erfolg hat eben seinen Preis.

Bei der Ankunft in der großen Sporthalle ist schließlich der Augenblick der Wahrheit gekommen: Jetzt wird abgewogen! Die Anspannung steigt. Leider zeigt sich dann, dass alle Waagen boshafte Lügner sind. 80 dag zu viel – dabei hat man doch alles ganz genau kalkuliert, um beim Wettkampf genau in seine bevorzugte Gewichtsklasse zu fallen. Die Zunge fühlt sich trocken an, und eine pulsierende Vene kommt an der Stirn zum Vorschein.

Der etwas misslaunige Judokämpfer darf nun dick eingepackt dem Sonnenuntergang entgegenlaufen. Der Schweiß tropft unter der Kapuze, und man beginnt, dieses Land, dessen Grenze man gerade erst überquert hat, allmählich zu hassen. Dumme Gesichter starren einen an, bereits abgewogene Kontrahenten grinsen einen mit vollen Mündern an, und der Trainer verlässt sich darauf, dass man letzten Endes sein Gewicht hat.

Nach einer Stunde folgt also der nächste Versuch – und endlich ist es geschafft. Ganze 85 dag liegt man mit seinem Gewicht nun sogar unter der Grenze. Mit müden Beinen schleppt man sich aus der Halle und eilt mit gefrorener Miene seinem wohlverdienten Abendessen entgegen. Nebenbei leert der gezeichnete Kämpfer mit gierigen Zügen noch schnell eine Flasche Wasser.

Erst nachdem die zwei Pizzen endlich vor einem stehen, erhellt sich das Gesicht wieder. Die Kellnerin kann nicht glauben, was sie da sieht. Wie ein wildes Tier reißt man seine beiden Opfer und kennt kein Erbarmen. Beide Teller sind bald leer geputzt. Ins Bett fällt man schließlich wohlgenährt und freut sich auf den nächsten Tag und viele spannende Kämpfe, die einen hoffentlich erwarten.

Tja, im Judo gibt es eben nicht nur unterschiedliche Altersklassen, sondern sinnvollerweise auch verschiedene Gewichtsklassen. Bei den Damen in der Allgemeinen Klasse, also den Erwachsenen: −48 kg, −52 kg, −57 kg, −63 kg, −70 kg, −78 kg und +78 kg; bei den Herren: −60 kg, −66 kg, −73 kg, −81 kg, −90 kg, −100 kg und +100 kg.

Man will natürlich nicht zu wenig wiegen: Jedes weitere Kilo Muskelmasse ist immerhin ein Vorteil, wenn es darum geht, den

Gegner zu bezwingen. Aber nur ein Hauch zu viel, und der Schuss geht nach hinten los. Dann muss man bei kleineren Wettkämpfen nämlich in der nächsthöheren Kategorie antreten. Bei größeren Turnieren darf man in so einem Fall dann unvermittelter Dinge wieder die Heimreise antreten.

Im Judo lohnt es sich daher durchaus, konsequent zu sein. Wenn man sein Gewicht einigermaßen hält, ist alles gut, und es gibt keine bösen Überraschungen. Nachlässigkeit rächt sich aber schnell. Tritt man ab einem gewissen Niveau nämlich als 66 kg schweres Bürschchen gegen einen 73 kg schweren Athleten an, der nicht auf den Kopf gefallen ist, steckt man vermutlich einiges an »Prügel« ein. Im Profibereich entscheiden oft Kleinigkeiten – und ein paar Kilo mehr auf den Rippen sind da schon ein kaum zu kompensierender Vorteil.

Übrigens, der Olympionikin Debbie Allan passierte 2000 in Sydney etwas, was man eigentlich nicht von einer derart professionellen Sportlerin erwarten würde. Bei der Abwaage hatte diese tatsächlich ihr angegebenes Gewicht nicht, und bei Olympia stehen die Chancen eher schlecht, dass einem erlaubt wird, einfach in der nächsthöheren Klasse anzutreten, immerhin hat man sich ja mit einem bestimmten Gewicht für das Event qualifiziert. Um keine Missverständnisse aufkommen zu lassen: Es ist natürlich absolut unmöglich, und man verbringt die nächsten Tage dann nur noch auf der Zuschauertribüne.

Aber wie konnte das geschehen? Nun ja, im Leistungssportbereich ist es nicht unüblich, vor einem Judo-Wettkampf einiges an Gewicht zu verlieren, um dann in einer möglichst niedrigen Gewichtsklasse antreten zu dürfen. Dieses sogenannte »Gewichtmachen« ist mitunter ziemlich exzessiv. Es gibt Ausnahmefälle, wo Athleten oder Athletinnen beispielsweise mit einem Normalgewicht von deutlich über 80 kg bei der Abwaage plötzlich nur noch 73 kg auf die Waage bringen, womit sie dann exakt in ihre gewünschte Gewichtsklasse fallen. So etwas funktioniert in der kurzen Zeit natürlich nur über Dehydration. Man hofft, die Muskelmasse so zu behalten, verliert hauptsächlich Wasser und versucht, sich gleich nach der Abwaage schnell wieder aufzubauen, denn so eine Blitzdiät zehrt freilich an der Substanz. Am Ende soll sich die Tortur ja auch lohnen, deshalb bringt es nichts, übers Ziel hinauszuschießen und am Schluss mit schwindligen Schritten auf die Kampffläche zu wanken.

Aber zurück zu unserer unglücklichen Olympia-Athletin: Debbie und ihr Coach gaben wirklich ihr Bestes, als der jungen Frau klar wurde, dass es verdammt knapp werden könnte. Sie ließ sich die Haare rasieren und absolvierte intensive Saunagänge – aber alles vergeblich. Am Ende zog die bemitleidenswerte Kämpferin sogar blank – ein probates Mittel, um noch ein oder zwei Deka zu verlieren – aber auch das half nichts mehr, sie hatte bei ihrem Gewicht zu hoch gepokert. Üblicherweise wiegt man sich in Unterwäsche, aber so manches Mal rettet es einen gerade noch, den überflüssigen Stoff abzulegen. Bei Debbie Allan war das leider nicht der Fall, sie brachte immer noch etwa 50 Gramm zu viel auf die Waage. Knapp daneben ist eben leider auch vorbei.

Im Idealfall kämpft man in genau der Gewichtsklasse, die zu einem passt, schlägt beim Essen nicht über die Stränge und nimmt dann vor einem Wettkampf eben schnell ein oder zwei Kilo ab. Dann fühlt man sich gut und bringt normalerweise auch eine dementsprechend souveräne Leistung auf der Matte. Der Hochleistungssport macht dieser etwas blauäugigen Strategie bedauerlicherweise oft einen Strich durch die Rechnung. Man will alles herausholen, was möglich ist, um zum Sieg zu gelangen, und nicht immer geht die Rechnung auf.

In jedem Fall ist es aber von immenser Bedeutung, sein Gewicht als wettkampforientierter Judoka einigermaßen zu kontrollieren. Wie man das genau handhabt, muss letzten Endes jeder für sich selbst entscheiden. Im Jugendalter sollte man seinem Körper hier nicht zu viel zumuten. Es ist aber durchaus erwägenswert, rasch noch ein Kilo abzunehmen, wenn man ansonsten eher untergewichtig in der höheren Gewichtsklasse starten müsste.

Es lässt sich also festhalten: Eine moderate Diät ist oft nicht verkehrt. Der Judo-Sport bietet dafür sicherlich die richtigen Anreize. Und dennoch, am Ende ist es doch, wie alle sagen: Essen und Trinken sind halt einfach die drei schönsten Dinge.

73. GRUND

Weil Spaß sein muss

Die ernsten Blicke auf der Matte können den Wissenden nicht darüber hinwegtäuschen: Judoka sind eigentlich ziemlich lustige Burschen und Mädels. Wer hart trainiert, darf schließlich auch einmal richtig die Sau rauslassen. Zur Gewohnheit sollte man das aber lieber nicht werden lassen. Zu viel Ausgelassenheit kratzt nämlich durchaus an der Substanz.

Nach einem erfolgreichen Turniertag in einer besonders reizvollen fremden Küstenstadt sticht einen hin und wieder einfach der Hafer. Hat man sich nach der erfrischenden Dusche erst die Müdigkeit abgewaschen, zieht man also noch voller Tatendrang um die Häuser, ehe man am nächsten Morgen die lange Heimreise antritt. Schon jetzt ist eines damit gewiss: Es wird eine verkaterte Rückfahrt. Ist das adrenalintrunkene Judo-Team in Partylaune, sind gewisse Ausschweifungen praktisch vorprogrammiert.

Unter Umständen verleitet einen der abendliche Streifzug sogar zu einem kleinen Tänzchen an einer vereinsamten Stripper-Stange – zumindest bis einen der Türsteher des charmanten Clubs freundlich bittet, das Lokal zu verlassen. Sein Englisch mag gebrochen sein, aber über sein Befinden kommt dennoch kein Zweifel auf.

Von solchen Rückschlägen lässt man sich als wahrer Kämpfer natürlich nicht entmutigen. Die Nacht ist noch jung – kaum zu glauben, aber wahr. Es ist noch weit vor Mitternacht, und das Abenteuer ruft. Die nächste Station ist ein dubioses kleines Kasino. In Kroatien darf man diese Einrichtungen offenbar sogar mit kurzen Hosen betreten. Das kommt gelegen – vermeintlich. Trotzdem ein schwerer Fehler! Immerhin hat man zuvor schon gelegentlich an einem Gläschen genippt, um den schrecklichen Durst nach dem Wettkampf ein wenig zu lindern.

Um es kurz zu machen: Es hat sich gezeigt, dass ein solcher Abend auch schon mal in der Mülltonne enden kann – glücklicherweise nur für Altpapier. Zurück bleiben vorwiegend verzerrte Erinnerungsfetzen, ein skurriles Handyvideo und eine erschreckend leichte Brieftasche. Die Hangover-Trilogie mit Bradley Cooper und Zach Galifianakis ist dagegen ein Witz. Aber was solls? Man lebt schließlich nur einmal.

Einige Zwischenstationen bleiben dennoch besser im Dunkeln. Immerhin verlangt der Titel des vorliegenden Buches ja nach Gründen, Judo zu lieben. Nun, die eine oder andere jugendliche Unbedachtheit kann einem aber durchaus das Leben versüßen. Ein Judoerfolg gegen die unermüdliche internationale Konkurrenz erfordert Jahre der Entbehrung. Um die ganze Sache etwas aufzulockern, darf bei alldem natürlich auch der Spaß nicht zu kurz kommen.

Dazu nur noch drei schnelle Ratschläge, auf deren Einhaltung man gar nicht eindringlich genug hinweisen kann. Erstens: Wenn man gegen eine recht unscheinbar anmutende Wand uriniert, sollte man sich vorher unbedingt vergewissern, dass man gerade kein Gotteshaus entweiht. So was sorgt für erhebliche Missstimmung, was einen gleich zu Tipp Nummer zwei führt: Fremdländische Ordnungshüter können bei unbeabsichtigten Respektlosigkeiten mitunter etwas humorlos agieren. Sensibilität vor dem hiesigen Kulturgut ist in jedem Fall Trumpf. Drittens: Niemals – wirklich niemals! – sollte man den Versuch wagen, mit einer Judorolle über einen gepflasterten Platz zu imponieren, wenn man nicht im absoluten Vollbesitz seiner geistigen Kräfte ist.

6. KAPITEL

PHYSIS

74. GRUND

Weil es die Flexibilität erhält

Flexibilität führt zum Erfolg, das ist weithin bekannt. Nicht nur im Beruf ist diese Eigenschaft sehr häufig gefordert oder jedenfalls gerne gesehen – in so gut wie jedem Bereich ist es von großem Vorteil, hinreichend flexibel zu sein.

Ein Mangel an dieser Eigenschaft macht den persönlichen Lebensweg auf keinen Fall einfacher. Romantischen Beziehungen ist dann oft nicht der ersehnte Erfolg beschieden, die lange erwartete Beförderung will sich ärgerlicherweise nicht einstellen, und dafür zieht man sich bei jedem ungeschickten Sturz gleich eine lästige Verletzung zu. Das ganze Leben schreit geradezu nach Flexibilität.

Unwillkommene Klippen zeichnen sich häufig genau dann am Horizont ab, wenn man sie am wenigsten gebrauchen kann. Diese gilt es möglichst elegant zu umschiffen. Auf neue Situationen sollte man sich als Mitglied einer postmodernen Gesellschaft nach Möglichkeit schnell einstellen können. Unerwartete Herausforderungen dürfen einen dabei nicht in Verlegenheit bringen. Die Zeit rast dahin, und weder Körper noch Verstand dürfen hinterherhinken. Braucht man nämlich zu lange, ist man raus – im Judo ist das nicht anders.

Auch die körperliche Flexibilität sollte man wirklich keineswegs geringschätzen. Judoka haben viel Freude an ihrem Sport und der damit verbundenen Bewegung. Sie wollen das Maximum aus ihrem Körper herausholen. Daher muss auch der Muskulatur rasch die geforderte Flexibilität antrainiert werden. Viele Wurftechniken verlangen dem Sportler in diesem Bereich einiges ab. Es reicht nicht, schnell und stark zu sein, auch das generelle Bewegungspotenzial sollte möglichst ausgeschöpft werden.

In regelmäßigen Abständen zu dehnen ist also für einen Judoka niemals verkehrt. Es mag neben den vielen anderen aufregenden

Übungen recht fad und eintönig wirken, aber trotzdem ist die Arbeit an der eigenen Beweglichkeit ein nicht unwesentlicher Teil von fast jedem Kampfsport. Sie hilft, die Verletzungsgefahr erheblich zu reduzieren, und erhöht dabei die eigene Reichweite. Beides ist dem umsichtigen Kämpfer ein hohes Gut.

Verletzungen findet sicherlich niemand übermäßig erfreulich. Sie zerstören selbst den schönsten Sport, weshalb man im Judo besonderen Wert darauf legt, diese kleinen Unfälle so gut es geht zu vermeiden. Für gewöhnlich gelingt das auch, aber jeder einzelne Sportler muss eben auch seinen kleinen Beitrag dazu leisten.

Was die Bewegungsreichweite betrifft, so ist diese ein wichtiger Schritt bei der Optimierung der eingeübten Techniken. Gerade bei der erhöhten Reichweite von Extremitäten und Hüfte liegt der Nutzen für einen Kampfsportler wohl auf der Hand. Die gesamten Techniken können so mit einem besseren Hebelverhältnis ausgeführt werden, und außerdem fällt es leichter, seine Arme und Beine richtig zu platzieren. Das bringt einem bei seinen Duellen womöglich den einen entscheidenden kleinen Vorteil, der eine drohende Niederlage schlussendlich doch noch in einen Sieg ummünzt.

Natürlich muss nicht jeder unbedingt gleich einen vollständigen Spagat schaffen. Den können selbst von den echten Profis die wenigsten, und Männer tun sich hier erfahrungsgemäß besonders schwer. Aber es kann zumindest nicht schaden, wenn es einem im Stand bei halbwegs durchgestreckten Beinen gelingt, mit den Fingern die eigenen Zehenspitzen zu berühren. Dieser kleine Test liefert einen ganz guten Indikator dafür, ob man sich bereits auf dem richtigen Weg befindet oder noch eher Aufholbedarf hat.

Glücklicherweise erhöhen auch die vielen spezifischen Judoübungen die Flexibilität der fleißigen Schüler. Durch das Ansetzen und besonders das vollständige Ausführen der Techniken passt sich der Körper bereits an. Auf ein spezielles Dehn-Training kann man aber dennoch kaum verzichten. Der Körper wird während eines Kampfes an seine Grenzen getrieben, und diese Grenzen sollten doch idealerweise so weit wie möglich nach hinten verschoben werden. Zumindest im Rahmen des Aufwärmprogrammes empfiehlt es sich daher, für ein paar Minuten die Hüfte zu lockern sowie die Beine und Schultern ein wenig auf die Bedürfnisse des Judo einzustimmen. Ansonsten verletzt man sich im schlechtesten Fall und bleibt im besten immer auf demselben Level – und es soll sich doch auch irgendwann ein Fortschritt einstellen. Beide Varianten scheinen also nicht besonders erstrebenswert.

Nun, der langen Rede kurzer Sinn: Der Judokämpfer ist stets angehalten, seine Flexibilität nicht aus den Augen zu verlieren. Neben Kraft, Ausdauer und Schnelligkeit ist sie eines der wichtigsten physischen Attribute, die man benötigt, um in der Kampfkunst erfolgreich zu sein. Der Judo-Sport hilft folglich, sich dem Ziel nach bestmöglicher Entfaltung der – in einem schlummernden – Flexibilität weiter anzunähern. Auch die geistige Flexibilität kommt im Judo – wohlgemerkt – nicht zu kurz. Keine Kampfsituation ist völlig gleich wie die andere, und jeder Gegner verhält sich ein wenig anders. Somit ist es immer wieder notwendig, sich mit seinem hoffentlich flexiblen Körper auf möglichst flexible Weise den Attacken seines Gegenübers entgegenzustellen.

Das »Ju« in Judo kann übrigens nicht nur mit »sanft«, sondern auch mit »nachgiebig« oder »flexibel« übersetzt werden. Das sollten sich die vereinzelten Dehnmuffel unter den Judokämpfern ruhig auf der Zunge zergehen lassen.

75. GRUND

Weil es die beste Gesundheitsvorsorge ist

Man muss an dieser Stelle wohl keine Statistiken bemühen, um behaupten zu können, dass Sport grundsätzlich etwas sehr Wohltuendes ist. Manche übertreiben es natürlich auch hier und schießen dann etwas übers Ziel hinaus, doch solange man die Bewegung mit Freude macht und die Extreme vermeidet, kann man eigentlich nur profitieren.

Wer sich bewegt, der bleibt fit. Der Körper gewöhnt sich an die kontinuierliche Belastung und passt sich an. Das Herz wird kräftiger, die Muskulatur wächst, und auch im Sehnen- und Bänderapparat gibt es Adaptationsprozesse. Ärgerlicherweise geht das mit der Anpassung aber in beide Richtungen. Wenn man also nur faul vor dem Sofa sitzt, passt sich der Körper ebenfalls an, wie wenn man täglich hart im Dojo trainiert, einen Berg hinaufläuft oder mehrere Stunden Handball spielt. Die jeweiligen Resultate weichen allerdings stark voneinander ab.

Wer sich selbst nichts abverlangt, der ist in der Folge auch nicht übermäßig belastbar. Setzt man keine entsprechenden Reize an seinen Körper, dann langweilt sich dieser und baut langsam, aber sicher ab. Gerade nach einem zermürbenden Tag im Büro kann eine intensive Trainingseinheit wahre Wunder bewirken. Man kann natürlich auch gewöhnungsbedürftige Gemüse-Smoothies schlürfen und meditatives Yoga betreiben, aber wo bleibt denn da bitte schön der Spaß? Das Ziel ist schließlich, die Gesundheit und die Freude an der Bewegung zu erhalten, und nicht, den eigenen Lebenswillen allmählich abzutöten.

Der Judo-Sport ist hingegen eine großartige Möglichkeit, um frisch und gesund zu bleiben. Sowohl der Geist als auch der Körper werden dabei gefordert. Besonders positiv fällt ins Gewicht, dass im Judo nicht einseitig nur wenige bestimmte Muskelgruppen trainiert werden, wie etwa beim Armwrestling oder beim Tennis. Der Judoka benötigt immer seinen ganzen Körper, und deshalb trainiert er auch mehr oder weniger jede Faser seines Körpers. Neben Kraft und Schnelligkeit braucht der Kämpfer natürlich ebenso eine angemessene Ausdauer. Sogar der eigenen Eitelkeit kommt der Judo-Sport entgegen. Das harte ganzheitliche Training formt den Körper und hält ihn straff – sicherlich auch ein netter Nebeneffekt.

Bereits Jigorō Kanō, der Begründer dieser Kunst, betonte die gesundheitsfördernde Wirkung des Judo. Der Kampfsport verändere nämlich ganz entscheidend die Konstitution der Athleten, indem er ihre Körper stärke und kräftige. Kanō verwies in diesem Punkt auch auf die Wichtigkeit der Hygiene. Judotrainer sollten die Bedeutung der Körperpflege seiner Ansicht nach auch als Teil des Unterrichts ihren Schülern vermitteln. Schon aus Respekt, aber auch aus gesundheitlichen Erwägungen heraus, müsse bei dem Kontaktsport auf gewisse Dinge geachtet werden. Kurze und saubere Fingernägel gehörten ebenso dazu wie die Reinheit des eigenen Körpers und der Trainingskleidung bzw. des »Judogi«. Den Wert von Hygiene und Sauberkeit sollten sich die Sportler auch über den Mattenrand hinaus bewahren und für ihr gesamtes Leben verinnerlichen.

In diesem Sinne: immer dranbleiben! Wer eine gesunde Zukunft im Blick behält, darf sich nicht gehen lassen. Trägheit schadet sowohl Körper als auch Gemüt. Judo ist in jedem Fall die passende Antwort für alle gesundheitsbewussten Sportfreunde – und die Krankenkassen sagen Danke!

76. GRUND

Weil der Händedruck zählt

Wir alle kennen und fürchten ihn. Die Rede ist von jenem weichen, feuchten Händedruck, der sich einem so ausgesprochen leidend um die Fingerknöchel windet, dass man sich spontan entschließt, seinem Gegenüber beim nächsten Mal lieber doch einfach nur zuzuwinken. Denn ehe man die schlaffe Hand noch richtig zu fassen bekommen hat, wird diese schon wieder ängstlich zurückgezogen. Nach dieser gezwungenen Prozedur fühlt man sich dann irgendwie schmutzig, und es ist ganz klar, dass sich hier nicht der Beginn einer jahrelangen Freundschaft ankündigt.

Ein solch bescheidener Händedruck kommt selten gut an. Wenn man also zum Beispiel die Gelegenheit zu einem Bewerbungsgespräch bekommt, sollte man schon ein wenig zudrücken und den Moment auskosten. Immerhin will man ja im Gedächtnis bleiben – man muss der künftigen Chefin ja nicht gleich die Finger brechen. Der Wert eines beherzten Handschlags erweist sich eigentlich bei jedem ersten Vorstellen, sei es nun bei einem neuen Kollegen, dem stirnrunzelnden Schwiegervater oder wem auch immer. Man kann in solchen Situationen viel gewinnen, aber auch viel verspielen.

Ob Frau oder Mann, in unseren Breiten ist der Händedruck obligatorisch. Schon im antiken Römischen Imperium war dieses Ritual übrigens fest verankert. Es stellt ein wichtiges Zeichen von Respekt und Vertrauen dar. Wird der Handschlag dagegen verweigert oder nur mit wenig Liebe angenommen, kommen einem ganz unwillkürlich Zweifel. Man gewinnt den Eindruck, dass irgendetwas nicht stimmt.

Oft ist dieses nonverbale Begrüßungszeremoniell der erste Eindruck, den man von seinem Gegenüber gewinnt, und dieser sollte wenn möglich weder übermäßige Kränklichkeit noch Schwäche ausstrahlen. Zu große Zurückhaltung und Unsicherheit sind für die meisten Arbeitgeber keine der Eigenschaften, die sie sich von einem künftigen Mitarbeiter erhoffen. Auch abseits wirtschaftlicher Belange stehen diese Attribute aber kaum für künftigen Erfolg und lassen einen daher wenig attraktiv erscheinen.

Zum Glück heißt es im Judo: Zupacken! In diesem Kontaktsport kämpft man ständig um einen guten Griff und versucht den gegnerischen Baumwollanzug dabei möglichst so in die Finger zu bekommen, dass sich daraus eine schöne Wurftechnik entwickeln lässt. Diese unterschiedlichen Fassarten werden japanisch als »Kumi-kata« bezeichnet.

Wegen der unglaublich großen Bedeutung eines eisernen Griffs hat der erfolgreiche Judoka irgendwann Unterarme wie Popeye. Bis in jedes einzelne Fingerglied benötigt er die entsprechende Kraft, um sich wie eine Klette an den Gegner zu haften und diesen zu kontrollieren. Es lohnt folglich, in seinen Griff zu investieren. Den spinataffinen Seemann darf man sich also gerne zum Vorbild nehmen.

Neben den häufigen Trainingskämpfen werden die Hände und Unterarme der Athleten auch durch verschiedene spezifische Übungen trainiert. Das Oberteil des Judoanzuges, der Kimono, wird dafür zum Beispiel über eine Klimmzugstange gehängt. Man klammert sich dann an dem Revers fest und macht die Klimmzüge nun auf diese Weise. Gerade am Anfang ist diese äußerst kräftezehrende Variante eine echte Herausforderung für die Finger.

In vielen Turnhallen gibt es außerdem dicke Kletterseile, die von der Decke hängen. Sich nach dem Judotraining dort noch ein paar Mal hinaufzukämpfen – natürlich ohne die Füße dabei zu Hilfe zu nehmen – ist ebenfalls eine wirksame Methode, um seinen Griff zu stärken. Es gibt noch eine Vielzahl von weiteren Übungen, auch für zu Hause. Die Trainer stehen einem dabei immer gerne mit Anregungen zur Seite.

Um auf den Punkt zu kommen: Der Judoka hat in der Regel alles fest im Griff. Das ist eine seiner großen Stärken. Wenn er etwas zu fassen bekommt, lässt er es nur ungern wieder los, und eine gewisse Vehemenz kann bestimmt auch abseits der Judomatten nicht schaden. Man könnte hier durchaus von »Handschlagqualität« auf höchstem Niveau sprechen.

77. GRUND

Weil Judo im Alter frisch hält

Mit den Jahren stellt sich oft eine Gemütlichkeit ein, die einem aktiven Lebensabend nicht gerade förderlich ist. Wer in der Pension plötzlich aufhört, sich zu bewegen, der wird dann auch recht schnell unbeweglich. Trägheit führt nur zu noch mehr Trägheit. Ein regelmäßiges Judotraining ist dagegen die beste Altersvorsorge. Man bleibt dadurch länger gesund und vor allem auch vital.

Noch mit über 70 Jahren stehen einige Kampfsportler Woche für Woche auf der Matte. Über die Agilität von manchen kann man dabei nur staunen. Viele der in die Jahre gekommenen Judoka haben sich zudem einen erheblichen Teil ihrer Kraft erhalten, was man ihnen sofort an der Körperhaltung ansieht. Außerdem sorgt das Training für eine wohltuende Routine. Wer früh beginnt, erhält sich den Sport oft bis ins hohe Alter und bleibt auf diesem Weg einfach länger fit. Nicht nur für das körperliche Wohlbefinden ist der Judo-Sport ausgesprochen nützlich; allein schon die damit verbundenen sozialen Kontakte bestärken die Lebensgeister.

Ein nicht zu vernachlässigender Vorteil des Judo ist auch, dass man nach einiger Zeit einfach geschickter fällt. Sollte es einmal abseits der Matte zum Sturz kommen, endet das in der Regel nicht mit einem schmerzhaften Knochenbruch. Die fleißigen Judoka minimieren durch ihren Sport also zugleich das allgemeine Verletzungsrisiko.

Wer sich im fortgeschrittenen Alter auch noch ins Wettkampfgetümmel begeben möchte, der findet dafür eine ganze Menge von Veranstaltungen bis hin zur Weltmeisterschaft. Dabei gibt es eine Vielzahl unterschiedlicher Kategorien. Die erste Altersgruppe für diese Senioren-Bewerbe umreißt bereits die Spanne zwischen 30 und 34 Jahren. Da fühlt man sich auf einmal verdammt alt … Zum Glück klingt die englische Bezeichnung mit »Veteran Championships« zumindest etwas schmeichelhafter.

Nach dieser bestürzend jungen Klasse, die schlicht mit »F1« für die Damen beziehungsweise »M1« für die Herren benannt wird, geht es weiter mit 35 bis 39 Jahren. Auch in diesem Alter fühlt man sich für gewöhnlich noch nicht wirklich als Senior. Nun, was soll man dazu sagen? Im Sport ticken die Uhren eben anders. Die Kategorien F3 und M3 umfassen dann die Altersgruppe zwischen 40 und 44, F4 und M4 die von 45 bis 49, F5 und M5 jene der 50- bis 54-Jährigen, und diese Analogie lässt sich schließlich bis zur Kategorie F11 und M11 fortführen. Hier treten dann tatsächlich Senioren gegeneinander an, die den Titel verdienen, nämlich Frauen und Männer ab 80 Jahren.

Herausforderungen sind immer wichtig, für Kinder und Jugendliche ebenso wie für die älteren Jahrgänge. Ohne ein wenig Action vergreist man ab einem gewissen Alter schneller, als einem lieb ist. Das wäre allerdings ausgesprochen schade, immerhin hat man gerade im Pensionsalter endlich die Zeit, die Dinge zu tun, die früher immer zu kurz kamen. Man sollte diese unbegrenzten Ferien daher auskosten, so gut es geht. Judo trägt dazu seinen Teil bei. Es hält einen jung, und großen Spaß macht es obendrein.

Wie intensiv man sich diesem Sport dann noch hingeben möchte, ist natürlich jedem selbst überlassen. Ob man nun zu Wettkämpfen fährt oder nicht, spielt im Grunde keine Rolle. Im Vordergrund sollte immer der reine Gesundheitsaspekt stehen. Es ist völlig ausreichend, Judo auf einem moderaten Level zu betreiben, denn die runden und kontrollierten Bewegungen dieser ausgeklügelten Kampfkunst können sich auf Dauer als wahrer Jungbrunnen erweisen.

78. GRUND

Weil jeder Mensch zwei Seiten hat

Einseitigkeit ist niemals gut. Jede Kämpferin und jeder Kämpfer haben sowohl einen rechten Arm als auch einen linken. Ebenso besitzen sie einen linken Fuß und einen rechten. Von solchen Segnungen können einige Reptilien nur träumen, die nicht einmal dazu in der Lage sind, sich entspannt am Rücken zu kratzen. Seine nützlichen Gliedmaßen muss der glückliche Judoka dagegen auch bestmöglich einsetzen.

Eine Technik sollte man idealerweise immer sowohl links als auch rechts ausführen können. Auf diese Weise findet man sich nämlich in jeder Ausgangslage zurecht und kann den Gegner eventuell auch überraschen. Ob das Standbein oder das Spielbein im konkreten Fall nun das linke bzw. das rechte ist, sollte keine große Rolle für einen wahren Meister spielen. Auch der am gegnerischen Ärmel sitzende »Zugarm« und der üblicherweise am Revers oder im Nacken platzierte »Hubarm« sollten möglichst flexibel ausgetauscht werden können.

Natürlich präferiert man in der Regel immer eine bestimmte Seite. Selbst bei denen, die sprichwörtlich mit zwei linken Beinen auf die Welt gekommen sind, verhält sich das so. Im Judo geht es aber darum, zu versuchen, seine Schwachstellen bestmöglich zu überwinden. Als Judoka möchte man schließlich seinen ganzen Körper gut unter Kontrolle haben. Dann läuft man am Ende auch nicht mehr Gefahr, mit dem berühmten »falschen Fuß« aufzustehen.

Absolute Körperbeherrschung ist dem Kampfsportler also ein großes Anliegen, und keine Seite darf angesichts dieses hohen Anspruchs vernachlässigt werden. Dafür braucht es Geduld und Übung, doch überraschend schnell wird man sich über die ersten Fortschritte bei seiner weniger dominanten Kampfausrichtung freuen. Ein jedes Vorwärtskommen bedeutet stets seine Schwächen zu Stärken zu machen. Wer allerdings den einfachen Weg gehen möchte und immer nur nach rechts oder nur nach links drängt, der bewegt sich letztlich im Kreis.

79. GRUND

Weil es die Nagelhygiene fördert

Judoka sind keine Prinzesschen. Besonders ausgefallene Maniküre und Pediküre sind vor dem Training wirklich nicht erforderlich, ebenso wenig wie raffinierte Kosmetik oder aufwendig gestylte Frisuren. In grellen Farben lackierte Nägel sind beim Wettkampf sogar tabu. Das Dojo ist kaum der richtige Ort für eine Modenschau und auch die Wettkampffläche beim Turnier eignet sich dafür in keiner Weise. Hier seine Kreativität und Individualität ausleben zu wollen, ist kein besonders sinnvoller Ansatz, sondern eher fehl am Platz. Übermäßig verspielte Nagelgestaltungen sollte man sich daher lieber für die Regenerationsphasen nach dem Sport aufheben. Vernachlässigen darf man die angemessene Pflege von Händen und Zehen auf der anderen Seite aber keineswegs, das lernt man für gewöhnlich schnell.

Lange Nägel – gleichgültig ob sie an Füßen oder Händen hervorragen – können während eines Kampfes leicht einreißen und zu bluten beginnen. So was tut einerseits ganz schön weh und ist andererseits recht leicht zu vermeiden. Aus diesem Grund sollte jeder Judoka, bevor er oder sie auf die Matte geht, einen Blick auf die eigenen Hände und Füße riskieren und wenn nötig etwas Zeit in die grundlegende Trainingsvorbereitung investieren: Lange Haare gehören zusammengebunden, Nägel sollten eine dem Sport dienliche Länge aufweisen, und nach einem langen, schweißtreibenden Tag kann – nebenbei bemerkt – eine kurze Dusche auch nicht schaden, um beim Training einen halbwegs gepflegten Eindruck zu machen. Viel mehr gibt es zunächst eigentlich nicht zu beachten.

Was die Nägel angeht, so müssen diese einfach nur kurz gehalten werden, was wirklich keinen unzumutbaren Aufwand mit sich bringt – immerhin hat man davon im Idealfall nur jeweils fünf Stück. Sind sie nämlich zu lang, rächt sich das früher oder später. Ob nun zur Nagelschere oder zur Feile gegriffen wird, um sie zu bändigen, sei jedem selbst überlassen.

Es schadet vor dem Hintergrund dieses Themas nicht, sich einmal in die Rolle seines Partners zu versetzen. Dieser ist bestimmt kaum begeistert, wenn man ihm bei jeder zweiten Übung seinen Zehennagel in das Bein rammt oder mit seinen obszön langen Fingernägeln die Haut aufkratzt. Mit solchen Klauen macht man sich alles andere als beliebt. Daran sollte man immer denken.

In diesem Sinne trägt die hohe Judokunst also auch dazu bei, die gebotene Nagelpflege nie aus den Augen zu verlieren. Einigermaßen sauber und regelmäßig gekürzt kommen Finger- wie Zehennägel besser an – eine Lektion, die jede Judokämpferin und jeder Judokämpfer in den ersten Übungsstunden lernt. Wenn man es einmal vergisst, ist es halb so wild – man wird bestimmt auf die eine oder andere Art daran erinnert.

80. GRUND

Weil man Haltung bewahrt

Selbstvertrauen ist der Schlüssel zum Erfolg. Judoka gehen nicht gebückt. Ihr Gang ist aufrecht und bestimmt. Körperspannung ist dabei wichtig, nicht nur für das eigene Auftreten, sondern vor allem für das tägliche Wohlbefinden. Durch die vielen Judotechniken wird die Stützmuskulatur entscheidend gestärkt. Mit dem regelmäßigen Training beugt man Haltungsschwächen und möglicherweise auch damit verbundenen unerfreulichen Kreuzschmerzen vor. Judoka haben ein starkes Rückgrat, und das sollen sie sich auch erhalten.

Haben die plagenden Rückenschmerzen ihre Ursache allerdings nicht in der abgeschwächten Rumpfmuskulatur, sieht es wieder etwas anders aus. Bei Problemen mit den Bandscheiben wirken sich wiederholte Stürze auf den Boden möglicherweise doch nicht uneingeschränkt positiv auf die Gesundheit aus. In diesem Fall muss man mit der Judo-Empfehlung schon etwas vorsichtiger sein. Eine gesunde Wirbelsäule steckt die kleinen Erschütterungen aber ohne Weiteres weg, und der Körper gewöhnt sich mit der Zeit zusehends an die verstärkte Belastung.

Im anderen Fall ... nun, dann halten sich Schaden und Nutzen vermutlich die Waage. Bei Problemen fragen Sie Ihren Arzt oder Apotheker! Große Schmerzen sind übrigens meist ein recht zuverlässiger Indikator dafür, dass man seinem Körper keine wirkliche Wohltat bereitet. Zu viel Beharrlichkeit ist dann unter Umständen eher verfehlt und auch ein bisschen wie Russisch Roulette.

Von solchen Stolpersteinen abgesehen, bietet der Judo-Sport ein sehr wohltuendes und ausgewogenes Training für Körper und Geist, und man kann mit gutem Gewissen behaupten, dass Judo insgesamt mit hoher Wahrscheinlichkeit mehr Haltungsschäden vermindert, als es ab und an verursacht. Darüber hinaus schult diese Kampfkunst die Gesamtkoordination wie kaum eine andere Sportart. Gerade im Kindesalter schafft man damit hervorragende Voraussetzungen für eine umfassende Fitness und züchtet sich keine kleinen Bewegungslegastheniker heran.

Womöglich bietet sich mit einiger Ironie gewürzte Belletristik nicht unbedingt als zuverlässiger Ratgeber für die Gesundheit an, aber eines sei gesagt: Moderates Training ist für niemanden verkehrt. Der japanische Kampfsport lässt dabei nicht nur die Muskeln sprießen, sondern auch das persönliche Selbstvertrauen. Judoka sind keine Fahnen im Wind, auch ein kleiner Sturm kann ihrer Entschlossenheit nichts anhaben.

81. GRUND

Weil Judo-Ohren innerer Schönheit nichts anhaben

Das Phänomen des sogenannten »Blumenkohlohrs« kennt man schon lange aus den Kreisen der Ringer. Auch andere Kampfsportler sehen sich aber in vereinzelten Fällen mit dieser kleinen Entstellung ihrer Lauscher konfrontiert. Durch Schläge gegen die Ohren, wiederholtes Knicken oder beharrliches Reiben an der Ohrmuschel kann es zu Blutergüssen kommen, und die beiden Sorgenkinder schwellen an. Auch Knorpelgewebe ist empfindlich und lässt nicht völlig spurlos alles über sich ergehen. Wenn man es allzu sehr beleidigt, blüht einem ein Blumenkohlohr.

Das Ohr oder auch beide Ohren sehen dann aus wie aufgeblasen und sind zudem gerötet. In solchen Exemplaren etwas von einem Blumenkohl zu erkennen, braucht allerdings etwas Fantasie. Vermutlich nichts als gehässige Anti-Kohl-Propaganda – als bräuchte man noch einen Grund, um sein Gemüse nicht aufzuessen. Na ja, aber es führt wohl zu nichts, sich weiter mit der Angemessenheit der Namensgebung zu beschäftigen.

Liegt einem die Unberührtheit und Makellosigkeit seiner Ohren also am Herzen, sollte man bei den ersten Anzeichen eines Judoohrs schnell zum Arzt marschieren, bevor sich die Angelegenheit verhärtet. Dieser saugt die angesammelte Flüssigkeit in der Regel einfach mit einer Nadel ab, und alles ist wieder in Ordnung. Der eventuell parallel geführten Modellaufbahn ist somit kein Abbruch getan. Manche tragen ihre Judoohren aber auch mit Stolz und behalten das dezente Souvenir als Zeichen ihrer Wildheit. Tja, jedem das Seine …

Um keine unnötigen Ängste zu verbreiten, muss man aber die vielen gesunden Kämpferohren den wenigen über die Jahre etwas deformierten gegenüberstellen. Die leicht verunglückten Exemplare sind dabei wirklich äußerst selten anzutreffen. Ganz offen gesprochen, ist es auch gar nicht so einfach, ein Blumenkohlohr zu bekommen, wenn man es nicht irgendwie darauf anlegt. Bei einem halbwegs normalen Kampfstil kann man auch als erfolgreicher Athlet seine geschätzte Ohren-Jungfräulichkeit bewahren. Im Breitensport sieht man derartige Verletzungen ohnehin nicht. Es kann also Entwarnung gegeben werden.

Abgesehen von der fragwürdigen Ästhetik sind mit den angeschwollenen Judoohren übrigens keine nennenswerten medizinischen Probleme verbunden. In besonders drastischen Fällen kann natürlich das Gehör eingeschränkt werden. Aber wie gesagt – nur wenn man es übertreibt. Darüber hinaus stehen Frauen doch angeblich auf Narben – und manche Männer bestimmt auch. Das Blumenkohlohr ist mit solchen durchaus vergleichbar. Es steht ebenso für Risikobereitschaft und verleiht den Trägern etwas Raues.

Abgesehen davon, weiß doch jeder, dass die wahre Schönheit allein von innen kommt. Das äußere Zierwerk, dieser sinnliche Tand, muss den Judoka nicht ernsthaft bekümmern. Er hat schließlich den Blick für das Wesentliche und trägt seine lobenswerte Einstellung und seinen gewinnenden Habitus als einzigen Schmuck. Was können ihm da ein paar winzige körperliche Unvollkommenheiten schon anhaben?

Wenn man das Ganze nun doch etwas weniger idealistisch betrachtet und für sich entschieden hat, dass das eigene Antlitz bereits markant genug ist, sollte man einfach eine kurze Trainingspause einlegen, sobald die Ohrmuschel leicht zu schmerzen oder zu rumoren beginnt, und danach erst mal mit Ohrenschützern weitermachen. Dann ist man in jedem Fall auf der sicheren Seite.

82. GRUND

Weil es zum Sonnenschutz anregt

Was gibt es an einem schwülen Sommertag schon Schöneres, als das klebrige T-Shirt abzulegen, sich ein hautenges Badehöschen anzuziehen und ein wenig die Muskeln spielen zu lassen?

Man klettert erfrischt aus dem kühlen Becken des Freibads, und der judogestählte Körper schimmert im Licht, während die Sonnenstrahlen über die markante Brust und das Sixpack tanzen. Vielleicht spielt man dann noch vergnügt ein paar Sätze Beachvolleyball und lässt sich später sogar zu einer kleinen Kühnheit wie einem Eisbecher verleiten. Das ist wahrlich ein Urlaubstag, wie man ihn sich nur wünschen kann.

Wenn man sich schließlich entspannt mit einem Buch zur Ruhe legt und unter dem Himmel dahinbrutzelt, sollte man aber immer das nächste Judotraining im Hinterkopf behalten. Die gegenwärtige Freude kann bei diesem nämlich schnell der Ernüchterung weichen. Einen Sonnenbrand spüren die meisten leider erst, wenn sie ihn bereits haben. Blöd nur, dass es dann schon zu spät ist. Aloe vera ist ja ganz nett, bewirkt aber keine Wunder.

Man mag jetzt vielleicht denken: halb so wild. Bald ist die dezente Rötung sowieso wieder verschwunden – und am Ende erliegt man bestimmt keinem Hautkrebs, sondern es werden einen dann viel eher das Rauchen, der übermäßige Fleischkonsum oder die einfach zu verlockenden Sommerspritzer dahinraffen.

Wenn man sich also am frühen Abend allmählich zum Judotraining aufmacht, ist man entspannt und eher ungerührt von dem glühenden Rücken. Schwerer Fehler! Diese Erkenntnis wird sich ohne Zweifel einstellen, sobald man in seine Judomontur geschlüpft ist und mit den Übungen beginnt. Der dicke Baumwollanzug ist bedauerlicherweise nicht annähernd so weich, wie er möglicherweise klingt, sondern ausgesprochen fest und rau. Jedes Mal, wenn der Partner nun daran zerrt, um eine seiner Techniken auszuführen, fühlt er sich an wie 1000 kratzige Feilen, die sich an einem zu schaffen machen. Der Judoanzug wird auf diese Weise schon nach wenigen Minuten zur Eisernen Jungfrau, und das Lächeln wird einem dabei ganz schnell aus dem Gesicht gewischt.

Spätestens bei den Übungskämpfen ringt man sich vermutlich die eine oder andere Träne ab. An den Schultern hat man sich längst gehäutet wie eine Schlange und verflucht nun den Moment, in dem man sich gesagt hat: Aber nein, kein Problem – ich bin doch schon richtig braun geworden. Und wenn man mit eingecremtem Rücken in den Sand springt, sieht man doch aus wie ein paniertes Schnitzel ... Diese Fehleinschätzung rächt sich für das unbeschwerte

Sonnenkind – so viel ist sicher. Hier also ein naheliegender, aber unverzichtbarer Hinweis: Sowohl beim Beachvolleyball, bei langen Strandspaziergängen als auch bei zu exzessivem Sonnenbaden sollte man insbesondere am Beginn der Badesaison definitiv eine Creme mit hohem Sonnenschutzfaktor in seiner Badetasche bereithalten. Eventuell schadet es auch nicht, zum T-Shirt zu greifen, um sich vor besonders aggressiven Sonnenstrahlen zu schützen.

Wenn man noch nicht restlos überzeugt ist, soll man sich einfach einmal Leute ansehen, die den Sonnenschutz in ihrer Jugend bekanntermaßen eher weniger beherzigt haben, und sie denen gegenüberstellen, die zur heißen Jahreszeit immer brav unter dem Schirm gelegen haben. Es gibt in Bezug auf diese Vorsorge Folgendes zu beachten: Die Lebenserwartung steigt – und die Sonne hinterlässt ihre Spuren. Man wird sicherlich nicht umhinkommen, das zu bemerken. Und wer will mit 70 schon aussehen wie ein zu groß geratener Nacktmull?

Das Ganze soll aber nicht zu belehrend werden. Jeder weiß schließlich für sich selbst am besten, was einem guttut. Gewisse Fehler macht man ohnehin nur einmal. Das Judotraining mit aufgebranntem Oberkörper zu absolvieren gehört mit hoher Wahrscheinlichkeit dazu. Diese »hautnahe« Erkenntnis hat sich schon etliche Male als pädagogisch wesentlich wertvoller erwiesen als so mancher gut gemeinte Ratschlag.

83. GRUND

Weil der Kopf heil bleibt

Man kennt sie aus Film und Fernsehen und verbindet sie ganz typisch mit den fernen asiatischen Kampfkünsten: Die Rede ist von den sogenannten Bruchtests. Holzbretter werden auf spektakuläre Weise zerbrochen und manchmal sogar Ziegelsteine oder härtere

Materialien. In der Regel wird mit der Hand, dem Ellbogen oder auch dem Fuß zugeschlagen, um das eigene Können an diesen Gegenständen zu erproben – manchmal auch mit dem Kopf, was vermutlich ebenso gesund ist, wie es klingt.

Vier besondere Fähigkeiten sind dabei von entscheidender Bedeutung: Schnelligkeit, Kraft, Koordination und natürlich die entsprechende Konzentration. Hinzufügen könnte man vielleicht noch eine gewisse Schmerzverträglichkeit. Diese Bruchtests sind nämlich nicht gerade Streicheleinheiten. Aber das sollen sie wohl auch nicht sein. Abhärtung gehört eben dazu.

Im Karate, Taekwondo und Kung-Fu werden unter anderem solche Bruchtests absolviert, und diese sind dann teilweise auch relevant für das Erreichen eines höheren Gürtelgrades. Von Bedeutung sind sie in jenen Sportarten, wo Tritte und Schläge eine entscheidende Rolle spielen. Im Ringen oder Judo finden sie aber keine Anwendung. Die eigenen Arme werden hier weder zum Hackbeil noch der Kopf zum Rammbock, wie man es aus besonders eindrucksvollen Show-Einlagen kennt. Der angehende Judoka muss sich also nicht davor fürchten, bei einem missglückten Versuch zum Pflegefall oder zum Sonderschüler zu werden.

So oder so sind einige der Rekorde, die von manchen ausgesprochen hartnäckigen Dickschädeln in diesem Feld aufgestellt wurden, ziemlich beeindruckend. Es ist allerdings schwierig, sie auch offiziell anzuerkennen, da bis jetzt noch kein einheitlicher Standard für die exakte Beschaffenheit der benötigten Bretter, Ziegel oder Betonplatten durchgesetzt werden konnte. Hier trotzdem eine kleine Auswahl der besonders imposanten Leistungen, die allesamt unter genauen Vorgaben erbracht wurden:

Kevin M. Shelley aus den Vereinigten Staaten konnte etwa am 16. August 1999 ganze 29 Bretter auf seinem Kopf zerschmettern, und das in nur 30 Sekunden. Diese waren 30,5 cm lang, ebenso breit und immerhin 2,5 cm dick. Zweifellos sehr eindrucksvoll – und die Frage nach dem Warum verdirbt doch eigentlich nur den Spaß.

Nach mehr Ausdauer verlangte hingegen die Herausforderung, der sich Bob Knight – ebenfalls Amerikaner – am 10. Mai 2003 stellte. Sein hehres Ziel war es, über eine ganze Stunde hinweg so viele Holzbretter wie möglich zu zerbrechen. Stolze 3.014 Stück der einen Zoll starken Schlagobjekte mussten am Ende daran glauben. Bob konnte sich allerdings schon nach 53 Minuten wieder entspannen. Ihm waren leider die Bretter ausgegangen.

Als besonders akrobatisch erwies sich der Franzose Christophe Pinna. Ihm gelang es bereits am 30. Juni 1988, ein 2,5 cm dickes Brett, das in einer Höhe von 3,03 m angebracht worden war, mit seinem Fuß zu durchschlagen. Solche Sprünge erfordern ein ganz erhebliches Geschick. Bei den Damen hält hier übrigens die Deutsche Nicole Peter den Rekord. Am 20. September 2008 erreichte sie immerhin eine Höhe von 2,42 m.

Aber jetzt zu den spannenderen Materialien: Ein weiterer amerikanische Held, nämlich Kevin Taylor, zerstörte am 4. August 2007 spektakuläre 584 Ziegel in nur 57,5 Sekunden. Bei solchen Herausforderungen werden natürlich immer mehrere der zu durchbrechenden Gegenstände übereinandergestapelt, was die Sache dafür wesentlich kraftintensiver macht.

Beim Zerschlagen von Betonplatten konnte jedoch Larry Fields überzeugen. In einer Minute zerschlug der Amerikaner 354 Stück der zwei Zoll starken Platten mit seinem Ellbogen. Der beeindruckende Rekord wurde am 3. April 2004 erzielt.

Am 10. Juli 2010 gelangte dann endlich wieder ein deutscher Staatsbürger zu Ehren. Muhamed Kahrimanovic konnte bei seinem Auftritt im Zirkus Krone in München 111 Kokosnüsse in unter einer Minute zerschlagen – ein wahrer Fruit-Ninja also. Doch der Mann wird immer besser. Am 2. November 2017 eliminierte Kahrimanovic in Hamburg sogar ganze 123 Stück. Da bleibt wohl nur eines zu sagen: Endlich schlägt einmal jemand zurück! Immerhin fallen jährlich rund 150 Menschen der hinterlistigen Steinfrucht zum Opfer – höchste Zeit für Interventionen. Auge um Auge!

Hat jemand noch weiteren Bedarf an »Breaking News«, kann man ihm an der Stelle nur empfehlen, das Internet zu bemühen. In den Wirren des Netzes wimmelt es nur so von zersplittertem Holz und geborstenem Ton oder Beton, die alle den brachialen Schlägen und Tritten wilder Kampfkünstler zum Opfer gefallen sind.

Um zu resümieren: Im Judo-Dojo werden keine Dinge zerschlagen, jedenfalls nicht absichtlich. Auch Judo-Sportler haben ab und an ein Brett vor dem Kopf – aber dieses ist absolut sicher. Man hat ein sehr gesundes Verhältnis zu allen Materialien auf dieser Welt, ebenso zu Obst und Gemüse. Das Einzige, was nach vielen Jahren des Trainings zu Schaden kommt, ist der Anzug, der durch die andauernden Strapazen allmählich gewisse Verschleißerscheinungen aufweist. Tja, das alte Sprichwort »Der Klügere gibt nach«, hat sich die auf dem Nachgeben basierende Kunst des Judo eben zu Herzen genommen.

84. GRUND

Weil es auch ohne Doping geht

Nicht immer geht es im Sport ganz sauber zu. Wo Geld fließt und zugleich der unbändige Wille zum Erfolg gegeben ist, kommt es leider mitunter zu Randphänomenen, auf die man gerne verzichten könnte. Ein Skandal folgt zuverlässig auf den nächsten, wobei es meist die üblichen Verdächtigen sind, die mit ihren Dopingsünden auffallen. Man muss ganz offen sagen, dass bestimmte Sportarten einen besonderen Hang zu diesen unlauteren Methoden zu haben scheinen. Das liegt freilich keineswegs daran, dass sich in diesen Bereichen überdurchschnittlich böse oder missratene Menschen herumtreiben würden. Es ist schlicht so, dass sich Doping nicht in jeder Disziplin so wirklich anbietet und als gleichermaßen profitabel herausstellt. Das Risiko, erwischt zu werden, spricht jedenfalls nicht dafür, sich in diese Abgründe zu begeben, wenn man nicht wirklich große Leistungssprünge zu erwarten hat. Auch dann würde jeder seriöse Mediziner entschieden davon abraten.

Die Strafen sind hoch, und die mediale Lynchjustiz kennt ebenso kein Erbarmen. Dennoch scheint der Erfolgsdruck immer wieder vielversprechende Sportler dazu zu treiben, sich einen kleinen, unfairen Vorteil zu erschwindeln und dabei ihre Gesundheit ernsthaft aufs Spiel zu setzten. Sie denken, dieses Vorgehen sorgt dann für den kleinen Energieschub, der eben einfach benötigt wird, um ganz oben mitspielen zu können. Das wirklich Schlimme daran – womöglich haben sie sogar recht. Der große Traum von der Olympiamedaille oder dem Podestplatz bei der Weltmeisterschaft drängt dann bei manchen alles andere an den Rand. Letzten Endes lohnt es aber nicht, sich dafür in den Schatten zu stellen. Doping rächt sich leider immer – früher oder später.

Besonders Ausdauersportarten haben – aller Warnungen und Belehrungen zum Trotz – schon seit geraumer Zeit mit regelmäßigen Doping-Fällen zu kämpfen, und es scheint leider keine echte Besserung einzutreten. Teamärzte und Trainer geben sich völlig überrascht, wenn plötzlich eine Kontrolle ihres Schützlings positiv ausfällt – nicht selten sogar der jeweilige Sportler selbst. Man fällt aus allen Wolken und sucht verzweifelt nach einer Erklärung. Vielleicht war es ja nur das verunreinigte Mittagsbuffet beim Chinesen, das einem die ganze Sache eingebrockt hat. In diese Richtung gehen tatsächlich einige Ausreden. Der spanische Radfahrer Alberto Contador machte etwa 2010 ein Stück Fleisch dafür verantwortlich, dass in seiner Probe das Kälber- und Schweinemastmittel Clenbuterol gefunden wurde. Doch es wird noch kurioser:

Als ausgesprochen witziger Bursche erwies sich nämlich der Belgier Mario De Clercq – ebenfalls ein Radprofi. Nachdem er im Jahr 2003 gewissermaßen in flagranti mit diversen einschlägigen Utensilien wie Wachstumshormonen, einer Liste von Hämatokrit-Messwerten und einigen Notizen erwischt wurde, geriet er bei seiner Erklärung kaum in Verlegenheit: Er schreibe einen Roman zu diesem Thema. Tja, was sonst? Die ungeduldige Fanbase wartet noch heute.

Justin Gatlin, ehemals ein harter Konkurrent der Sprintlegende Usain Bolt, wurde 2006 bereits zum zweiten Mal positiv getestet. Alle Beteiligten waren folglich eher unangenehm berührt. Der amerikanische Leichtathlet gab sich bei seinen Ausflüchten daher redlich Mühe. Er behauptete, ein perfider Masseur, mit dem er sich überworfen hatte, wäre für das überraschende Resultat verantwortlich. Als gehässigen Sabotageakt hätte dieser ihm Testosteron in den Hintern geknetet, was letztlich zu dem erhöhten Wert geführt haben müsste. Schrecklich, dieser sittliche Verfall … Man kann heutzutage eben keinem mehr trauen.

Weiter geht es mit dem amerikanischen Radfahrer Tyler Hamilton. Sein Test deutete im Jahr 2004 ganz klar auf Fremdblutdoping hin. Aber dafür kann es ja schließlich Hunderte verschiedene Gründe geben. Hamilton verwies zumindest auf eine dieser vielen Möglichkeiten, um seine Weste unbefleckt zu halten, wobei man darüber streiten kann, ob er damit auch wirklich die plausibelste getroffen hat: Das fremde Blut stamme nämlich angeblich von einem verschwundenen Zwillingsbruder, der bereits in einem frühen, pränatalen Stadium gestorben sei. Das nachgewiesene Blut wäre daher nicht wirklich von einem Fremden, sondern Hamilton habe es nur von seinem verstorbenen Zwillingsbruder resorbiert. Man muss dazusagen, dass er seine Lüge später gestand, nachdem sich diese wohl als recht aussichtslos erwiesen hatte.

Der Belgier Frank Vandenbroucke – auch ein Radfahrer – war offenbar sehr tierlieb. Das bei ihm gefundene Clenbuterol sei nur für seinen asthmakranken Labrador bestimmt gewesen, behauptete er 2002 im Rahmen einer Durchsuchung. Wieso nur müssen immer wieder die armen Haustiere als Schuldige herhalten? Ganze Hausaufgabenberge haben sie angeblich bereits verschlungen – und jetzt das …

Auch die sportlichen Damen beweisen aber immer wieder ihren Sinn für Humor. Als etwa die deutsche Mountainbikerin Ivonne Kraft im Jahr 2007 positiv auf ein Asthmamittel getestet wurde, hatte sie dafür folgende Erklärung parat: Sie wollte als gute Tochter nur ihrer Mutter dabei helfen, ihr Asthmaspray zu öffnen. Dieses erwies sich aber als äußerst widerspenstig. Als Kraft damit schließlich heftig auf die Tischplatte klopfte, konnte eine kleine Dosis entweichen, und sie selbst hatte offenbar zu spät die Luft angehalten.

Bei all diesen Fällen und der großen Überraschung, die sie immer wieder auslösen, kann man eigentlich nur die Hände über dem Kopf zusammenschlagen. Hohe Funktionäre und Wegbegleiter der Sportler wirken zwar stets betroffen, gehen aber offenbar teilweise mit folgendem Motto durchs Leben: Ich seh nichts, ich hör nichts, ich sag nichts! Oder, wie der Japaner sagen würde: Mizaru, kikazaru, iwazaru – der Ausspruch leitet sich ursprünglich nämlich von diesem alten japanischen Sprichwort ab. Und hier bietet sich auch schon die perfekte Brücke zum Judo.

Bei dem japanischen Kampfsport bleiben solche Negativ-Schlagzeilen zum Glück weitestgehend aus. Doping geschieht hier eher versehentlich, weil man zum Beispiel recht unbekümmert ein vermeintlich harmloses Medikament einnimmt und die Verbotsliste der Welt-Anti-Doping-Agentur – kurz WADA – dabei gerade nicht im Kopf hat. Ohne Ausnahmeregelung kann so ein Fehltritt trotzdem sehr böse enden. Ab einem gewissen Leistungs-Level sollte man also darauf achten.

Beruhigend ist es aber zu wissen, dass zumindest ein intendiertes Dopen im Judo keine große Rolle spielt. Einzelfälle gibt es freilich auch in diesem Sport – allerdings sind es dann tatsächlich Einzelfälle, die berechtigterweise Verwunderung hervorrufen. Im Judo geht es schlichtweg nicht um reine körperliche Leistung. Die taktisch-technische Dimension spielt hier eine besonders wichtige Rolle, was den Sport für Doping deutlich weniger anfällig macht.

Nach wie vor ist der Handel mit verbotenen Substanzen vor allem ein Problem des Amateursports, was schade ist, da gerade in diesem Bereich eigentlich wirklich nur der Spaß und die Gesundheit im Vordergrund stehen sollten. Deshalb ein dezenter Appell: Bei solchen Aktionen bitte aufpassen! Die zehn Sekunden Ruhm bei der Bezirksmeisterschaft stehen nicht dafür, dem Körper etwas zuzumuten, bei dem die vielfältigen Folgeschäden vermutlich noch nicht einmal absehbar sind.

85. GRUND

Weil der Schwerpunkt zählt

Der richtige Winkel und die Hebelgesetze spielen im Judo eine entscheidende Rolle. »Gebt mir einen festen Punkt, und ich hebe die Welt aus den Angeln«, proklamierte schon Archimedes im 3. Jahrhundert vor Christus. Ganz so pathetisch geht es während des Judotrainings zwar nicht zu, aber auch hier hat dieser Satz unausgesprochen Gewicht.

Die Unterscheidung von Standbein und Spielbein ist von ganz erheblicher Bedeutung. Diese Erkenntnis trichtert einem die bemühte Trainerschaft früh ein. Wenn man jemanden mit einer Beintechnik zu Fall bringen möchte, sollte man ganz instinktiv erkennen, welches gerade das belastete Bein des Partners ist. Darauf hat man es dann nämlich abgesehen. Auf das Standbein stützt der Gegenspieler sein Gewicht, und genau hier muss man ansetzen, um ihn zu werfen.

Man benötigt einen festen Punkt. Von dort aus macht man den Gegner instabil und hebt ihn gewissermaßen aus den Angeln – jedenfalls, wenn alles richtig funktioniert. Wenn man dabei keinen Fehler macht, ist einem dieser allerdings hilflos ausgeliefert. Hebelgesetze und Winkel kennen kein Pardon.

Lange Beine können im Judo unter Umständen praktisch sein, immerhin hat man damit eine größere Reichweite. Dasselbe gilt natürlich auch für die Arme. Ganz zentral ist bei all den Wurftechniken aber auf der anderen Seite der Schwerpunkt. Wo man die Techniken auch ansetzt, die angewendete Kraft sollte dabei unter dem Schwerpunkt wirken, sonst rührt sich nämlich nicht viel. Der hochgeschossene Lulatsch hat es daher nicht immer leicht. Je höher der Schwerpunkt, desto leichter fällt es dem Gegner nämlich, seinen Wurf darunter anzusetzen.

Beim Judo geht es im Grunde kaum um brachiale Kraftakte. Durch die unzähligen lang erprobten Praktiken spart man sich bei korrekter Anwendung viel Energie und nutzt für sich die unverrückbaren Gesetze der Natur. Der Sport wird also beinahe zur eigenen Wissenschaft.

Bei Handwürfen, die vorwiegend durch Einsatz der Hände ausgeführt werden, muss man den Arm des Partners nun so weit hinunterführen, bis der Schwerpunkt gebrochen wurde und der Kontrahent zu Boden stürzt. Wendet man hingegen eine Selbstfalltechnik an, bringt man den gesamten eigenen Körper unter den Schwerpunkt des Gegners und lässt diesen dann mit viel Schwung über sich hinweggleiten. Bei den Hüfttechniken kommt erwartungsgemäß die Hüfte zum Einsatz. Diese bildet hier den Kontaktansatz für den Wurf und wird geschickt unter dem Schwerpunkt des Gegners platziert, um ihn dann mit einer Drehbewegung darüberzukippen.

An dieser Stelle ein Trostwort für alle zu kurz Geratenen. Im Bereich des Judo kann man sich trotz der etwas geringeren Reichweite ganz gut mit seiner Kleinwüchsigkeit abfinden. Je bodennäher man nämlich gelagert ist, desto tiefer liegt auch der eigene Schwerpunkt. Kein Wunder also, dass sich die Kämpfer meist leicht gebückt gegenüberstehen. Wenn man sich besonders lang macht, fliegt man wahrscheinlich schon bald durch die Luft, und das will man ja tunlichst vermeiden.

Ein paar Zentimeter weniger in der Vertikalen können also durchaus ein Vorteil sein. Die Basketballkarriere ist einem dann vielleicht verbaut, aber im Judo sieht es dabei ganz anders aus. Hauptsache, man steht wie ein Fels – und dafür nimmt man es doch gerne hin, ab und an zur Leiter greifen zu müssen.

7. KAPITEL

UNBESCHREIBLICHES

86. GRUND

Weil Judo das Selbstvertrauen stärkt

Nicht jedem ist ein gesundes Selbstbewusstsein einfach in die Wiege gelegt. Manche brauchen einen kleinen Ruck, um an sich selbst zu glauben und die eigene Person auch entsprechend wertzuschätzen. Mit der richtigen Einstellung steht der erfolgreichen Bewältigung des Alltags dann aber nichts mehr im Wege – nur muss sich diese eben erst einstellen. Oft leichter gesagt als getan …

Wer sich in bestimmten Lebenslagen oft hilflos und unsicher fühlt, der vergibt sein großes Potenzial. Im Judo findet man jedoch einen hochwirksamen Motivator, der bei Jung und Alt ungeahnte Energien zum Vorschein bringt. Die ersten Erfolge werden sich bei den Neulingen bald einstellen, und in wenigen Wochen werden die fleißigen Schüler in erstaunlichem Maße über sich selbst hinauswachsen. Vieles erscheint dann plötzlich als möglich. Die unsichtbaren Barrieren werden durchbrochen, und der eigene Fortschritt kommt immer deutlicher zum Vorschein. Noble Zurückhaltung ist ja hin und wieder sicherlich nicht verkehrt und sie adelt wahrscheinlich auch den Charakter, aber weiter kommt man meistens ohne ein Übermaß an dieser moralischen Zier.

Einfach jeder – völlig egal ob Mann, Frau oder Kind – entwickelt durch den Judo-Sport ein besseres Körpergefühl und lernt sich selbst ein Stück weit besser kennen. Der Sportler begreift durch seine Übungen, dass er in der Lage ist, etwas zu leisten, dass er stetig besser wird und dass es im Grunde nichts anderes ist, als viel, viel Übung, die einen am Ende zum Meister macht. Dieser fällt ja bekanntlich nicht vom Himmel. Was einen schließlich dazu befähigt, irgendetwas besonders gut zu machen, ist immer das Gleiche: Leidenschaft und die dazugehörige Portion Beharrlichkeit.

Tja, die neu gewonnene Ausgeglichenheit strahlt der frischgebackene Judoka dann natürlich auch aus, und die Leute begegnen ihm anders, weil er selbst ihnen nun anders gegenübertritt. Wie gesagt, ein kleiner Ruck ist manchmal alles, was es braucht. Achtung – eine kleine Werbeeinschaltung: Der hiesige Judoverein freut sich immer über neue Mitglieder!

Ist man zuvor also noch gebückt und verängstigt über die heimischen Gehsteige geschlurft, so marschiert man nach den ersten aufregenden Trainingseinheiten bald schon breitschultrig und mit hoch erhobenem Haupt durch die dunkelsten Gassen, und ebenso bedenkenlos durchstreift man jetzt sogar cannabinoidgeschwängerte Stadtparks. Judoka lernen, anderen Personen aufrecht gegenüberzutreten, und sie entwickeln durch ihren Sport eine bemerkenswerte Souveränität.

Die einstige Paranoia hat der versierte Kampfkünstler längst abgelegt. Er fürchtet sich nicht vor dem Ungewissen in seinem Rücken und geht entschieden voran. Er ist nicht mehr der kleine Fisch im Haifischbecken, als der er sich früher wähnte.

Jeder Sport stärkt das Ego, das ist kein Geheimnis. Im Judo ist eine solche positive Entwicklung in Richtung Selbstbestimmung allerdings ganz besonders ausgeprägt zu beobachten. Man bedenke, dass auch das hellste Köpfchen im Leben nicht weit kommt, wenn es seine Schüchternheit oder Unentschlossenheit in den entscheidenden Momenten immer wieder hemmt. Bei derartigen Selbstzweifeln und irrationalen Ängsten, die einen im eigenen Vorankommen lähmen, gibt es also ein klares Rezept: Ab auf die Matte!

87. GRUND

Weil man in jedem Element besteht

Als Judoka trotzt man den Elementen. Die Umgebung spielt keine Rolle. Egal wo, egal wann – man ist immer bereit, zu werfen, zu hebeln oder zu würgen. Hört sich gefährlich an, aber in Wahrheit sind die flinken Kämpfer in ihrer eigentümlichen, kleidähnlichen Gewandung eh alle ganz lieb.

Judo geht also überall. Kein Ort auf der Welt ist dafür prinzipiell ungeeignet, und quer über den Erdball wird die Kampfkunst betrieben, wenn auch mit unterschiedlich großer Begeisterung. Ob Land oder Stadt, fern oder nah – vom tiefsten Tal bis zum höchsten Berg erfreut man sich an dem schönen Sport.

Segler oder Surfer kann man in dieser Hinsicht nur bemitleiden. Ohne ihre Seen oder Meere sitzen sie auf dem Trockenen. Talent und Leidenschaft versiegen dann schnell in der trockenen Ödnis, in der man zufälligerweise geboren wurde. Manchmal meint es das Schicksal eben nicht gut mit einem. Viele können darum nur verträumt in der Badewanne sitzen und mit ihrem Spielzeugschiffchen seufzend durch die schaumigen Fluten brechen.

Vor ihrer Tür haben manche Sportfreunde idyllische Wälder oder beeindruckende Berge, aber eben weit und breit kein Wasser, höchstens einen kleinen Bach, der sich neben der Straße entlangschlängelt, oder den Swimmingpool des Nachbarn. Man hätte womöglich die Sportwelt erschüttern können, sogar als erfolgreicher Olympionike in die Geschichte eingehen, wären da nicht der unmotivierte laue Wind der heimischen Gefilde und vor allem die fehlenden Gewässer.

Ähnlich verhält es sich mit den Ruderern und im Grunde auch mit den Schwimmern. Ganz ohne Wasser geht es eben nicht. Zumindest der Weg zum nächsten 25-Meter Becken bleibt einem bei einigen Disziplinen nicht erspart. Wasserratten brauchen einfach ihr kühles Nass – ohne dieses Element können sie sich nur auf den Bauch legen und mit den Armen kreisen.

Auch die vielen Wintersportler müssen mit erheblichen Einschränkungen leben. Die Langlaufloipe fährt sich ohne Schnee nur halb so gut, und selbst der malerischste Berg bereitet den furchtlosen Skiläufern im Sommer nur wenig Vergnügen. Unsagbaren Ruhm hätte manch einer womöglich erlangen können, hätte ihm die heimische Flora nicht einen Strich durch die Rechnung gemacht. Der bedauernswerte Flachländer wird nämlich kaum gegen die glücklichen Athleten bestehen können, die in den österreichischen oder Schweizer Alpen groß geworden sind, und der begeisterte Biathlet aus der Wüste wird ebenso sein aussichtsloses Schicksal verfluchen.

Das örtliche Umfeld ist für den Judoka allerdings von unvergleichlich geringerer Bedeutung. Er braucht keinen Schnee, kann aber durchaus im Schnee trainieren. Dazu muss er zwar eine ziemlich harte Sau sein, aber gegen etwas Abhärtung ist ja schließlich nichts einzuwenden. Das Immunsystem erwacht dann endlich einmal aus dem langen Tiefschlaf, und außerdem wirft es sich auf Schnee so weich wie auf Wolken.

Ganz gleich verhält sich die Lage für die äußerst genügsamen Kampfkünstler mit dem Wasser. Klar, man trinkt es, aber da endet dann auch schon die enge Bindung zu diesem Element. Der Judoka ist nicht auf rauschende Flüsse angewiesen wie etwa der Kajakfahrer. Er braucht keine Gewässer zu seinem Glück, ein halbwegs ebenes Stück Land stimmt ihn bereits zufrieden.

Auf so etwas wie Wind ist man im Judo-Sport ebenfalls nicht angewiesen. Es ist den meisten Athleten gleich, wie es damit aussieht, insbesondere wenn sie gemütlich in ihrer Halle trainieren. Weder die Flaute noch der Sturm bringt sie zum Schwitzen. Bei manchen Trainingslagern in südlicheren Gegenden kann es aber durchaus vorkommen, dass man unter freiem Himmel trainiert und vor jeder Trainingseinheit erst einmal den Sand von den Matten kehren muss. Ein kleines Lüftchen mag dann in Strandnähe durchaus lästig sein, bringt einen aber kaum ernsthaft aus der Balance. Außerdem wirkt es beinahe wie eine etwas staubige Klimaanlage, und unter der brütenden Sonne ist man dafür in jedem Fall dankbar.

Der Windsurfer sieht die ganze Sache naturgemäß etwas anders. Er muss sich bis zu einem gewissen Grad in die Fänge des Zufalls begeben. Für ihn ist die Frage nach dem Wind nämlich keinesfalls beliebig oder bloß vom persönlichen Geschmack abhängig.

Er sehnt sich nach dem perfekten Luftstrom, sein ganzer Sport lebt davon – und bleibt dieser aus, nimmt ihm das schon irgendwie – na ja, eben den Wind aus den Segeln.

Wie gesagt: Judo geht überall. Ein Winter ohne Schnee? Kein Problem! Nirgendwo Wasser in Sicht? Völlig egal, solange nur die Trinkflasche gut gefüllt ist. Tagelange Flaute? Luft wird nur zum Atmen gebraucht – sonst kann sich der Wind brausen gehen.

Der Judokämpfer hat sich mit beinahe allen Elementen bestens arrangiert. Sogar im seichteren Wasser kann er bestehen. Dort können Würfe mit geringerem Kraftaufwand geübt werden und der Partner muss dabei nicht einmal auf dem harten Boden landen – nur kurz die Luft anhalten. Zugegeben, Feuer bringt den tapferen Kämpfer schon ein wenig in Verlegenheit, aber ansonsten ist es ihm nirgends zu kalt, zu warm, zu feucht, zu trocken, zu windstill oder zu stürmisch. Erde, Wasser und Luft sind für ihn kein Problem. Drei von vier also – ein Ergebnis, das sich durchaus sehen lassen kann. Zusammengefasst ist Judo folgendes: ein anspruchsvoller Sport mit wenig Ansprüchen. Was kann man sich mehr wünschen?

88. GRUND

Weil es den Kontakt zum anderen Geschlecht erleichtert

Der Judo-Sport bietet insbesondere in jungen Jahren einen großen Mehrwert. Dieser fördert nämlich wie kein zweiter einen gesunden Zugang zum anderen Geschlecht. Durch das gemeinsame Trainieren und den unumgänglichen Körperkontakt, den der Kampfsport dabei mit sich bringt, finden die jungen Athleten schnell zu einem natürlichen Umgang mit ihrem eigenen Körper und dem ihrer Partner.

Bei Mädchen und Burschen bauen sich daher keine Unsicherheiten, Scham oder schädliche Tabus auf. Was in Ordnung ist und was nicht, lernen sie durch Judo schon im frühesten Alter und zwar ganz nebenbei. Zwischen romantischen Schäferstündchen und der nüchternen Trainingseinheit weiß der Judoka also gut zu unterscheiden. Das ist auch wichtig und richtig. So stellen sich bei späteren Kontaktanbahnungen nämlich keine unliebsamen Überraschungen ein.

Die Botschaft, die dabei auf subtilem, dafür aber umso wirksamerem Weg vermittelt wird, ist eine äußerst integrative. Gerade von denjenigen Maßnahmen, die ihr Ziel nicht so offen zur Schau tragen, lässt man sich schließlich am liebsten belehren. Geschlechter- und sogar Völker verbindend ist die Judokunst also.

Fremde Kulturen mit anderen Sitten und Gebräuchen haben oft einen ungewohnten Zugang zur Rollenverteilung von Männlein und Weiblein. Steht man nun aber von klein auf gemeinsam auf der Matte, löst das zunächst vielleicht Verwunderung aus, führt in weiterer Folge aber dazu, dass man nachhaltig lernt, sich auf Augenhöhe zu begegnen. Die Kinder sehen, dass auch Frauen Sport machen und dass man genauso wie mit einem Mann auch mit ihnen trainieren und sogar kämpfen kann, ohne dass gleich das Universum aus den Fugen gerät. Falsche Hemmungen werden also früh überwunden oder bauen sich erst gar nicht auf.

Auch die älteren Jahrgänge profitieren in dieser Hinsicht aber von dem Sport. Als halbwegs offener Mensch lernt man schließlich nie aus. Außerdem beschränkt sich die integrative Wirkung der Kampfkunst keinesfalls nur auf fremde Kulturen. Auch bei westlich geprägten Personen kann hie und da eine kleine Lehrstunde in Sachen Geschlechterverhältnis nicht schaden.

Man kann an diesem Punkt ehrlichen Gewissens sagen, dass der Judo-Sport zumindest noch keinen Menschen dümmer gemacht hat – dennoch ist er allein natürlich noch kein Garant dafür, dass sich plötzlich große Weisheit einstellt. Es braucht jedenfalls den Willen, körperlich wie geistig über sich selbst hinauszuwachsen. Unter dieser bescheidenen Voraussetzung ist Judo aber ein Angebot, das in der Lage ist, einiges zu bewirken. Und irgendwann müssen es doch endlich alle einsehen: Männer und Frauen sind gleich! – nur völlig verschieden.

89. GRUND

Weil brüderlicher Zwist besser endet

Jungs sind eben Jungs – auch wenn die Genderforschung hier vermutlich widersprechen würde. Besonders die Herren der Schöpfung rangeln in ihren fidelen Jahren hin und wieder ganz gerne miteinander, um ihre eigene Stellung zu finden und auch zu behaupten. Primitiv, sicherlich – aber so ist es nun mal. In den meisten Fällen gehen diese problematischen Phasen glücklicherweise schnell vorüber oder bleiben idealerweise ganz aus.

Aber das Leben ist kein Wunschkonzert. Einige Eltern bekommen das durch ihre liebenswerten Quälgeister auch deutlich zu spüren. In solchen besonders ungünstigen Fällen rebellieren die kleinen Rabauken nämlich so lange gegen ein zivilisiertes Miteinander, bis sie endlich alt genug geworden sind, um zu begreifen, dass ihre archaische Form der Konfliktbewältigung nicht wirklich zielführend ist. Doch was macht man als besorgter Elternteil in der Zeit, bevor diese Erkenntnis gereift ist?

Man kann wohl kaum zulassen, dass sich der eigene Nachwuchs gegenseitig mit Stöcken um das Haus jagt oder bei den unzähligen ziemlich intensiven Auseinandersetzungen beinahe ins Koma prügelt. Gerade bei Geschwistern in ähnlichem Alter ist es nämlich manchmal nur ein schmaler Grat zwischen Liebe und Hass.

Leider sind solche rauen Sitten oft erstaunlich schwer auszumerzen. Diese Erfahrung wird der eine oder andere vielleicht irgendwann zu seinem Unbehagen selbst machen. Auf jeden Fall wollen natürlich bleibende Schäden vermieden werden, so viel steht fest. Auch aufgeschlagene Lippen oder ein blaues Auge sind nach Möglichkeit zu verhindern, ganz zu schweigen von ausgeschlagenen Zähnen oder ausgerissenen Haaren. Darum ist es hier sicherlich wichtig, ein Machtwort zu sprechen und die außer Kontrolle geratene Nachkommenschaft mit gewissem Nachdruck zur Contenance zu rufen.

Wenn aber dieser direkte Weg nicht die gewünschte Wirkung zeigen sollte, bleibt immer noch eine andere Möglichkeit. Man muss eben schlicht und einfach eine gangbare Alternative bieten, die in sozial verträglicherer Weise die vorhandenen Bedürfnisse befriedigt – selbst wenn das zur Diskussion stehende kindliche Streben nur ein ziemlich unreifes Ziel verfolgt, nämlich das allzu kühn gewordene Geschwisterlein in die Schranken zu weisen.

An dieser Stelle kommt nun das sanftmütige Judo ins Spiel. Ein Judokampf ist ein Duell zwischen Ehrenmännern bzw. Ehrenfrauen. Es wird nicht auf jemanden getreten, der schon am Boden liegt. Das ist mit dem Wertekodex dieses Sports gänzlich unvereinbar. Außerdem fließen in der Regel keine Blutströme, und gröbere Verletzungen sind im Allgemeinen ausgesprochen rar. Die wesentlichen Erziehungsaufgaben sollte man in erster Linie freilich den Eltern überlassen, abgesehen von traurigen Ausnahmen. Wer könnte sich aber wohl besser dafür eignen, den außer Rand und Band geratenen Sprösslingen das Ethos eines fairen Zweikampfes zu vermitteln, als der ehrwürdige Judomeister?

Der streitwütige Nachwuchs ist bei diesem Sport also gut aufgehoben und kann sich angemessen austoben. Die Kinder lernen nebenbei jedoch zu akzeptieren, dass so etwas wie Schlagen und Treten keine Art ist, seinem Gegenüber zu begegnen.

Es ist am Ende des Tages immer noch tausendmal besser, wenn die übermütigen Streithähne sich gegenseitig am Boden mit einem Judogriff in Schach halten, als wenn sie zu wesentlich aversiveren Methoden greifen, um ihre Unstimmigkeiten zu klären. Am erstrebenswertesten wäre es natürlich, jeden Zwist mit Worten beizulegen. Doch für die wenigen Fälle, in denen das vielleicht nicht so richtig fruchten will, zeigt Judo immerhin die roten Linien auf – und das mit erfahrenen Trainern, die zweifellos ihre Autorität zu wahren und ihre Schützlinge im Zaum zu halten wissen.

Man will die wertvolle Bruderliebe ja letzten Endes auch über diese schwierigen Jahre hinweg erhalten. Familie muss schließlich zusammenhalten. Alles andere wäre eine echte Tragödie. Judo bietet dabei eine geeignete Möglichkeit, kindliche Machtdemonstrationen nicht in eine unversöhnliche Situation münden zu lassen, in der sich die letzte Sympathie bereits unwiederbringlich verabschiedet hat.

Für die späteren Tage, wenn einem der liebe Bruder oder die Schwester womöglich schon seit Langem über den Kopf gewachsen ist und sich noch immer keine grenzenlose Zuneigung einstellen will, bleibt immer noch die Variante, einen Boxsack in seinen privaten Räumlichkeiten aufzustellen, wahlweise auch versehen mit einem Aufdruck seiner Chefin, seines Schwiegervaters und all der lieben Menschen, die einem wert genug sind, ein ernstes Zerwürfnis zu umgehen, und doch zu wenig, um sie ohne diese kleine Therapie zu ertragen. Wohlgemerkt handelt es sich dabei um eine Methode, für die ganz ausdrücklich keine nachhaltige Erfolgsgarantie gewährt wird.

90. GRUND

Weil es genügend Tape gibt

So viele schöne Facetten hat der Judo-Sport, dass die wenigen unbehaglicheren kaum ins Gewicht fallen. Trotzdem darf man sich an dieser Stelle nicht dazu hinreißen lassen, sie zu verschweigen und einfach auszuklammern. Man will schließlich wissen, worauf man sich bei einer geplanten Judokarriere einlässt.

Gerade die Fingergelenke werden bei besonders exzessivem Training praktisch chronisch überbeansprucht. Durch das ständige Gezerre an der Kampfmontur des Gegners und dessen dauerhaftes Bemühen, den lästigen Griff wieder zu lösen, werden die armen kleinen Fingerchen an ihre Grenzen getrieben. Nicht selten werden Hände und Füße zudem aufgerieben, und schmerzhafte Schürfwunden treten zutage. Jetzt heißt es schnell einschreiten und dabei hat das unverzichtbare Leukotape seinen großen Auftritt. In Mitleidenschaft gezogene Gelenke werden damit stabilisiert und blutig geriebene Stellen geschützt. Bei letzterem Anwendungsszenario empfiehlt es sich, das Tape nicht direkt auf der Haut anzubringen, sondern einen halbwegs sterilen Puffer zu verwenden, der nicht direkt auf der Wunde klebt. Ein Pflaster ist beispielsweise nicht verkehrt. Die Funktion des Tapes ist in diesem Fall nur, dem Verband den erforderlichen Halt zu geben und die zu versorgende Stelle für die Dauer des gesamten Trainings zuverlässig zu schützen. Ein Pflaster allein hat sich nämlich nach geschätzten 15 Sekunden wieder gelöst. Mit dem Leukotape zur Unterstützung hält die ganze Sache dann wesentlich zuverlässiger.

Der umsichtige Judoka hat also, für den Fall der Fälle, immer eine Rolle des weißen Wundermittels mit dabei. Selbst seine Geburtstags- und Weihnachtsgeschenke versiegelt er in der Not damit, und auch so mancher Briefkasten wurde schon mit einem Streifen Tape beschriftet. Das Anwendungsfeld ist äußerst vielseitig, vorwiegend umschlingt es im Bereich des Judo aber die Zehen und Finger der Sportler.

Besonders hartgesottene Kämpfer denken vielleicht, man könne leicht auf das kleine Hilfsmittel verzichten – immerhin kostet eine Rolle schon so um die 10 bis 15 Euro. Ein stolzer Preis für eine Rolle Klebeband. Auf der anderen Seite ist es ausgesprochen lästig, wenn man schon nach dem ersten Kampf mit völlig blutverschmiertem Kimono daherkommt. Insbesondere bei einem traditionellen weißen Judoanzug sieht es dann aus, als habe man ein wahres Gemetzel hinter sich. Abschreckung kann ja auch etwas Positives haben, aber mit diesem splattermäßigen Anblick schießt man dann schon übers Ziel hinaus.

Streng genommen darf man mit einem blutverschmierten oder anderweitig verunreinigten Anzug übrigens nicht bei einem Turnier antreten. Bei internationalen Bewerben wird diese Regelung auch streng ausgelegt, und um einen Reserveanzug kommt man deshalb kaum herum. Judoka-Hände sind robust, dennoch sind auch sie – besonders bei den Knöcheln – anfällig, und zwischen den einzelnen Kämpfen kann man sich bei dem wilden Gerangel nur allzu leicht aufreiben und seine Spuren auf dem Gewand des Gegenübers hinterlassen. Ein sauberer Anzug ist jedoch sowohl ein Gebot der Ästhetik als auch der Hygiene.

Nun, die Hygiene führt einen dann zu einem weiteren Punkt: Wo viele nackte Füße über den Boden fleuchen, da lauert auch ein gewisses Gefahrenpotenzial. Die Ritzen zwischen den Matten werden zu einem eigenen Biotop, sollte die Reinigung für längere Zeit vernachlässigt werden. Der Untergrund entwickelt sich dann irgendwann zu einem eigenen Organismus, die Matten heben und senken sich unter schwerem Atem, und man wird bei dem zweifelhaften Anblick beinahe in die Versuchung geführt, laut auszurufen: Es lebt!

Aber zurück zur Realität. Dieses zugegeben ein wenig überzeichnete Bild dient nur der Veranschaulichung eines nicht zu vernachlässigenden Themas. So ein Pilz ist eine nachhaltige Angelegenheit, und er beschränkt sich keineswegs nur auf die Füße. Der Judoanzug scheuert, und es ist leicht möglich, dass man nach einem intensiven Training die erwähnten Schürfwunden auch an der Stirn, auf der Brust oder an Nacken und Schulter aufweist. Wenn man den sporadisch gereinigten Matten dann zu nahe kommt, fängt man sich schneller etwas ein, als einem lieb ist, und ein Pilz im Gesicht ist nur halb so sexy, wie es klingt. Das gilt übrigens auch für den in Verruf geratenen Politiker Peter Pilz.

Gepriesen sei das Tape! Mithilfe des zähen Klebebandes können offene Stellen abgeklebt und so auch einigermaßen zuverlässig vor unschönen Infektionen geschützt werden. Wenn man nachher noch was vorhat und keinen ansteckenden Begleiter mit sich herumtragen möchte, sollte man den Weg von der Umkleide zur Matte nur mit Sandalen, Socken oder Schuhen beschreiten. Ab hier geht es ohnehin barfuß weiter. Dann heißt es hoffen und die Zuversicht bewahren – und das lieb gewonnene Tape ist in jedem Fall Trumpf.

91. GRUND

Weil es den Teamgeist stärkt

Nichts bringt die Massen derart in Wallung wie Teamsportarten. Fußball, Baseball oder American Football, alle drei füllen sie gigantische Stadien und lassen Judofreunde dabei neidvoll hinter sich zurück. Im Allgemeinen haben es Einzelsportarten schwerer, wenn es darum geht, dieses gewaltige Interesse zu entfachen, obwohl sich Schifahrer und beispielsweise Tennisspieler natürlich auch nicht beklagen dürfen. Boxer oder Rennsportler sind ebenfalls sehr populär und tragen das mit ihrer Profession verbundene Einzelgängertum mit Fassung. Dennoch entfesseln Teamsportarten oft eine Dynamik, von der ein Einzelner bloß träumen kann.

Es ist einfach so, dass das Mitfiebern mit einer bestimmten Mannschaft etwas ganz Besonderes in den Menschen auslöst, vermutlich deshalb, weil es auch für jeden dieser Athleten ein absolut einzigartiges Gefühl ist, Teil einer Mannschaft zu sein, die ein klares Ziel eint: der Sieg!

Man arbeitet zusammen, motiviert sich gegenseitig, und nach einem erfolgreichen Wettkampf multipliziert sich die Freude um die Anzahl jedes einzelnen Mitglieds. Das enthusiastische Publikum wird mitgerissen und bekommt das Gefühl, Anteil an den Erfolgen der angefeuerten Mannschaft zu haben. Das geht praktischerweise auch ganz bequem vor dem eigenen Fernseher.

Hier kommt nun die frohe Botschaft: Auch im Judo muss man auf dieses einmalige Erlebnis nicht verzichten. Teamwettkämpfe werden in dem vielseitigen Sport nämlich ebenfalls ausgetragen. Man darf sich das dann allerdings nicht so vorstellen, dass ein ganzer Haufen wuseliger Kämpfer in einer unkoordinierten Aktion zugleich gegeneinander antritt. So ein Durcheinander wäre am Ende bestimmt unmöglich von den Kampfrichtern zu bewerten und auch darüber hinaus mit einigen Schwierigkeiten und Gefahren verbunden. Eine solche Variante wäre daher definitiv eine schlechte Idee.

Stattdessen steht man zu Beginn des Wettkampfes zumindest nicht allein auf der Matte, und die Kameraden an seiner Seite bilden eine ermutigende Phalanx. Danach verbeugt man sich vor dem gegnerischen Team und verlässt daraufhin wieder zusammen die Kampffläche. Wenn es allerdings ernst wird, tritt man sich wieder Mann gegen Mann bzw. Frau gegen Frau gegenüber. Judo ist nun mal ein Zweikampfsystem, und daran ist nicht zu rütteln.

Im direkten Kampf steht man immer allein auf der Matte, doch die psychische Unterstützung kündigt sich bald mit lauten Zurufen an, die einen von außen beschallen. Diese Verbundenheit stärkt. Man kämpft nicht nur für sich, sondern zugleich für seine Kollegen. Entmutigen darf man sich dabei nur nicht von den gegnerischen Anfeuerungen lassen. Idealerweise stacheln einen diese sogar noch an und stärken den eigenen Willen.

Ein Judo-Team besteht – ohne den Ersatz – aus sieben Athleten, wobei jeder davon eine Gewichtsklasse abdeckt. Die Leichtgewichte starten, und danach folgen die weiteren Kämpfe in aufsteigender Reihenfolge. Immer mehr Gewicht vereint sich also bei den folgenden Begegnungen auf der Matte, und welche der beiden Seiten am Ende die meisten davon für sich entscheiden kann, trägt den Sieg davon. Bis eine der beiden Mannschaften vier Mal gewonnen hat, bleibt es spannend.

Bei solchen Duellen geht es tatsächlich deutlich hitziger zu als bei den häufigeren Einzelturnieren. Die Teams feuern ihre Athleten von den Mattenrändern an, und viele würden am liebsten bei jeder Gelegenheit hineinstürmen und es selbst zu Ende bringen. Der Nervenkitzel ist groß, und manches Mal schießen verständlicherweise auch die Emotionen nach oben. Massenschlägereien sind zum Glück noch keine ausgebrochen, auch wenn sich die konkurrierenden Trainer hin und wieder sichtlich gerne an die Gurgel springen würden.

Gerade bei der jährlichen Landesliga branden wahre Begeisterungswellen von der immerhin teilweise gefüllten Tribüne. Für Judo auf dieser Ebene gleicht das schon einem Ritterschlag. Während der Auseinandersetzung mit einer ähnlich stark aufgestellten Mannschaft fällt dann manchmal die Zurückhaltung – zumindest zeitweilig.

Wenn die Kämpfe vorbei sind und alles entschieden ist, geht man aber in der Regel in Freundschaft auseinander. Vor allem bei den kleineren Wettkämpfen kennt man sich und gönnt – wenn es denn sein muss – auch einem anderen Team den Triumph – zumindest vorerst, denn beim nächsten Mal sind die sprichwörtlichen Karten wieder neu gemischt.

92. GRUND

Weil Judo ein Spiel ist

Um eines vorweg klarzustellen: Das ist es nicht! Fußball wird gespielt, Tennis, Volleyball, Eishockey und so weiter – aber nicht der japanische Kampfsport. Judo wird nicht gespielt, Judo wird ausgeübt, betrieben oder praktiziert – alles andere wird ihm kaum gerecht. Und doch – auch wenn es verwirren mag –, unter ganz speziellen Umständen ist es tatsächlich möglich, Judo auch einmal einfach nur zu spielen – dann allerdings nicht auf der Matte, sondern gemütlich auf der Couch.

Man möchte es nicht glauben, doch der aufstrebende Judo-Sport ist längst schon in der Welt der Videospiele angelangt. Andere Sportarten dürfen sich hier sogar im Jahresrhythmus über neue Titel freuen. Solcher Beliebtheit erfreut sich der ausgeklügelte Kampfsport zwar noch nicht in der digitalen Welt, wer aber neben *Tekken*, *Soul Calibur*, *Dead or Alive* oder *Mortal Kombat* auch einmal ein reinrassiges Judospiel ausprobieren möchte, wird immerhin nicht enttäuscht.

Pro Judo heißt ein solcher Ableger aus dem Hause Astragon. Der deutsche Publisher veröffentlichte das PC-Spiel bereits im Jahr 2006. In dieser Simulation ist es möglich, zwischen über 20 verschiedenen Judokämpfern zu wählen, die alle ihre unterschiedlichen Eigenschaften besitzen. Auf diese Weise kann man sich mit seinem virtuellen Pendant also auch zum Sieger küren, ohne dabei Blut und Tränen zu schwitzen. Das Feeling ist definitiv nicht dasselbe wie bei einem echten Turnier, aber wer würde das auch erwarten? In jedem Fall ist das Judo-Game durchaus interessant.

2006 war ein gutes Jahr für den Judo-Videospielmarkt. Gegen Ende des Jahres erschien mit *David Douillet Judo* nämlich noch ein weiteres spannendes Judo-Spiel, im Folgejahr übrigens auch für die Playstation 2. Entwickelt wurde es von dem ebenfalls deutschen Softwarehersteller 10tacle Studios. Seinen Namen hat das Videospiel von dem gefeierten französischen Judoka – der deutsche Markt war wohl nicht attraktiv genug. David Douillet gewann drei Olympiamedaillen, zwei in Gold, eine in Bronze. Er wurde viermal Weltmeister und sammelte bei Europameisterschaften einmal Gold, einmal Silber und Bronze sogar doppelt. 2011 war er außerdem Sportminister. *David Douillet Judo* trägt also einen stolzen Namen, und es bietet einem einige äußerst kurzweilige Stunden.

Einen echten Klassiker brachten die beiden Entwickler Andy Walker und Paul Hodgson 1986 mit dem Publisher Martech auf den Markt. Auf dem Commodore 64 ist *Uchi Mata* ein wirklich charmantes Pixelgewirr mit wunderbarem 8-Bit-Hintergrundgepiepse. Für heutige Augen ist es vielleicht auf Dauer etwas anstrengend, aber was man hier auf dem Bildschirm geboten bekommt, ist definitiv Judo – daran besteht kein Zweifel.

Insgesamt sind Judoka auf den verschiedenen Videospielplattformen leider rar. Aber letzten Endes bleibt einem der Weg auf die Matte ohnehin nicht erspart, wenn man sich in diesem Sport ernsthaft messen will.

Gute Unterhaltung und hartes Training sind leider nicht dasselbe. Von seinen Videospielkünsten profitiert man in sportlicher Hinsicht kaum. Keinem Videospiel gelingt es außerdem, der Komplexität des Judo-Sports auch nur annähernd gerecht zu werden. Trotzdem sind sie ein wirklich netter und witziger Zeitvertreib. Aber am Ende wird Judo eben nicht gespielt, sondern mit ganzer Kraft, Schnelligkeit und viel Geschick ausgeübt.

93. GRUND

Weil es manchmal eine haarige Sache ist

Im Judo will jedes Körperhaar wohlüberlegt sein. Längere Frisuren müssen für das Training und insbesondere bei den Wettkämpfen geflochten oder zusammengebunden werden. Ansonsten würden sie nur stören. Besonders die Damen haben damit bekanntermaßen zu kämpfen. Mit etwas Übung gelingt es aber bald, die Haare so zu bändigen, dass sie einen nicht mehr behindern. Männer greifen dafür in der Regel einfach zur Schere, sobald ihre Mähne eine unzweckmäßige Länge erreicht hat.

Haarspangen sind im Judo übrigens nicht erlaubt. Jeder harte oder gar metallische Gegenstand kann gefährlich sein und führt bei einem Turnier ohne Umschweife zur Disqualifikation. Man bedient sich daher besser der unproblematischen Haarbänder, wenn es darum geht, seine Frisur in Räson zu bringen.

Judoka – vor allem die etwas maskulineren – werden durch ihren Kampfsport regelmäßig bestärkt, ihren Pelz unter Kontrolle zu halten. Alles unter dem Judoanzug darf natürlich ungezügelt weiter gedeihen, doch offen getragenes Haar kann unter Umständen zum Problem werden. Ein überlanger Rauschebart oder zu ungestümes Brusthaar bergen bestimmte Gefahren und können sich bitter rächen.

Während eines Kampfes wird gezerrt und gezogen. Hin und wieder kann es dabei auch vorkommen, dass man versehentlich ein Büschel fremder Haare in die Finger bekommt. Mit einem vernünftig zusammengebundenen Zopf wähnt man sich oft schon in Sicherheit, doch leider sprießt es oft auch dort, wo sich aufwendige Flechtfrisuren oder kleine Zöpfchen nicht wirklich anbieten. Wenn diese männlichen Problemstellen nicht anständig getrimmt wurden, kann das sehr schmerzhaft enden. Ganz besonders abzuraten ist in dieser Hinsicht von extravaganten Oberlippenbärten. Aber auch, wenn der Gegner plötzlich ein Büschel der eigenen Brusthaare in seinen gierigen Fingern hält, möchte man einfach nur schreien. Das sind diese kleinen, aber nicht unerheblichen Lektionen, die einen meistens erst die Praxis lehrt.

Auf den Punkt gebracht: Für aufwendige Ballfrisuren oder kunstvolle Gesichtsbehaarung ist das Dojo kaum der richtige Ort. Auch die bärige Brust in der Tradition eines Sean Connery oder eines Tom Selleck ist anderswo besser aufgehoben. Auf der Matte ist modische Schlichtheit geboten. Was dabei die persönliche Haarpracht anbelangt, gilt wie so oft der Leitspruch: Weniger ist mehr!

94. GRUND

Weil das Dojo wandert

Der Judoka braucht nicht viel zu seinem Glück. Seine Trainingsstätte ist ausgesprochen bescheiden, die erforderliche Ausstattung an Schlichtheit kaum zu übertreffen. Keine aufwendigen Gerätschaften werden benötigt, nicht einmal besonders viel Platz. Und auch sehr flexibel ist das Dojo.

Alles, was es dafür braucht, ist nur ein halbwegs ebener Boden, idealerweise ein überdachter mit vier Wänden. Judo ist äußerst genügsam. In diesem Bereich werden dann einfach die üblichen etwa vier bis fünf Zentimeter dicken Schaumstoffmatten ausgelegt – und fertig. Nichts sollte einen dann noch vom Training abhalten.

Jetzt verhält es sich aber so, dass die begeisterten Judokämpferinnen und Judokämpfer ihre Turnhalle für gewöhnlich auch mit anderen Sportvereinen teilen müssen. Diese wissen mit den vielen Matten in der Regel allerdings wenig anzufangen und würden diese bloß als ziemlich lästig empfinden. Deshalb entsteht das Dojo jedes Mal aufs Neue, und danach verschwindet es wieder auf magische Weise, um den Platz für Tischtennisspieler, Turner, Handballer oder wen auch immer freizugeben.

Leider darf man sich diese Angelegenheit aber nicht so vorstellen wie bei Aladin in den herrlichen Märchenerzählungen aus Tausendundeiner Nacht. Judomatten geben ganz schlechte fliegende Teppiche ab. Es gibt auch keine kleinen Feen oder dergleichen, die dafür sorgen, dass die Matten durch den Raum schwirren und sich bei jedem Training neu zu der gewünschten Fläche anordnen. Bedauerlicherweise wird man mit solchen Vorstellungen enttäuscht.

Die regelmäßige Wanderung des Dojos vollzieht sich ernüchternderweise nur durch die eigene Muskelkraft – ein ziemlich banaler Prozess also. Mit den üblichen Maßen von einmal einem Meter oder seltener auch einmal zwei Metern ist die wichtige Unterlage nicht übermäßig schwer, allerdings auch nicht gerade federleicht.

Wenn die Matten nun vor Beginn der Trainingseinheit von den vielen fleißigen Judo-Bienchen hervorgeholt werden, geht es mit der entsprechenden Routine recht flott, und das hoch aufgestapelte Matten-Arsenal wechselt in die Horizontale. Einige ganz Übermütige tragen dann sogar zwei oder gar drei auf einmal. Man kommt eigentlich nicht umhin, dieses Ritual als etwas Positives zu betrachten, auch wenn es einem ein wenig Zeit stiehlt. Immerhin ist es schon ein erstes sachtes Aufwärmtraining, das die Muskulatur in Bereitschaft versetzt. Außerdem gibt es einem Gelegenheit, erst einmal richtig anzukommen und sich noch ein wenig zu unterhalten, bevor es losgeht.

Am Ende der etwa 90-minütigen Unterweisung verschwinden die Matten dann wieder, und das mobile Dojo wandert in einen der anliegenden Seitenräume. Hoch aufgetürmt sehen die Matten dann ihrem wohlverdienten Feierabend entgegen und warten im Stillen auf ihren nächsten Einsatz. Bei größeren Wettkämpfen ist es jedoch nötig, riesige Flächen mit den farbigen Judomatten zu füllen. Die eigentliche Kampffläche wird dabei üblicherweise in Gelb gehalten, die angrenzende Sicherheitsfläche dagegen in Rot. Bei solchen Events nehmen die unzähligen Matten, die benötigt werden, um die großen Sporthallen zu füllen, oft eine lange Reise auf sich.

Wer kann also ahnen, wie welterfahren und umtriebig der Untergrund wohl sein mag, auf dem der Judoka mit seinen nackten Füßen wandelt. Womöglich ist die eine oder andere Matte schon viel herumgekommen und hat weit mehr erlebt, als man zunächst vermuten würde. Dieses heilige Fundament jedes Judo-Dojos sollte man also achten und zugleich im Hinterkopf behalten, dass so manche der hinterlassenen Spuren eventuell einen infektiösen Charakter besitzen könnten. Ohne jetzt die Stimmung zerstören zu wollen – aber auch diese Entwicklungen sollte man immer im Auge behalten.

95. GRUND

Weil das Heldentum ruft

Man stelle sich Folgendes vor: Dämmerung. Eine zwielichtige Gasse. Ein gebrechliches Großmütterchen umklammert hilflos ihre Handtasche, während eine Bande von Unholden sie umzingelt. Ein Szenario, das man sicherlich aus Filmen kennt, doch was ist zu tun, wenn man sich einmal tatsächlich selbst als zufälliger Beobachter einer solch dreisten Tat wiederfindet?

Man würde ja gerne einschreiten und helfen, aber drei ziemlich üble Kerle stehen einem bei seiner persönlichen Heldentat im Weg. Man hat nichts bei sich, womit man die eigene Person oder das arme Mütterlein verteidigen könnte. Bestenfalls könnte man mit seiner Brieftasche werfen. Es bricht einem das Herz, aber die Chancen auf Erfolg stehen schlecht. Immerhin hat man heute schon brav den Müll getrennt und die teure Milch mit dem Bio-Gütesiegel gekauft. Besser als nichts. Das Seelenheil scheint damit zumindest gesichert. Auf die Ehrenmedaille kann man unter diesen Umständen schon mal verzichten und im Rückwärtsgang davontraben.

Hätte man sich doch nur vor Jahren für den Judo-Sport entschieden! Für die furchtlosen Judoka sieht es bei alldem nämlich ganz anders aus. Diese haben sich im Schweiße ihres Angesichts die hohe Kunst des waffenlosen Kampfes angeeignet – und endlich lohnt es sich. Beherrscht man nämlich diese wirkungsvollen Kampftechniken, beflügelt das zweifellos den eigenen Heldenmut. Man muss nicht länger unnütz danebenstehen, man kann endlich eingreifen und etwas gegen dieses himmelschreiende Unrecht unternehmen.

Viele Superhelden sind übrigens ebenfalls Judokämpfer. Man muss nur genau darauf achten. Der Schulterwurf – auf Japanisch »Ippon-seoi-nage« – steht bei ihnen hoch im Kurs. Die eindrucksvolle Technik macht sich eben gut in Actionfilmen. Batman, der geflügelte Rächer, ist zum Beispiel ein begeisterter Judokünstler.

Er wirft, als habe er sein Leben lang auf der Matte gestanden, zumindest dann, wenn er nicht gerade seine Fledermauswurfsterne schleudert oder Kinnhaken verteilt.

Auch die Selbstfalltechnik »Tomoe-nage«, bei der man den Gegner mit viel Schwung über sich selbst hinwegschleudert, wird gerne in Hollywoodstreifen präsentiert. Alles Zufall? Wohl kaum. Judo ist die Kunst der Helden.

Wer weiß, vielleicht gelingt es einem ja selbst eines Tages, zum wahren Superhelden aufzusteigen. Womöglich stolpert man ganz unverhofft in die Situation, eine blauäugige Schönheit vor einer Gruppe böswilliger Schurken retten zu dürfen oder aber einen hübschen Jüngling aus den brutalen Fängen einer verwegenen Frauen-Gang befreien zu können. Alles ist möglich – und man will ja für seinen großen Auftritt gewappnet sein.

Falls man sich aber doch einmal einer schier unbezwingbaren Übermacht gegenübersieht, bei deren Anblick man wenig Hoffnung hegt, etwas auszurichten, ist es sicherlich auch recht heldenhaft, die ganze Sache einmal aus der Ferne zu beobachten. In derartigen Fällen ist es vermutlich lohnender, das Handy zu zücken und die Polizei zu verständigen. Manchmal muss man den Ruhm eben teilen und dafür die Zähne behalten. Nicht jeder kann Batman sein – irgendjemand muss schließlich auch den Part von Robin übernehmen.

Wer übrigens einmal höchstpersönlich in eine missliche Lage gerät, ist als Kampfkünstler natürlich ebenfalls nicht ganz so hilflos, wie es für die arglosen Bösewichte erscheint. Der Judoka hat immer ein Ass im Ärmel und kann mit ein paar flinken Griffen überraschen – und wenn wirklich alle Stricke reißen, bleibt immer noch die Variante, die Geldbörse zu werfen und kreischend davonzulaufen.

96. GRUND

Weil auch die Nase mitspielt

Wer Patrick Süskinds *Das Parfum* gelesen hat, weiß, dass Gerüche hin und wieder eine tragende Rolle spielen. Sie können uns irritieren, manchmal sogar fesseln – und in einigen Fällen auch einfach nur abstoßen. Im Sport taucht man leider immer wieder in jene Welt der eher unliebsamen Düfte ein. In besonders bizarren Fällen hat der Gestank sogar Methode, und die sensible Nase wird dann auf eine harte Probe gestellt.

Man mag es zunächst nicht für möglich halten, doch auch im Judo-Sport sind Gerüche von nicht völlig zu vernachlässigender Bedeutung. Zumindest in etwas frivoleren Zeiten waren Angehörige bestimmter Kulturkreise in Verruf, mehrere Tage vor einem Wettkampf nicht mehr zu duschen und ihren Judogi, also die traditionelle Judokluft, nicht mehr zu waschen. Das verlieh diesen Leuten natürlich eine ganz besondere Aura.

Heute wird diese Form der taktischen Zermürbung des Gegners allerdings kaum noch praktiziert. Wenn der Kampfrichter die Nase rümpft, bedeutet das nämlich: Danke und auf Wiedersehen! Hygiene und Sauberkeit sind im Regelwerk festgeschrieben, und wer sich derart aufdringlich über alle vernünftigen Grenzen hinwegsetzt, darf nicht bei den Turnieren antreten.

In den Wettkampfregeln ist deutlich zu lesen, dass der Judogi sauber, trocken und ohne unangenehmen Geruch sein muss. Auch die persönliche Hygiene des Kämpfers wird als »sehr gut« vorausgesetzt. Das ist in einer Sportart, deren Handlungsabläufe weitestgehend darin bestehen, eng umschlungen mit seinem Gegenüber zu ringen, wohl auch nicht zu viel verlangt. Wird man also bereits vor Beginn des Kampfes als Hygienemuffel entlarvt, gewinnt der hoffentlich wohlriechendere Judoka der Gegenseite die geplante Begegnung durch »Fusen-gachi«, bzw. das Nicht-Antreten des Gegners.

Hat der Kampf aber bereits begonnen und die Sauberkeitsmängel werden erst jetzt deutlich, verliert der gegen die Hygieneprinzipien verstoßende Athlet durch »Kiken-gachi«, auf Deutsch: Sieg durch Aufgabe. Die tatsächliche Entscheidung wird ihm hier jedoch abgenommen. Der Begriff ist daher als bloße Formalität zu verstehen.

Auf abstoßende Gerüche zu setzen bringt den Judoka des 21. Jahrhunderts also nicht weiter. Obwohl sich die Taktik im Tierreich nach wie vor bewährt, führt sie auf der Matte längst nicht mehr zu dem gewünschten Ergebnis. Ob nun früher mit solchen befremdlichen Methoden wirklich große Erfolge erzielt werden konnten, ist nicht mehr eruierbar. Freunde machte man sich damit jedenfalls bestimmt keine.

97. GRUND

Weil manchmal ein Zucken genügt

Im Judo gab es einmal eine Zeit, da war es erlaubt, mit seinen Armen nach den Beinen des Gegners zu greifen und diesen dadurch zu Fall zu bringen. »Morote-gari« nannte sich dieser gefürchtete Wurf, dem viele bis heute nachtrauern.

Jahrelang wurden etliche Turniere durch solche eher unschönen, aber umso wirkungsvolleren Techniken entschieden. Lag man nach Punkten bereits hinten, und die Zeit rann einem langsam, aber sicher davon, kam es immer wieder vor, dass ein beherzter Griff nach den Beinen des Gegners einen doch noch vor der drohenden Niederlage rettete. Man zog dem Gegenüber einfach die Füße unter dem Boden weg und beendete auf diese Weise den Kampf. Unzählige Siege wurden so noch in letzter Sekunde errungen. Wenn alles andere versagte, blieb immer noch der Griff nach unten. Kein Wunder also, dass viele Sportler diese längst vergangenen Tage in sentimentaler Erinnerung behalten haben.

Später entschieden die weisen Männer und Frauen der International Judo Federation jedoch, dass diese allmählich überhandnehmenden Methoden einem schönen Judokampf eher abträglich wären. Man wollte wieder andere Würfe in den Turnieren sehen, nicht immer nur diese technisch recht anspruchslosen »Beingreifer«. Neue Wettkampfregeln wurden also verlautet.

Wer von nun an noch im Standkampf mit den Händen auf ein Bein oder auch beide Beine des Gegners griff, wurde sofort mit der höchsten Strafe – »Hansoku-make« – belegt und damit für den entsprechenden Kampf disqualifiziert. Das war natürlich hart, zeigte aber zugleich, dass es die Verantwortlichen wirklich ernst meinten.

Für einige war die Umstellung schwierig. Andere versuchten allerdings, das Beste aus dem neuen Regelwerk zu machen. Bald war ein neuer taktischer Kniff geboren. Manche besonders perfiden Kämpfer hoben bei passender Gelegenheit einfach nur blitzartig ihr Knie und lauerten darauf, was passierte. Früher hatte eine solche Aktion meist instinktiv dazu geführt, dass man versuchte, das kurz in der Luft befindliche Bein zu schnappen, um den Gegner aus dem Gleichgewicht zu bringen und am Ende mit Hand und Fuß zu Boden zu werfen. Genau dieses Hunderte, ja vielleicht sogar Tausende Male eingeschärfte Bewegungsmuster erwies sich jetzt aber als verheerend. Ließ sich ein gedankenverlorener Gegner nämlich im Eifer des Gefechts dazu verleiten, diese scheinbare Einladung für einen Wurf anzunehmen, hatte er den Sieg billig hergeschenkt.

Natürlich trug die drakonische Exekution der neuen Regel ihren Anteil dazu bei, dass diese schnell von den Sportlern verinnerlicht wurde. Die IJF zeigte sich daher von ihrer gnädigen Seite und ging schließlich dazu über, Milde walten zu lassen und den Griff zum Bein fortan nur noch mit »Shido« – einer kleinen Strafe – zu maßregeln. Ehe man nicht drei davon ansammelt, hat man aktuell nichts zu befürchten. Der dritte kleine Regelverstoß führt dann allerdings auch zu einem kampfbeendenden Hansoku-make.

Es scheinen nun aber seit einer Weile Planungen im Gange zu sein, den hart zugesetzten Beingreifern ein Comeback zu ermöglichen. Zumindest in Form eines »Konters« ist der Griff zum Hosenbein möglicherweise in absehbarer Zeit wieder in den internationalen Wettkampfregeln verankert. Man darf also gespannt sein, was hier noch auf einen zukommt.

Das Judo-Regelwerk ist ständig im Fluss. Auf dem neuesten Stand zu bleiben ist da für den Kämpfer oft gar nicht so einfach. Kaum hat man sich an eine Änderung gewöhnt, entschließt sich plötzlich jemand, wieder alles über den Haufen zu werfen. Glücklicherweise sind die Trainer selten darum verlegen, diesen Anpassungen nach kurzer Einlaufphase mit ausgeklügelten neuen Taktiken zu begegnen – und so wird der Sport immerhin nie langweilig.

98. GRUND

Weil Judo um den Globus führt

Von der italienischen Küste bis hin zum verschneiten Bergdorf in Österreich, nach London, Paris, die USA und noch viel weiter führt einen dieser Sport – in verschlafene Nester und große Metropolen. Der Judoka ist weit gereist und äußerst welterfahren. Er hat viel gesehen und durfte im Laufe seiner Karriere so manchen nachhaltigen Eindruck sammeln, der ihm bestimmt auch über das Judo hinaus noch von Nutzen sein wird. Fremde Kulturen hat er während seiner Reisen kennengelernt und dazu auch unzählige interessante Sportlerinnen und Sportler.

Trainingslager sind hart – das kann man nicht leugnen –, aber man profitiert ungemein von dem gegenseitigen Austausch. Bei diesen Judocamps tummeln sich sowohl neue Trainer als auch neue Partner auf der Matte, und beide können den eigenen Horizont deutlich erweitern. Die Bekanntschaften, die abseits des Trainings geschlossen werden, sind natürlich auch nicht zu verachten. An manche davon wird man sich später gewiss mit liebevoller Nostalgie erinnern. Aber zurück zum Wesentlichen: Frühmorgens wird gelaufen. Das verspricht einen erfrischenden Start in den Tag. Nach dem Frühstück folgt dann für gewöhnlich bald das erste Judotraining. Neue erfolgversprechende Techniken, die bei der Weltspitze gerade sehr beliebt sind, werden geübt, aber vor allem wird natürlich gekämpft. Es folgten das Mittagessen, ein paar Stunden Freizeit, und danach erwartet einen die zweite Trainingseinheit. Ist diese erst absolviert, kann man sich normalerweise auf das Abendessen und den wohlverdienten Feierabend freuen. Jetzt darf man sich gerne seinen bevorzugten Zerstreuungen hingeben.

Einen Haken hat die Sache allerdings. Am nächsten Morgen geht das Ganze nämlich wieder von vorne los. Das gilt es definitiv zu bedenken. So energiegeladen und voller Tatendrang man sich über die Nacht hinweg auch fühlen mag, spätestens mit dem Wecker wird dieser Übereifer ganz bestimmt gebremst. Wenn man dem einen oder anderen dann die nächtliche Erkundungstour ansieht, blühen zumindest den jüngeren Athleten ein paar ganz spezielle Zusatzübungen.

Spätestens nach dem dritten Tag wird es ruhiger im Dojo. Man spart sich die Kraft und den Atem. Selbst Sportler in hervorragendem Trainingszustand können sich am Ende eines intensiven Judocamps durchaus angenehm erschöpft fühlen. Aber lohnen tut es sich immer. Nach der schweißtreibenden Woche ist man in jedem Fall besser als zuvor.

Auch die vielen Wettkämpfe führen einen – wenn auch nur für kurze Zeit – an die verschiedensten Schauplätze der Welt. Ohne den Sport hätte man diese vermutlich nie gesehen und doch schmerzlich vermisst. Für Menschen mit Fernweh ist die Kampfkunst daher genau das Richtige. Als Judoka lernt man zwangsläufig die Welt kennen. Ohne internationale Erfahrung hat man in dieser Disziplin nämlich nichts zu melden.

Für einen Marathon kann man bestimmt auch ohne die Konkurrenz ganz für sich allein trainieren, und genauso verhält es sich wohl auch beim Weitsprung oder zum Beispiel dem Kugelstoßen. Im Judo ist das allerdings nicht der Fall. Ohne Kontakt zu den anderen Athleten läuft nichts. Besser wird man am Ende nämlich nur noch durch stärkere Trainingspartner, mit denen man sich im Übungskampf und im Wettkampf messen kann. Nichts kann diese wichtigen Erfahrungen kompensieren. Die vielen Reisen quer über den Erdball gehören also einfach dazu.

99. GRUND

Weil es ein hervorragender Ausgleich ist

Länger andauernde, rein theoretische Arbeiten können sich ab einem gewissen Punkt verheerend auf den Verstand auswirken. Ob das nun in der Schule, im Büro oder während des Studiums zum Tragen kommt, spielt im Grunde keine Rolle. Das wirklich Entscheidende dabei ist, dass man irgendwann verrückt wird, wenn nur noch alte Philosophen, mathematische Formeln oder abstrakte Theorien im dröhnenden Kopf herumgeistern und man keinen entsprechenden Ausgleich zu dieser – nicht immer leicht zu ertragenden – Beschäftigung findet.

Während einen diese Einseitigkeit zermürbt, hat der Judo-Sport aber etwas absolut Befreiendes, was jedes Kind, jede Frau und jeden Mann nach dem Training wieder in völliger Frische zurücklässt. Es ist kein Geheimnis, dass Judo in der Lage ist, den Geist zu befreien. Das verhält sich dann allerdings völlig anders, wie etwa beim Laufen oder Radfahren – Sportarten, die ebenfalls eine sehr wohltuende Wirkung entfalten können und zu Recht sehr beliebt sind. Bei diesen Tätigkeiten kann man die Gedanken schweifen lassen – und auch das kann ausgesprochen wertvoll sein.

Während des Judotrainings denkt man hingegen an nichts anderes als an Judo. Nichts existiert noch, außer dem Trainer, dem Übungspartner und den vielen, vielen raffinierten Techniken, die diese Kampfkunst ausmachen. Kognitiv ist man bei diesem Sport also voll ausgelastet. Die ärgerlichen Probleme des Alltags verschwinden dabei vollends, und man kann sich diesen nachher womöglich mit einer entspannteren Perspektive erneut widmen.

Außerdem steht für den Judoka gewissermaßen der Geist über der Materie, wenn dieser erst einmal richtig entfesselt wurde. Zu anmaßend? Tja, so ist es nun mal. Spätestens bei seinem ersten richtigen Wettkampf wird einem sicherlich klar werden, wie viel Wahrheit sich hinter diesem Satz verbirgt. Man stellt dann nämlich schnell fest, dass so ein richtiges Turnier mit keinem der vielen zuvor absolvierten Übungskämpfe vergleichbar ist. Das Adrenalin schießt einem ins Blut, und der Puls steigt, wenn man auf einmal nur noch zu zweit auf der Kampffläche steht – mit einem stoisch ungerührten Kampfrichter, der seine Befehle brüllt. Kleine Wehwehchen spürt man dann gar nicht, während man mit völliger Hingabe versucht, den Gegner auf die Matte zu werfen. Alles, was einem in der aktuellen Lage nicht weiterhilft, wird einfach ausgeblendet.

Erst mehrere Stunden nach dem Wettkampf, wenn man bereits entspannt beim Essen sitzt und langsam abkühlt, meldet sich die Materie schließlich doch noch zurück. Auch der stärkste Geist kann diese nämlich nicht ewig überwinden.

Man muss es ganz ehrlich sagen: Nach einem harten Turniertag spürt man seinen Körper zum ersten Mal wirklich. Allerspätestens wenn man am nächsten Morgen erwacht, machen sich Muskeln bemerkbar, von denen man zuvor nicht gewusst hat, dass sie überhaupt da sind, und auch ein paar blaue Flecken sind nicht völlig auszuschließen. Aber das ist eben der Preis des Erfolgs. Ein Thermentag wäre hier beispielsweise anzuraten, um sich wieder zu regenerieren. Den hat man sich dann definitiv verdient.

Um zu rekapitulieren: Judo hilft in jedem Fall abzuschalten und eine Distanz zu den Dingen zu schaffen, die einen ansonsten auf Dauer verrückt machen würden. Das liegt ganz einfach daran, dass einen dieser großartige Kampfsport – solange man ihn ausübt – ganz und gar einnimmt. Auch gegen das um sich greifende Burnout ist Judo damit die beste Therapie.

100. GRUND

Weil man sich festhalten kann

Ein guter Gleichgewichtssinn kann im Sport prinzipiell nie schaden, gerade im Judo wird er hin und wieder allerdings maßlos überschätzt. Auch jemandem, der sich schon schwertut, längere Zeit auf einem Bein zu stehen, ist der Erfolg damit nicht notwendigerweise versagt. Immerhin kann man sich beim Judo stets an seinem Gegenüber festklammern.

Jede koordinative Fähigkeit, derer man sich rühmen darf, ist freilich immer eine Hilfe und erleichtert den Judoalltag. Kleine Schwächen in dem einen oder anderen Bereich lassen sich aber meistens ganz gut kompensieren. Niemand kann schließlich alles können und überall hervorragend sein. Es gilt, sich auf seine Stärken zu fokussieren und diese bestmöglich auszunützen. Solange man imstande ist, mit zwei Beinen halbwegs sicher geradeaus zu gehen, ist die Hoffnung nicht verloren. Längeres Balancieren ist während eines Judokampfes nämlich ohnehin nicht gefragt.

Die Erfahrung hat gezeigt, dass so mancher vermeintliche Tollpatsch auf der Judomatte plötzlich zu einem echten Bewegungstalent mutiert. In diesem Kampfsport entwickelt früher oder später jeder seinen eigenen Stil, und bei manchen Sportlern ist gerade die Unvorhersehbarkeit ihres Handelns eine wertvolle Geheimwaffe. Nichts trifft einen Gegner letztlich unerwarteter, als wenn einen die eigenen, merkwürdigen Bewegungen selbst überraschen. Etwas unorthodoxe Kämpfer stolpern scheinbar unbeholfen auf der Matte herum und reißen ihre Kontrahenten dann auf kuriose Art und Weise doch zu Boden. Andere geben den gegnerischen Angriffen einfach ohne jede Gegenwehr nach, dass man fast denken könnte, sie wären aus Gummi. Auch mit diesem Extrem lässt sich nur schwer umgehen.

Es sind in diesen seltenen Fällen wirklich verblüffende und irritierende Methoden, die am Ende zum Sieg führen. Diese sind übrigens auch absolut unmöglich zu imitieren. Man mag den kaum nachvollziehbaren Erfolg solcher Kämpfer zu Beginn noch als bloßen Zufall abtun, doch damit wird man dem eigentümlichen Phänomen nicht gerecht. In Wahrheit handelt es sich bei diesen wenigen, glücklichen Judoka um ausgesprochen kluge Köpfe, denen es gelungen ist, ihre Schwächen zu ihren größten Stärken zu machen.

101. GRUND

Weil man Judo im Schlaf kann

Judo hat wirklich etwas unglaublich Mitreißendes. Die im wahrsten Sinne hautnahen Erlebnisse, die sich während eines Turniers ansammeln, können dabei so intensiv sein, dass der letzte Kampf oft nicht auf der Judomatte endet. Selbst im Schlaf beschäftigen einen die besonders einschneidenden Auseinandersetzungen nämlich noch weiter. Das Erlebte wird dann erst so richtig verarbeitet und damit findet die abschließende Lektion bequem auf der eigenen Matratze statt.

Dabei kann es durchaus zu hektischen Bewegungen kommen. Man ringt mit der Decke, wirft das Polster aus dem Bett und zappelt aufgeregt mit Armen und Beinen. Der Bettgefährte darf sich also nicht wundern. So ein Wettkampf hat eben einen gewissen

Nachklang, zumindest dann, wenn man ihn als sehr aufregend und bedeutsam erlebt hat. Das Gehirn lernt während des Schlafs – und das ist definitiv etwas Gutes. Fehler werden dann im Unterbewusstsein analysiert und Erfolge für die Zukunft aufgearbeitet und besser erfasst. Eine solche Nacht ist zwar nicht ganz so erholsam, aber dafür lehrreich und von erheblicher psychologischer Bedeutung. Ein Judowettkampf rüttelt einen eben auf, so wie alles, was einen bewegt und fasziniert.

Sollte der kampfesmutige Bettgenosse nach dem Turnier also etwas unruhiger schlafen, muss man sich keine Sorgen machen. Solche Reaktionen sind vollkommen normal. Eventuell ist es allerdings ratsam, in Deckung zu gehen, wenn sich der schlummernde Judoka gerade aufgeregt windet, während er seine Kämpfe noch einmal durchlebt. Bei den meisten handelt es sich um nicht mehr als ein gelegentliches Zucken, das einem anzeigt, dass sich der Sportler im Traum gerade aufs Neue mit seinen Gegnern misst. Tatsächlich unangenehm kann vermutlich aber eine Nacht mit einem Boxer werden, der zuvor gerade ein wichtiges Duell bestritten hat. Hier sollte man sich von den Fäusten lieber fernhalten. Was den Judokämpfer betrifft, so reicht nach einem hitzigen Turnier im Grunde eine zweite Decke und ein Bett mit mindestens 1,80 m Breite. Unter diesen Voraussetzungen bleibt man über die Nacht recht ungestört, sofern man nicht die Schlafsensibilität eines Fluchttieres besitzt.

Diese Verarbeitungsträume machen übrigens den Großteil unserer nächtlichen Traumerlebnisse aus. An sie kann man sich häufig auch recht gut erinnern, da sie vorwiegend in der REM-Phase stattfinden, die durch einen eher leichten Schlaf gekennzeichnet ist. Während dieser Schlafphase haben wir auch die intensivsten und längsten Traumerlebnisse. Hin und wieder wird es dabei bekanntermaßen auch ziemlich actionreich. Der eigene Körper bietet hier aber einen ganz natürlichen Schutzmechanismus, damit man sich in diesen Situationen nicht zu heftig bewegt oder eventuell wild um sich schlägt. Die Muskelaktivität wird in der REM-Phase für gewöhnlich nämlich stark gehemmt. Viel mehr als eine gewisse Unruhe sollte man auch dem Judoka nur selten anmerken, wenn er mit geschlossenen Augen unter der Decke herumwühlt. Die Vorstellung, dass dieser plötzlich zu einem Würger ansetzen könnte, ist daher vollkommen unbegründet.

Die Geschehnisse des Tages werden also während der Nachtstunden sortiert und verarbeitet. Das ist auch von großer Wichtigkeit, weil man ansonsten sehr schnell angesichts der unzähligen Eindrücke überfordert wäre und vermutlich früher oder später in Richtung Geisteskrankheit abdriften dürfte. Die Träume bewahren einen praktischerweise vor diesem unschönen Schicksal. Außerdem hat der Schlaf nach den einprägsamen Wettkampferlebnissen Einfluss auf das prozedurale Gedächtnis, das sich auf Handlungsabläufe und motorische Fähigkeiten bezieht. Diese Verarbeitungsträume sorgen damit sowohl für den psychischen Ausgleich als auch für einen bedeutsamen Lernerfolg.

Der Langschläfer ergeht sich also nicht unbedingt in bloßem Müßiggang. Gerade der Judoka nützt erfahrungsgemäß selbst die vermeintlich unproduktiven Schlummerstunden, um sich in der Kampfkunst weiterzuentwickeln. Der Wecker darf angesichts dieser Tatsache ruhig auch mal etwas später läuten.

102. GRUND

Weil noch alles offen ist

Manche betrachten Judo nur als Vorbereitung für eine andere Sportart, zu der sie dann später wechseln. Andere sehen die Kampfkunst auch einfach als eine sinnvolle Ergänzung. Die motorischen Fähigkeiten werden durch die Judokunst nämlich sehr vielseitig beansprucht und ausgebaut. Darüber hinaus ist die zu Beginn vermittelte Fallschule eine wichtige Grundlage für alles, was danach auch kommen mag. Wer sich bewegt, der stürzt früher oder später. Es lohnt also, sich dafür zu wappnen.

Selbst wenn die persönliche Leidenschaft eher im Bereich des Fußballs angesiedelt ist, kann es zum Beispiel nicht schaden, wenn man zunächst gelernt hat, wie man verletzungsfrei fällt – sowohl beabsichtigt als auch unbeabsichtigt. Auf dem Rad oder beim Skifahren sind die erworbenen Fähigkeiten im Ernstfall natürlich ebenfalls ausgesprochen hilfreich. Die richtige Falltechnik kann unter Umständen einiges an Schaden abfangen, und Eltern tun gut daran, ihre Kleinen mit einem Judo-Kurs auf die Unwegsamkeit des späteren Lebens vorzubereiten.

Nicht wenige Jugendliche nehmen den Judo-Sport auch als sanften Einstieg in die Welt des Zweikampfes, bevor sie im reiferen Alter zu einer etwas raueren Kampfsportart wechseln. Dabei handelt es sich vor allem um Jugendliche, deren Eltern es unangenehm berühren würde, wenn ihre Sprösslinge die bleibenden Zähne bereits vor der ersten Zahnspange verlieren sollten.

Die Vielseitigkeit der Bewegungsmuster und der deutliche Fokus auf die Gesundheit der Athletinnen und Athleten macht Judo insbesondere in jungen Jahren überaus attraktiv. Man kann vieles mitnehmen – körperlich wie spirituell. Dabei ist es allerdings fast unmöglich, sich der erheblichen Anziehungskraft dieses fantastischen Sports zu entziehen. Viele halten der japanischen Kampfkunst daher die Treue und haben dabei über viele Jahre große Freude. Die einst geplante Boxerkarriere rückt dann in den Hintergrund, und auch die besorgten Eltern freuen sich in der Regel über die gewonnene Erkenntnis, dass man einen Gegner keinesfalls schlagen muss, um ihn zu unterwerfen.

Aus welchen Gründen man Judo letztlich auch betreibt – und sei es nur der unbändige Wunsch, seine Klassenkameraden in ihre Schranken zu weisen –, man wird von dieser Entscheidung in vielerlei Hinsicht profitieren. Die japanische Kampfkunst fördert eine umfassende Entwicklung der Bewegungskompetenz und schafft in jedem Fall ein ausgezeichnetes Fundament für alles Weitere. Und so manches allzu aufbrausende Gemüt wurde dadurch schon – zu seinem eigenen Besten – gezügelt.

103. GRUND

Weil Judo eine Sprache spricht

Der bemerkenswerte Judo-Sport hat seine eigene Fachsprache – und diese ist allerorts dieselbe: Japanisch! Die Trainer geben ihre Kommandos ganz bewusst immer in dieser fremdländischen Sprache. Anfangs tut man sich damit vielleicht noch etwas schwer, aber schon bald hat der emsige Schüler diese läppischen Schwierigkeiten überwunden. Dann wird er früher oder später nicht umhinkommen, den großen Vorteil dieser Praxis zu erkennen.

Hat man die wichtigsten Ausdrücke erst für sich erschlossen, gibt es keine Grenzen mehr. Die ganze Welt wird für den Judokämpfer seine Spielwiese oder, besser gesagt, seine Mattenfläche. Er ist überall zu Hause und findet sich in jedem Dojo, egal ob nah oder fern, zurecht. Der gelernte Judoka versteht alle grundlegenden Begriffe und weiß daher immer, was zu tun ist. Für ihn spielt es nicht länger eine Rolle, in welches Land es ihn irgendwann womöglich verschlägt. Wenn er unter seinesgleichen ist, bleiben keine Fragen offen.

Die couragierten Kampfkünstler in den schmucken Kimonos sind also für jedes Abenteuer in der Ferne gewappnet. Das Japanische bleibt stets ihre Verbindung. Man möchte in dem Zusammenhang beinahe von einer Völkerverständigung biblischen Ausmaßes sprechen. Doch lassen wir das Pathos beiseite. Ohne Probleme können diese glücklichen Sportlerinnen und Sportler zumindest jedem internationalen Training folgen, denn Judo kennt nur eine Sprache – auch der Kampf bietet dabei kaum Raum für Missverständnisse.

104. GRUND

Weil man Freundschaften knüpft

Judo ist durchaus imstande, die Leidenschaften anzufachen. Im Bodenkampf wälzt man sich immerhin eng umschlungen auf den Matten hin und her. Wie könnte das denn bitte schön keine Wirkung auf so manches jugendliche Gemüt haben? Mit dem richtigen Partner kann so ein Übungskampf also unter Umständen eine recht erfreuliche Angelegenheit sein. Die meiste Zeit über geht es während des Judotrainings aber trotzdem nur halb so sinnlich zu, wie man sich das vielleicht erhofft.

Für gewöhnlich tropft einfach nur ein schwitzender Geschlechtsgenosse rotwangig auf einen herunter, während er versucht, einen irgendwie am Boden zu fixieren. Diese besondere Nähe hat dann allerdings wenig Erregendes an sich und trägt kaum dazu bei, die Lenden zu entflammen. Judo ist am Ende eben doch ein Kampfsport. Intensive Kuscheleinheiten sind nicht ausgeschlossen, aber eher unpassend, wenn man es dabei übertreibt. Zu viel Zudringlichkeit empfiehlt sich jedenfalls nur bei Kollegen oder Kolleginnen, mit denen man schon ein recht inniges Verhältnis hat.

Natürlich bringt das Judotraining auch das eine oder andere Pärchen hervor. Bei so viel Körperkontakt sind kleinere Romanzen praktisch vorprogrammiert, und Judoka haben in der Regel keine krankhaften Berührungsängste. Wer auf den Matten zueinander findet, der weitet den Bodenkampf dann gerne auch auf eine privatere Ebene aus. Es darf also auch schon mal gekuschelt werden. Man muss sich dabei aber der Tatsache bewusst sein, dass so etwas in einem echten Kampf nichts verloren hat und dort keineswegs zum Erfolg führt. Im Dojo sollte der Judo-Sport stets im Mittelpunkt stehen, auch wenn die Säfte bei ein paar pubertierenden Teenagern hin und wieder ganz schön in Wallung geraten können. Während des Trainings bleibt der Gürtel jedenfalls fest geschlossen.

Leugnen lässt sich aber nicht, dass in einigen Fällen die strammen Burschen und kämpferischen Athletinnen des hiesigen Judoclubs einen nicht unerheblichen Bullfaktor für einige ihrer Klassenkameradinnen oder -kameraden darstellen. Es ist dann oft auffällig zu beobachten, wie so mancher Bewegungsmuffel aus heiterem Himmel ebenfalls die Leidenschaft für diesen wundervollen Sport entdeckt. Prinzipiell sicherlich nichts Unerfreuliches – als Trainer sollte man nur darauf achten, dass dieses Knistern zwischen den Geschlechtern den Trainingsbetrieb nicht allzu sehr beeinträchtigt.

In manchen Situationen könnte man tatsächlich meinen, Judo wäre so etwas wie eine Art Paarvermittlung. Geschichten gebe es da, die so erstaunlich sind, dass man sie kaum vergessen kann und doch so deplatziert, dass man sie zweifellos verschweigen muss.

105. GRUND

Weil man davon leben kann

Man kann vom Judo leben ... na ja, jedenfalls auf die Art und Weise, auf die sich so mancher indische Yogi angeblich von reinem Sonnenlicht ernährt. Hierzulande findet man als Profi in der Regel kaum sein Auskommen, ebenso wenig als Trainer oder Kampfrichter. Judo ist vielerorts dazu verdammt, ein Hobby zu bleiben, es sei denn, man übt sich in drastischer Genügsamkeit – hier kommt wieder das Stichwort »Lichtnahrung« ins Spiel. Außerdem gibt es viele nette Parkbänke, die sich mit der rechten Fantasie zum pittoresken Wintergarten wandeln.

So wie Geld allein nicht glücklich macht, macht in Deutschland, Österreich und der Schweiz eben auch Judo allein kaum besonders glücklich. In Japan sieht das freilich anders aus und ebenso in vielen anderen Staaten, in denen der Judo-Sport etwas gilt. In den heimischen Gefilden braucht es nebenbei entweder einen richtigen Job oder zumindest einen gewissen Einfallsreichtum. Doch wer könnte einem die liebevolle Vernarrtheit in den japanischen Kampfsport schon austreiben? Taucht man erst einmal in diese spannende Welt ein, hat sie einen mit Haut und Haar. Nun, am Ende bleibt immer noch die Möglichkeit, ein Buch zu schreiben ...

106. GRUND

Weil es nicht nur Japan gibt

Das Ursprungsland des Judo bündelt nach wie vor die erfolgreichsten Spitzenathleten unter seiner kampfsportaffinen Bevölkerung. Mit bloßem Talent hat das nichts zu tun. In Japan wird schlicht und einfach beinhart trainiert, und diese besondere Hingabe lohnt sich. Mehr als 80 Medaillen hat der asiatische Inselstaat bereits bei den Olympischen Spielen geholt und über 300 bei Weltmeisterschaften. Andere Länder sind hier weit abschlagen, und doch ist das stolze Japan keinesfalls die einzige große Judo-Nation.

In Frankreich genießt Judo ebenfalls einen hohen Stellenwert. 14 Siege konnten bei den olympischen Bewerben bisher erkämpft werden und ganze 49-mal standen Französinnen und Franzosen dabei auf dem Podest. Bei den Weltmeisterschaften eroberte die Grande Nation 52 Titel und freut sich über bemerkenswerte 161 Medaillen.

Platz drei in dieser Wettkampf-Statistik belegt Südkorea mit elffachem Olympiagold und 43 Gesamtplatzierungen. Was die WM betrifft, durfte der Staat bereits 28 Siege und insgesamt 92 Medaillen feiern. Auch China, Kuba und Russland haben bereits einige Erfolge vorzuweisen, ebenso wie Italien, die Niederlande oder etwa Brasilien.

Deutschland belegt bei der Nationenwertung der Olympischen Spiele mit dreimal Gold, dreimal Silber und 14-mal Bronze immerhin noch den elften Rang. Österreich liegt hier mit zwei ersten, zwei zweiten und einem dritten Platz an 16. Stelle. Die Schweiz darf sich mit einem Olympiasieger, einem Vize-Olympiasieger und zwei Bronzemedaillen zumindest noch über Rang 27 freuen.

Was die WM-Erfolge angeht, schafft es Deutschland mit dem neunten Platz zumindest in die Top-Ten. 106 Platzierungen konnten dabei insgesamt errungen werden und zwölf makellose Siege. Österreich liegt mit viermal Gold, zweimal Silber und achtmal Bronze nur auf dem 18. Platz. Die Schweiz kann bis heute – Stand Mai 2019 – leider noch keinen eigenen Judo-Weltmeister vorweisen. Jeweils zwei Medaillen in Silber und Bronze sorgen aber noch für Rang 44.

Japans Vorherrschaft bleibt zwar ungebrochen, doch einige strebsame Nationen zeigen immer wieder auf, dass der Judo-Sport vielerorts auf höchstem Niveau betrieben wird. In Zukunft ist daher alles offen.

107. GRUND

Weil Reden Silber ist, aber Schweigen Gold

Während des Trainings sind längere Unterhaltungen eher unpassend. Das ist im Judo allerdings kein Unikum, sondern gehört auch in allen übrigen Sportarten zum guten Ton, sofern man sie mit einer entsprechenden Ernsthaftigkeit betreibt. Beim Aufwärmen darf man sich mit den Kollegen schon auch über die jüngsten Neuigkeiten austauschen, wenn es dann aber so richtig zur Sache geht, sollte man sich lieber auf das Wesentliche konzentrieren. Für ein zielführendes Training ist der Fokus wichtig, und dieser reduziert letzten Endes auch das Verletzungsrisiko in ganz entscheidendem Maße.

Bei Wettkämpfen ist es übrigens grundsätzlich verboten, auf der Kampffläche zu sprechen. Sollte einem also in den Sinn kommen, den Gegner oder den Kampfrichter zu beleidigen, folgt selbstverständlich die Disqualifikation. Ein solches Verhalten ist im Judo völlig inakzeptabel. Dasselbe gilt aber ebenso für Dialoge mit dem Trainer und anderen Außenstehenden, ja sogar für Selbstgespräche. Auf der Matte ist der Kampfrichter der Einzige, der spricht. So einfach ist das. Selbst wenn man sich während eines Kampfes verletzt, sollte man das nicht verbal zum Ausdruck bringen, sofern man vorhat, trotzdem noch weiterzukämpfen. Der Arzt muss in einem solchen Fall vom Kampfrichter gerufen werden, um beispielsweise eine leichte Blutung zu stoppen. Verlangt einer der Judoka hingegen selbst nach medizinischer Versorgung, wird das als Aufgabe gewertet.

Diskussionen sind für gewöhnlich etwas sehr Wertvolles, aber eben nicht in jedem Kontext. Man denke nur an die lehrreiche Anekdote, die der große römische Philosoph Boethius in seiner Trostschrift zum Besten gab. »Hättest du geschwiegen, wärst du Philosoph geblieben!« Diese Lehre musste ein ungeduldiger Möchtegern-Philosoph in den erwähnten Ausführungen ziehen, nachdem sein Gegenüber von ihm gefordert hatte, er müsse seine Beleidigungen ruhig ertragen, um sich zu beweisen. Leider erreichte ihn diese Erkenntnis zu spät, nämlich erst, nachdem er bereits losgeplappert hatte, um sich zu erkundigen, ob man ihm bereits den Philosophen-Status zuerkannt habe.

Es bleibt also festzuhalten, dass Schweigen manchmal Gold wert sein kann. Judoka haben hier eine gute Schule genossen, und es sind wenige bekannt, die sich bei einem Turnier tatsächlich gegen diese Weisheit gesträubt hätten. Die Politik bietet diesbezüglich allerdings eine große Zahl von unglücklichen Beispielen. Einige durchaus verdiente Persönlichkeiten wären vermutlich wesentlich länger im Amt geblieben, hätte man sie nur frühzeitig zur Schweigsamkeit gemahnt.

108. GRUND

Weil man sich verteidigen kann

Nicht jeder vermeintliche Gentleman ist tatsächlich so galant, wie er auf den ersten Blick erscheinen mag. In manchen Fällen lässt sich ein solcher Rüpel dann zu der einen oder anderen ungebetenen Kühnheit verleiten. Nun, gegen Dummheit ist bekanntlich kein Kraut gewachsen, gegen inakzeptable Unverschämtheiten aber sehr wohl. Dafür sprießen nämlich die verschiedensten Judotechniken und diese haben für jeden Anlass und jede Situation eine adäquate Antwort parat.

Gerade am Wochenende fließt mit den späteren Abendstunden gelegentlich auch der Alkohol – bei manchen gar im Überfluss. Bekanntermaßen sinkt mit dem erhöhten Spiegel auch die persönliche Hemmschwelle, und Mann oder Frau gehen schnell zu direkteren Methoden über, wenn es darum geht, ihre fleischlichen Gelüste zu stillen. Während manche nun den Männern unterstellen – ob zu Unrecht oder nicht, sei dahingestellt –, sie hätten weniger Probleme mit offensiven Avancen, schätzt das weibliche Geschlecht in der Regel ein subtileres Vorgehen bei der nächtlichen Brunft. Wenn Mann sich also vergisst, schadet es zumindest nicht, vorbereitet zu sein. Mit ein wenig Erfahrung im Bereich des Kampfsports weiß man sich gegen die meisten liebestrunkenen Charmeure ganz gut zur Wehr zu setzen. Zack!, Bum!, und die Sache ist geklärt – natürlich nur in den unglücklichen Fällen, in denen das Gegenüber durch bloße Worte nicht zur Räson zu bringen ist.

Für Personen, die vorzugsweise nicht den anderen, sondern lieber sich selbst vertrauen, bietet die Judokunst daher einen weiteren guten Grund, diesem vielschichtigen Sport eine Chance zu geben. Man darf sich dann weiterhin über jeden einzelnen Menschen freuen, den man nicht durch die Luft schleudern muss. Doch für jene seltenen Unikate, die einfach zu beharrlich sind und sich durch keine mahnenden Worte zügeln lassen, bleibt immer noch Plan B, um den gebührenden Respekt für sich selbst oder andere einzufordern und dabei eine hoffentlich nachhaltige Grenzziehung vorzunehmen. Vertrauen ist gut, Judo ist besser!

Wo das Elternhaus versagt, ist man als Judoka eben ab und an genötigt, selbst zu intervenieren. Man muss die kleine Zurechtweisung einfach als pädagogisches Lehrstück betrachten. Eine solche möglichst einprägsame Lektion wirkt unter Umständen sogar wahre Wunder und die Gesellschaft wird es einem danken.

109. GRUND

Weil der Gürtel universell ist

Die hauptsächliche Aufgabe des Gürtels – japanisch »Obi« genannt – ist es, die Judojacke, den sogenannten »Kimono«, ordentlich zusammenzuhalten. Zugleich zeigt er dabei den technischen Fortschritt eines Judoka an. Auch darüber hinaus bekommt der Gürtel während des Trainings aber völlig ungeahnte Aufgaben und Funktionen zugewiesen.

Der Judogürtel wird – gerade beim Aufwärmen – schon mal als Trainingsgerät instrumentalisiert, denn Kampfsportler können wirklich ausgesprochen einfallsreich sein. Zum Seilspringen ist der Obi etwa ganz hervorragend geeignet. Außerdem bieten sich damit auch mehrere Übungen zur Kräftigung der Muskulatur an: Der eine Sportler klammert sich beispielsweise an einem Gürtelende fest ,und sein Partner schleift ihn – vom anderen Ende aus – über die ganze Länge der Mattenfläche hinweg. Ein netter Nebeneffekt ist, dass man dabei zugleich noch den Boden aufwischt.

Im Seilziehen kann man sich natürlich ebenfalls versuchen. Die Erfahrung hat allerdings gezeigt, dass so ein in die Jahre gekommener Judogürtel keinesfalls unverwüstlich ist. Wenn man ihn allzu sehr strapaziert, reißt er irgendwann, und das wäre natürlich furchtbar schade.

Des Weiteren lässt sich der Gürtel auch dafür einsetzen, auf der Mattenfläche bestimmte Markierungen zu setzen, zum Beispiel für einen Geschicklichkeitslauf oder um für ein Zirkeltraining verschiedene Bereiche voneinander abzugrenzen.

Man sieht also: Der Judogürtel ist ein echter Alleskönner. Der mitunter etwas würdelose Umgang damit entspringt allerdings eher einer europäischen Verwegenheit. Ob diese natürlich sehr praktischen Methoden auch in Japan gut ankommen, ist jedenfalls fraglich.

110. GRUND

Weil man etwas bewirken kann

Als Coach bieten sich dem Judomeister plötzlich großartige neue Möglichkeiten. Von klein auf kann er seine Schützlinge trainieren und – wenn ihm das Schicksal gnädig ist – sogar zu erfolgreichen Wettkämpfern heranziehen. Um die Wahrheit zu sagen: Man wird sich in dieser wichtigen Position oft wiederholen müssen – sehr, sehr oft –, und gelegentlich wird man sich unter heftigem Widerstreben dazu zwingen, die Ruhe zu bewahren und seine Emotionen im Zaum zu halten. Aber dennoch – bei der einen oder dem anderen stößt man mit seinen Bemühungen vielleicht nicht nur auf taube Ohren. Dann gelingt es im Idealfall, dem talentierten Judoka die eigenen langjährigen Erfahrungen so zu vermitteln, dass er irgendwann auch versteht, sich diese in seinem Sinne dienstbar zu machen.

Judo ist letzten Endes – wie jeder Sport – ein Spiel auf Zeit. Der 70-jährige Trainer kann sich einen noch so reichhaltigen Erfahrungsschatz angeeignet haben, in seinem Alter wird er gegen die

Jugend jedenfalls nicht mehr bestehen. Etwa mit 25 Jahren befindet man sich im besten Judo-Alter, sobald man dann aber weit über die 30er-Marke hinausschießt, wird es – insbesondere bei den leichten und flinken Gewichtsklassen – bedeutend schwieriger. Gelingt es allerdings, einem noch jungen Sportler oder einer Sportlerin das eigene Wissen erfolgreich einzutrichtern, können diese eventuell erreichen, was einem selbst nicht mehr gelungen ist. Erfahrung ist unglaublich wichtig. Wenn man sie allerdings ausschließlich selbst machen muss, geht das mit einer lästigen Nebenerscheinung einher – dem Alter.

Alles in allem bleibt Folgendes zu sagen: Die Arbeit als Judo-Trainer kostet einen viel Mühe und verlangt eine beispielhafte Hingabe. Dennoch ist diese Tätigkeit auch eine sehr dankbare, die einem immer wieder viel Freude bereitet.

111. GRUND

Weil Judo dich braucht

Judo ist ein großartiger Sport. Darum braucht er deine Unterstützung, um gegen die Vorherrschaft des Fußballs, des Skifahrens des Tennis und des Boxens anzukämpfen. Je zahlreicher die Judoanhänger werden, desto eher wird es dem Kampfsport nämlich gelingen, auch hierzulande besser Fuß zu fassen. Wer ein aufregendes neues Betätigungsfeld sucht, der ist im Judo auf jeden Fall gut aufgehoben. Ein wenig auf der Matte zu schwitzen, ist erheblich besser, als zu Hause gelangweilt vor dem Fernseher zu sitzen. Du solltest es riskieren! Gegen ein unverbindliches Schnuppertraining ist schließlich nichts einzuwenden …

ROLAND GROHS, geboren 1993 in der Obersteiermark, arbeitet derzeit in Graz an seiner Dissertation im Fachbereich Philosophie. Neben seinen journalistischen Tätigkeiten widmet er sich verstärkt dem kreativen Schreiben. Einen wichtigen Ausgleich bildet für ihn der Sport. Als wettkampforientierter Judoka ist Roland Grohs mehrfacher Landesmeister und Träger des 2. Dan.

Roland Grohs
111 GRÜNDE, JUDO ZU LIEBEN
Eine Liebeserklärung an die schönste Sportart der Welt

ISBN 978-3-86265-799-5
© Schwarzkopf & Schwarzkopf Verlag GmbH, Berlin 2019
Vermittelt durch die Literaturagentur Brinkmann, München | Alle Rechte vorbehalten. Dieses Werk ist urheberrechtlich geschützt. Jede Verwendung, die über den Rahmen des Zitatrechtes bei korrekter und vollständiger Quellenangabe hinausgeht, ist honorarpflichtig und bedarf der schriftlichen Genehmigung des Verlages.

BILDNACHWEIS
Coverfoto: © Franck Camhi/stock.adobe.com.
Illustrationen im Buch: © eokotnikova/depositphotos.com

VERLAG
Schwarzkopf & Schwarzkopf Verlag GmbH
Kastanienallee 32, 10435 Berlin
Telefon: 030 – 44 33 63 00
Fax: 030 – 44 33 63 044

INTERNET | E-MAIL
www.schwarzkopf-schwarzkopf.de
www.facebook.com/schwarzkopfverlag
info@schwarzkopf-schwarzkopf.de